海派文化地图

The Map of
Shanghai-style
Culture ·精华卷·

李晓栋 编著　　李惟玮 译

上海交通大学出版社
SHANGHAI JIAO TONG UNIVERSITY PRESS

内容提要

　　"海派文化地图"丛书16卷按照上海的行政区域划分，把一个个海派文化的地标、人物及其背后的故事串联起来，阐述了海派文化在各个区内发源、分布、发展的历史轨迹，展现了上海"海纳百川、追求卓越、开明睿智、大气谦和"的城市精神与开放包容、创新时尚、务实精致的文化性格。本书精选丛书部分篇章，并补充时效性更强的内容，辅以英文提要、相关图片，既作为丛书精华卷概览，也可供广大读者感受海派文化的多元特质与独特魅力。

图书在版编目(CIP)数据

　　海派文化地图.精华卷：中文、英文/李晓栋编著；
李惟玮译.——上海：上海交通大学出版社，2024.7
　　ISBN 978-7-313-30838-2

　　Ⅰ.①海… Ⅱ.①李… ②李…Ⅲ.①海派文化 – 研
究 – 汉、英Ⅳ.① G127.51

　　中国版本图书馆 CIP 数据核字（2024）第 106838 号

海派文化地图（精华卷）

编　　著：李晓栋		地　　址：上海市番禺路 951 号
译　　者：李惟玮		电　　话：021-64071208
出版发行：上海交通大学出版社			
邮政编码：200030		经　　销：全国新华书店
印　　制：上海锦佳印刷有限公司		印　　张：25
开　　本：710mm×1000mm 1/16			
字　　数：259 千字		印　　次：2024 年 7 月第 1 次印刷
版　　次：2024 年 7 月第 1 版			
书　　号：ISBN 978-7-313-30838-2			
定　　价：88.00 元			

编委会

主 任

吴 清　姜 樑　李逸平

副主任

徐海鹰　王国平　顾国林　吴信宝

胡劲军　马建勋　于秀芬　柴俊勇

编 委

严 旭　左 燕　陈永弟　胡 敏

温新华　钱城乡　石宝珍　邰 荀

丁大恒　祝学军　刘海涛　王美新

邵林初　李华桂　陈勇章　邹 明

总主编　柴俊勇

执行总主编　浦祖康

图片总监　叶明献

策划联络

张 奇　李墨龙　张致远　吴纪椿

慈兴国　初 旭

序一

重绘海派文化的地理版图

柴俊勇

　　海派文化的地理版图究竟能画多大?

　　有人说,海派文化的兴起,源自上海170余年前的开埠……而从有关史料来看,四千年前即有一支河南东部移民迁徙上海,进而促使中原文化导入江南地区这类文化融合的现象出现,或早已经为这个六千年前成陆的地域的文化,种下了"海派"的基因。而今天的海派文化,除了影响其发源地——上海以外,正在以Shanghai-style的文化姿态,影响着江苏、浙江、安徽乃至全国和海外……

　　上海,地处长江入海口,她背靠的是历史悠久的长江文明,前方则是浩瀚无垠的海洋文明,加上其位于中国海岸线的南北中心点,地理优势可谓得天独厚。五方杂处,东西交融,既植根于中华传统文化,融汇着中国其他地域文化的精华,又凭借开埠百余年的历史进程,吸纳了多国文化质素的上海,久而久之造就了"海纳百川、追求卓越、开明睿智、大气谦和"的城市精神与特有的文化性格。

　　上海境内的每个区或多或少都保留了能体现海派文化特色的原汁原

味的历史遗存，同时仍在不断兴起积累和沉淀海派文化的新思潮、新创造、新成就。海派文化亦正在向世界输出印有上海印记的品牌、文学、影视、科技、医疗、教育……这些真实而鲜活的文化现象，为在新的历史时期开展关于海派文化的整体研究、整理海派文化的历史渊源、重绘海派文化的地理版图、描摹海派文化的未来走向，奠定了充满活力的基础。

习近平总书记在上海工作期间提出：虹口是"海派文化的发祥地，先进文化的策源地，文化名人的聚集地"。《中共上海市委关于制定上海市国民经济和社会发展第十三个五年规划的建议》提出"弘扬海派文化品格"，作为增强城市文化软实力要求。在中共上海市第十一次代表大会报告中，中共上海市委主要领导则进一步描绘了上海作为"人文之城"的未来愿景——"中外文化交相辉映，现代和传统文明兼收并蓄，建筑是可阅读的，街区是适合漫步的，公园是最宜休憩的，市民是尊法诚信文明的，城市始终是有温度的"。在此不久前，上海市领导指出："必须下更大决心、花更大力气保留、保护更多历史建筑，保留、保护更多成片历史建筑风貌区"，"精心保护历史文脉、用心留存文化记忆"以及"以城市更新全新理念推进旧改"，从"拆、改、留并举，以拆为主"，转换到"留、改、拆并举，以保留、保护为主"，同时"努力改善旧区居民的居住条件"。这似乎是对"建筑可阅读、街区可漫步、城市有温度"等的一种实践指南。

"文化"必须具备传承性、渗透性、共识性、延续性，"四性"缺一不可。海派文化以"开放包容、中西合璧、多元交融，精耕细作"的文化特征与品格，影响了世世代代的上海人，也向全国和世界展示着上海独特的文化品格。"上海要在 2040 年成为卓越的全球城市，必须把文化发展放在城市功能和核心竞争力提升的重要位置。未来城市不会仅凭科技、制造业或金融等单一的优势立市，而是主要表现为线上与线下、技术与实业、传统与创新、过去和未来的融合与功能综合，市民精气神展示等特征，背后则是文化在起推动作用乃至决定性作用。文化大都市建设任重道远，上海作为我国改革开放排头兵、创新发展先行者、对外开放桥头堡，在文化建设上一直走在全国前列，在未来五年以及未来很长时间内，上海文化建设始终要体现国际水准、中国特色、上海精神，以此推动上海成为一座有底蕴、有质感、有脉搏的，传承过去、面向未来的人文之城。"

我们"弘扬海派文化品格"，要的是中华优秀传统文化和与世界优秀文化深度融合与创新的作用与作为，要的是探寻海派文化如何潜移默化地影响和渗透上海的未来发展，要的是观察市民如何具备海派文化品格、提升文化素养，展现城市精神的点点滴滴，要的是在中国文化日趋开放的环境下展现中国"远东第一大都市"的魅力，让来到上海的移民与游客喜欢上海、融入海派文化……

我们感到，源远流长的海派文化内涵丰富，作用领域广泛，对于推动建设上海国际文化大都市意义重大。弘扬海派文化，必须绘制好海派文化的地理版图，只有让人们更多地了解身边的上海，才能更加爱上海这座城市。而要真正做到这点，必须充分发挥上海各区的资源优势和基础作用，发挥民间对于海派文化发展的积极作用，并鼓励社会力量以各种形式共同推动海派文化的传承发展，同时，进一步完善政府在培育、发展海派文化方面的扶持政策与工作举措。

此番编辑出版的"海派文化地图"丛书，由市政协领导和相关专委会共同牵头，并得到了各区政协的大力支持。丛书共分为17卷，其中16卷分别介绍16个区的海派文化资源特色和与海派文化有关的知名人物等，每一卷将结合各区地域特色，阐述海派文化在区境内的发源、流布、传承、发展、复兴的历史轨迹和地理分布，说明海派文化的作用领域和对今世的意义。1卷则为"海派文化地图"丛书中的精华卷。

希望这套丛书，能让市民与游客更多地发现和体验身边的海派文化，在品读书卷和行走城市之间，领略上海的都市风情和日新月异的变化，发现上海和海派文化的魅力。

2017年7月18日

作者简介：柴俊勇，国家行政学院兼职教授、上海开放大学公共管理学院首席教授。

序二

说海派文化特质

熊月之

依山多仁，傍水常智，乡处者多厚重，城居者常机灵，环境移人塑人，古今中外概莫能外。

近代上海由于国际国内多种因素错综复杂的作用，由一个普通沿海县城，迅速成长为中国特大都市。其政治架构一市三治，公共租界、法租界、华界各行其政，各司其法，互不统属，为寰宇之内绝无仅有。其经济体量异常巨大，工业、外贸、金融体量常占全国一半以上，人口众多且结构独特，五方杂处，中外混处，且流动频繁，既不同于荒僻的乡村山寨，不同于西安、北京等内地城市，也不同于广州、福州等沿海城市。与此相一致，其文化亦戛戛独造，出类拔萃，居民行事风格、价值观念、审美情趣，每每卓尔不群，与众不同，惹来路过者、访问者、风闻者、研究者一阵又一阵评论，或赞叹，或羡慕，或讥刺，或诅咒，或兼而有之，关键词都是：海派！海派！

海指上海，海派即上海流派。以地名作为地域文化流派之名，使其名实一体，与他处相区分，本是人们讨论、研究地域文化之惯例，古人即有南派、北派之区分，明清以来又有岭南、燕北、浙东、湘西等说法，其内涵多无褒无贬。惟海派之名诞生于近代，所涉城市为内涵极其复杂、褒贬不一的上海，故此名自始即颇多歧义。海派书画、海派京剧、海派服饰、海派文人，其抑扬意味在各领域并不一致。但是，寻根溯源，综核名实，异彩纷呈之海派表象背后，确乎有其统一的海派内核。任伯年等人的写实通俗画，吴友如等人的社会风情画，郑曼陀、杭稚英等人的月份牌广告，刘海粟的使用人体模特儿，周信芳等人的改良京剧、连台本戏、机关布景，刘雪庵等人所作风靡一时的《何日君再来》《夜来香》等歌曲，《礼拜六》等报纸期刊连载的言情小说、黑幕小说，凸显女性曲线的旗袍，适应复杂人群口味的改良菜肴，既吸收江南民居内涵、又适应集约型利用土地要求的石库门建筑，表现形式各有不同，或为绘画、戏曲，或为音乐、文学，或为服饰、饮食、建筑，但都有以下四个共同点，即趋利性或商业性、世俗性或大众性、灵活性或多变性、开放性或世界性。最根本的一点是趋利性，其他大众性、灵活性与开放性的基础仍是趋利。因为趋利，所以绘画要迎合普通买主的胃口，画通俗、写实等喜闻乐见的内容，画时装美女、麒麟送子、八仙过海。因为趋利，所以要改良各地移到上海的菜肴，改造各地传入上海的戏曲，以适应来自五湖四海移民的需要。因为趋利，所以要写普通民众喜闻乐见的小说、歌曲，要演有趣好看、吊人胃口的连台本戏，写跌宕起伏、引人入胜的连载小说。因为趋利，所以房屋既要让居住者舒适，又要提高得房率，使大房东、二房东更多获利，联排式便广受欢迎。因为趋利，所以要不断翻新花样，不断追逐世界潮流，不断制造时尚。于是，美术、音乐、戏曲、小说等文学艺术不再单纯是传统意义上文以载道的工具，房屋也不能如乡村那么宏阔气派，而要适应市场、迎合市场、创造市场、扩大市场。

通过趋利性、世俗性、灵活性与开放性所反映出来的海派文化，其本质是在全球化背景下，人口高度集聚、以市场为资源配置根本途径、以满足最广大人民群众根本需要为旨趣的城市文化。

海派文化不限于上海，但以上海为早、为多、为甚，其影响也以上海为圆心，一圈一圈向外扩散开去。海派文化之形成，原因有许多方面，其中特别需要强调的有两点，一是江南文化，二是移民人口。

江南自唐代以后，就是中国经济、文化最为发达的地区，其经济结构、文化风格有不同于北方的鲜明特点：其一，重商，商品经济相当发达，商人地位大为提高。宋代以后，棉、丝、盐、茶在江南经济中已占有相当高比例。明代江南，已经形成一个多样化、商品化和专业化，有着充分市场机会的经济结构。宋代以后，江南地区传统的士—农—工—商的顺序，实质上已经变成士—商—农—工，亦儒亦商、商儒合一的家族在江南所在多有。元代以后，江南与国际市场已有广泛而密切的联系。其二，市民文化有了很大发展。反映追求声色货利的小说、传奇、歌谣、戏曲长盛不衰，"三言二拍"等公开言情言性的小说多为江南文人所作，所表现的思想、格调与官方倡导的意识形态大异其趣。其三，行为偏离正统。不守传统规矩，逾分越矩，讲究吃穿，讲究排场，奢侈成风，追求新奇，在江南已是普遍现象，上海地区尤为突出。最具标志性意义的是明代上海陆家嘴人陆楫，竟然专作奢侈有益论，系统论述传统的崇俭恶奢观念并不正确，认为禁奢崇俭并不能使民富裕，而适度奢侈倒能促进经济繁荣，对于社会发展有积极意义。这是中国古代经济思想史上一朵瑰丽的奇葩。上海本为江南的一部分，近代上海人虽说来自全国各地，但绝大部分来自江南。所以，上海文化的底色就是江南文化。

近代上海城市人口 80% 以上来自全国各地，还有一部分来自外国。本地人口少，移民人口多，便使得本地文化对由移民带来的外地文化排斥力、同化力不强，这为外来移民在上海立足、发展提供了难得的土壤。这一移民社会呈现高度的异质性、匿名性、流动性与密集性。在这里，传统熟人社会士绅对人们的道德约束机制荡然无存，个人能力的释放获得空前的自由与巨大的空间。晚清竹枝词中有一句话："一入夷场官不禁。"其实，不光"官不禁"，民也不禁。于是，个人安身立命的资本便主要是能力而不是家世，维系人际关系的便主要是契约而不是人情。于是，重利、竞争、好学、崇洋、灵活、多变、守法、包容等，便成为突出的社会现象，成为海派文化的重要符号。

还在民国时期，已有学者将海派文化作为上海城市文化的综合指称，高度肯定海派文化的丰富内涵与正面价值，认为上海在引进新思想、引导新潮流、引领现代化方面，担当了领导中国前进的"头脑"角色："一切新兴的东西，物质的，精神的，都由上海发动，然后推到全国去。虽然所谓新文化运动的五四运动发源于北京，一九二六年国民革命军发难于广东，可是上海仍是中国工、商、经济、文化、出版界的中心。从物质文化方面看，从非物质文化方面看，上海都是中国的头脑。"[1] 还有学者认为，"在文化上，上海和西洋文明接触密切，所以洋化气味较重，同时由于历次政治革命的激动，文化革新运动也随之勃发，所以海派的文化作风是好谈西洋文物，崇尚创新立异"[1]，认为"做上海人是值得骄傲的，因为上海一切开风气之先，今后中国需要新的建设和新的作风，而在上海首先创导这种新建设和新作风"[2]。人们还对海派文化如何扬长避短、创新发展进行了讨论，提出要"培养我们的海派新风气，发挥我们海派的新力量"[2]。

江南文化本是魏晋以后由南方吴越文化吸收、融合了北方中原文化的某些成分而形成的，而海派文化则是由江南文化吸收、融合了西方文化的某些成分而形成的。在传统与现代、中国与外国、乡村与城市等相互联系的背景下看海派文化，可以清晰地看出，海派文化是中国的南北文化的结晶品与近代西方文化的化合物，是城市化过程中的中国文化。在这个意义上，说海派文化代表了中国先进文化的前进方向，一点都不过分。

任何文化都兼具地域性与时代性。海派文化在不同时期，虽有一以贯之的内涵，也在不断地新陈代谢，有因袭，有创获，有损有益。不断地损益、代谢、嬗变，正是海派文化保持青春活力的根本特性。

[1] 高植：《在上海》，《大上海》半月刊，1934 年第 1 期。
[2] 姜豪：《海派新作风的培养》，《上海十日》，1946 年第 2 期。

2015 年，中共上海市委关于"十三五"规划建议中指出，上海要"传承中华文化精髓、吸收世界文化精华、弘扬海派文化品格"，将上海建成国际文化大都市。这是一个立意高远的愿景，也是一个涉及面很广、难度很高的宏大课题。海派文化既涉及观念形态，也涉及物质层面，涉及文化创造、生活方式、价值观念、审美情趣等诸多方面。弘扬的前提是调查、梳理、研究。"海派文化地图"丛书，定位于可供新老上海人和国内外游人自助行走的海派文化体验全书，为上海传承传播海派文化发挥积极作用。它按区域分卷，述其特点，明其流变；既有基于历史文献的理性分析，也有得自当下调查的新鲜知识。执笔者均为长期生活于上海、沉潜于上海文化研究、学养丰厚的作家，所作内容丰富，风格清新，文笔生动，加以精美图片，令人一旦展阅，便不忍释手。

可以相信，这套丛书的出版，对于新老上海人了解上海、熟悉上海，一定会起到导航指路的作用；在海派文化研究史上，也一定会留下浓墨重彩的一页。

是为序。

2017 年 7 月 21 日

作者简介：熊月之，上海历史学会会长、上海社会科学院研究员、复旦大学特聘教授。

陈欣荣 摄

目录

The Map of

引言

　　"海派文化地图"系列丛书创作自 2016 年 9 月，至今已陆续出版 16 本单卷本。本书是这套丛书的精华卷。在选材时，我们将丛书中介绍的目前在上海地区向社会开放的著名文旅景点、名人故居、代表性建筑及其他正在推广传承中的海派非物质文化遗产内容进行梳理和选裁。本书的 16 个章节由李晓栋老师策划、统筹，并由华东师范大学宗教学专业汤琳博士参与编写黄浦篇、静安篇、虹口篇、宝山篇、浦东篇、徐汇篇等十一章，由海派文化青年研究者潘顺淦老师参与编写杨浦篇、崇明篇、奉贤篇、松江篇四章。

　　故而，本书是全套丛书中精挑细选的内容展现，一篇一章尽显"海派风味"，类似上海 16 个区海派文化的"浓缩咖啡"，回味无穷。我们希望借这本小书，让海派文化得以雅俗共赏、推陈出新、持久传承。海派文化的精髓是上海城市精神的源泉，海派文化的流行也是传承发展中华优秀传统文化的标志之一。

　　希望这套丛书能够成为每一个新老上海人读懂上海、了解上海、游览上海、融入上海文化的"指南"。本书的疏漏之处，还请广大读者不吝指正。

张明敏 摄

浦东篇

在浦东新区名人影像板块中，可以看到振兴职业教育的黄炎培和张闻天的故居介绍。

上海科技馆、上海新国际博览中心、中华艺术宫和世博展览馆，呈现人文浦东的新面貌。

陆家嘴国际金融中心、全国第一个保税区——外高桥保税区、金桥经济开发区、张江高新技术园区、深水港与航空港以及陆家嘴的摩天大厦，展现浦东新区的新气象。

Pudong

In the Pudong New Area celebrity video section, you can see an introduction to the former residences of Huang Yanpei and Zhang Wentian, who revitalized vocational education.

Shanghai Science and Technology Museum, Shanghai New International Expo Center, China Art Palace, and World Expo Exhibition Hall present a new look of a post-Expo Pudong.

Lujiazui International Financial Center, Waigaoqiao Bonded Zone, i.e. the first bonded zone in China, Jinqiao Economic Development Zone, Zhangjiang Hi-tech Park, the deep-water port and airport, and the skyscrapers in Lujiazui present a new Pudong.

名人印迹

振兴职业教育的黄炎培

黄炎培（1878年—1965年）出身名门，在浦东名宅"内史第"长大，1901年考入上海南洋公学特班。南洋公学就是今天上海交通大学的前身，开办特班是为了加紧培养具有国际视野而又以"正谊明道"为宗旨的人才，总教习是蔡元培先生。两年后，黄炎培走出象牙塔，回到家乡把观澜书院改成川沙小学堂，开设国文、算术、英语、音乐、体育、美术等新学。由于缺乏经费，他找到浦东富商杨斯盛，这是两人第一次见面。杨斯盛欣然解囊，为黄炎培提供办学资金，从此两位杰出的浦东前辈因振兴中国教育结下深厚的缘分。1906年杨斯盛创办浦东中学，聘请从日本回国的黄炎培任校长。在黄炎培的领导下，浦东中学兴办新学，成就蜚声大江南北，是上海最早的名校之一，曾拥有"北南开，南浦东"的骄傲地位。当年蒋介石也送两个儿子蒋经国、蒋纬国前来读书。张闻天、胡也频、殷夫、华罗庚、潘序伦、范文澜、罗尔纲、钱昌照、王淦昌等等，都是这个学校的学生。

黄炎培后来受到张謇提携，进入江苏教育会任职，1914年3月辞职，用3年时间在国内外考察教育，思索教育救国之路，最终形成了自己的教育思想。他深深感到当时的中国缺少学以致用的教育，为此，他倡导职业教育，提出教育要走向大众，走向生活，通过教育达到"使无业者有业，使有业者乐业"的目的。他在上海发起成立中华职业教育社，官、绅、学、商各界名士纷纷响应。1917 年 5 月 6 日下午，他借上海西门外林荫路江苏省教育会，召开成立大会。大会场面非常恢宏，会上公布《中华教育社组织大纲》的发起人，规格很高，大咖云集。中华职业教育社的主要任务是推广及改良职业教育，改良普通教育，辅助职业之改造，成立当年就出版发行了《教育与职业》月刊并派专员到各处演讲，第二年创办了中华职业学校，第三年即开办职业教员养成所。该社 16 年间创办各类职业教育机构 20 所，仅中华职业学校工商科毕业生就达 9000 多人。

黄炎培提出了一整套富有特色的职业教育思想，如他提出职业教育的目的是："一为个人谋生之准备；二为个人服务社会之准备；三为国家及世界增进生产之准备。"职业教育从浦东昂首阔步走向全国。他的大职业教育主义的主张和"使无业者有业，使有业者乐业"的立社理想，至今仍然对我国职业教育有重要意义。

张闻天故居

浦东名人故居中级别最高的是张闻天故居，它也是浦东唯一一处进国家目录的故居——2002 年 6 月 25 日，国务院确定张闻天故居为全国重点故居。张闻天故居地处浦东机场附近的机场镇闻居路 50 号，位于东海之滨，钦公塘横卧南北，浦东运河在村西缓缓流过。这是一座建于 1892 年的民宅，具有浦东农村传统风格，坐北朝南，前面原有一俗称"秀

张闻天故居

才亭"的木亭子，现已拆除。1990 年为纪念张闻天 90 周岁诞辰，故居得以修复，卧室、书房、客厅、厨房照原貌恢复，当年能找到的旧家具都搬了进去。

张闻天 1900 年 8 月 30 日诞生在这里，幼时随父母住在客堂北面卧室，西侧有书房，11 岁离家到南汇的振兴小学读书，17 岁去南京河海工程专科学校读书，以后还曾多次回家居住。他曾经在日本、美国留学，也是浦东海归中的一员，是早期中共领导人中唯一有留美经历的。"五卅"惨案后，他加入中国共产党，在长期的革命斗争历练中成长为杰出的无产阶级革命家和理论家、忠诚的马克思主义者、中国共产党相当长时期的重要领导人。

张闻天故居门前的道路现称为闻居路，有网友赞道："一条路因故居而命名，上海对名人故居的重视可真是不简单。"

人文浦东

上海科技馆

上海科技馆是上海市人民政府为贯彻落实科教兴国战略、提高城市综合竞争力和市民科学文化素养而投资兴建的重大公益性社会文化项目，是全国重要的科普教育基地和精神文明建设基地。主馆位于世纪大

上海科技馆

道 2000 号，建筑面积 9.8 万平方米，总投资额 15 亿元，2001 年 12 月 18 日正式对外开放。

大量的互动项目是科技馆的一大特色，以此使参观者能够真正体验"科技"。这些需要动脑动手动脚的项目，尽管以最简单的方式呈现，但其中的科技含量仍然让普通的参观者难以掌握，需要有人在旁边给予指点。于是，困难来了，所有项目都配指导者，哪里去找这么多的管理人员？资金也是个很大的问题。不配指导者，意味着有些项目很难靠参观者自身成功操作。这个问题在开馆之前就得到了完美的解决——跟科技馆一同亮相的就是上海科技馆志愿者服务总队。只要是身心健康、热心公益事业，在生物、环保、数理化、天文、地理、宇航、机电、医学健康、计算机、影视技术等方面有丰富经验或专业特长，或具有其他特殊行业专业知识的市民，都可以加入志愿者服务队伍。

不少上海市民的志愿服务经历就始于科技馆，科技馆的志愿者服务也给很多参观者留下深刻印象，在上海种下了志愿服务的种子，其成熟的志愿者组织培训体系，也为志愿者的管理提供了宝贵的经验。目前，运行了 20 多年的科技馆将进行全面改造升级。改造后的新馆将于 2025 年重新向公众开放。

上海新国际博览中心

上海新国际博览中心（SNIEC），系中外合资合营的第一家展览中心。它的建筑没有那么夺人眼球，德国式的质朴严谨，设计理念就是高效、简洁、清晰。室内 20 万平方米、室外 10 万平方米，这个体量也属展馆中的航母了。它 2001 年就华丽丽地开张了，以且行且珍惜的姿态，逐渐积攒名气，如今在业内业外都大名鼎鼎。

第一眼的上海新国际博览中心，给人的感觉是"大"，第二眼还是"大"，第三眼仍是"大"。展馆建筑虽然除了大，没有什么很特别的设计，但是很人性化，馆与馆之间既有室内连接处，又留有室外空间，休息用餐全都考虑了。"上海国际车展"连续多年如火如荼地在此举办。不少参加过车展的外地朋友一致感叹："上海人好福气，有这么好的展馆，这么多精彩的展览活动，还有这么多捧场的观众。"因为，展览并非单纯的营销活动，好的展览往往会推出新产品、新技术、新理念、新趋势，就像车展，年年都有代表发展趋势的各类概念车推出。一方面，一个城市的展览活动越多，它的创新驱动越强，活力越茂盛。另一方面，观众也是促成展览的推动力，成熟的观众代表着城市对创新的渴望。

中华艺术宫和世博展览馆

2010 年上海世博会横跨黄浦江两岸，在南浦大桥和卢浦大桥之间 5.28 平方公里的滨江地区，在 5 月 1 日至 10 月 31 日的 184 天里演绎了一场精彩、难忘的盛会。全国的游客纷至沓来，身为东道主的上海人得近水楼台之便。

中华艺术宫

　　世博会闭幕后，沙特馆、西班牙馆、意大利馆、法国馆、俄罗斯馆已由外国参展方无偿捐赠给上海市，这些世博会场馆渐渐地又回到了我们的生活中，有的大变身，有的还是原来的模样，以润物细无声的方式影响着上海的方方面面。中国馆，如今改称中华艺术宫。作为一个艺术宫殿，中华艺术宫实在太年轻，馆藏宝贝不够分量，没有岁月的积累和沉淀，任何一个博物馆都厚重不起来。中华艺术宫非常明确自己的短板，它瞄准当代艺术和年轻艺术家，构建现代艺术前沿的形象，和有潜力的艺术家共同成长历练。它的开馆展览由《海上生明月——中国近现代美术的起源》《来自世界的祝贺——国际美术珍品展》《锦绣中华——行进中的新世纪中国美术》《上海历史文脉美术创作工程作品展》以及"名家馆"5 个部分组成。此后，各式各样的展览，以及众多具有实验性质的展览连连上演。

世博会留给上海有形的硬件，但它无形的影响更深远。前几年浦东新区公布，要拆除陆家嘴黄浦江边占地 5130 平方米的江景餐厅"海鸥舫"，将黄浦江浦东段滨江地带的"血管瘤"割掉，打通杨浦大桥至徐浦大桥间 21 公里长的岸线，将陆家嘴、世博园区、前滩串起来，建设"浦东滨江国际文化集聚带"，使之成为文化集聚轴、生态景观轴、运动休闲轴以及产业发展轴。

浦东今颜

陆家嘴国际金融中心

1990 年 6 月中央确定浦东开放，同时给浦东 10 条优惠政策。"惟改革者进，惟创新者强，惟改革创新者胜"，浦东抓住每一个机遇，不惧做第一个吃螃蟹的人，只要出发就是向前。

1995 年 9 月，新中国成立后第一家进入中国的外资银行——日本富士银行上海分行在浦东成立。1997 年，美国花旗银行等外资银行在浦东率先试点经营人民币业务。同年 12 月 19 日，位于浦东陆家嘴的上海证券大厦落成启用，上海证券交易所迁入营业，陆家嘴金融贸易区对金融企业的集聚效应，进入快速上升通道。到 2015 年，刚过 25 岁生日的上海证券交易所已跻身世界四大交易所行列。

1990年经国务院批准设立的陆家嘴金融贸易区，时至今日，已聚集8000多家各类金融机构，包括全国80%的外资资管机构、40%的外资银行和三分之一的公募基金管理公司。上海地区与人民币产品创新、定价、交易、清算相关的国内外金融机构，60%以上都在陆家嘴。

上海是中国的金融中心，浦东陆家嘴又是上海的金融中心。从传统的银行、证券和保险，到新兴的互联网金融、对冲基金，大量金融机构在陆家嘴集聚，金融改革热力无限。而陆家嘴不仅是一个金融、航运、总部集聚地，更要成为一个高端文化、金融文化、白领文化的集聚地，只有文化的注入、提炼和聚焦，才能让这块金钱唱主角的地方有灵性、有格调、有境界。在未来，陆家嘴金融城将是世界一流的金融城区和文化产业集聚区，鲲鹏展翅，振翅高飞。树立陆家嘴独特的具有金融核心价值的文化品牌，让金融精英也同样是文化知音。

全国第一个保税区——外高桥保税区

外高桥保税区和外高桥保税物流园区，二者最简单的区别是外高桥保税区于1990年9月经国务院批准设立，是全国第一个保税区，也是全国15个保税区中经济总量最大的保税区，面积10平方公里，而外高桥保税物流园区2004年4月15日才封关运作，开发面积1.03平方公里。至于代码为"600648"的股票"外高桥",对应的是上海外高桥保税区开发股份有限公司,它于1992年由上海外高桥保税区开发公司改制而成。

外高桥在带给我们摸得着的实惠时,给上海带来许多新名词、新做法、新理念,若论其影响力,首推"负面清单"。早在2013年下半年,媒体上满是"负面清单",当年9月就出了第一版"负面清单",面向全世界公布。上海对外经贸大学法学教授冯军率团队在2013年直接参与了第一版"负面清单"的设计,他说开始在外高桥开会时,很多部门都不知道什么是"负面清单"。从那时到现在,已经出了4版"负面清单",一版比一版科学。第一版"负面清单"公布后,各方"吐槽"不断,但并不能掩盖它的正面影响。受消息影响,"外高桥"股票出现连续12个涨停板,股价从8月30日的13.5元涨到9月30日的54.53元。

"负面清单"从外高桥走进上海人的工作与生活,渐渐地我们都学会了"负面清单"式的管理方法。在做项目时,我们把不能做的事列出来,告诉团队成员,这样大家既有自由度,又能减少试错的内容,效率大大提高。"负面清单"对于上海人,不只是报上刊登的单子,更是变成了一种思维方式。

金桥经济开发区

陆家嘴金融贸易区的地理优势和高大上的金融贸易,始终夺人眼

中国（上海）自由贸易试验区

球；张江高新技术园区因技术含金量加创新创业引人注目；外高桥保税区凭借自由贸易区，在上海人的生活中游刃有余。同为浦东的另一个老开发区——金桥经济开发区，似乎没有足够的亮点吸引大众的关注。

金桥经济开发区一直很低调，也没有什么特色。但仔细了解，会发现这个开发区有一些其他开发区都没有的特点。从地理位置看，金桥经济开发区西连陆家嘴金融贸区，北接外高桥保税区，南近张江高科技园区，把四个开发区连在一起。从开发区主打项目看，它的板块里不仅有产业，还有居住区，它的西部为碧云国际社区，其生活、教育、医疗、体育、休闲、文化等配套设施完善。它还是上海国家级开发区中首家成功创建的国家生态工业示范园区。

从 1990 年经国务院批准建立开发区，到 2001 年 9 月经国家海关总署批准设立金桥出口加工区，再到 2013 年 7 月更名为金桥经济技术开发区，该区数度转型升级，不甘落后。它的最新定位是重点发展以智能制造为主的先进制造业，并进一步发展以研发、科技服务为主的生产性服务业。

2014 年，新能源车品牌特斯拉要在华东设点，金桥相关部门闻讯找上门，全方位提供落户服务，帮他们解决新能源车目录问题、牌照问题、充电桩布局等各方面事务，在美国建设周期通常要 3 个月的超级充电桩，金桥只用了 12 天就建成了。4 月 23 日特斯拉公司那位发射过火箭、准备登上火星，创办了贝宝（paypal），又转而做清洁能源车，善于炒作的 CEO 伊隆·马斯克来到上海，亲自向首批 6 位车主交付新车。这次引进成功后，金桥一鼓作气，又瞄准了武汉安翰光电技术有限公司的胶囊内镜机器人项目，使其在当年 6 月份便成功落户，中国移动互联网视频产业金桥基地、跨境电子商务示范区等也逐渐依次落实。

张江高科技园区

张江高科技园区始建于 1992 年，是国家级的重点高新技术开发区。园区主要发展信息技术产业，集成电路、软件与信息服务、光电子、消费电子终端等。大批国内外知名软件企业、研发机构如宝信软件、美国花旗、印度印孚瑟斯（Infosys）、塔塔（TATA）集团落户在此，全球30强中有8家、中国100强中有11家在张江高科技园区设立了研发中心；在生物医药产业，目前全球排名前10的制药企业中，已有7家在张江设立了研发中心，如罗氏、辉瑞、诺华，这里集聚相关科研机构和研发企业400余家；在文化创意产业，以数字出版、动漫影视、网络游戏以及创意设计领域为产业特色，园区集聚了盛大文学、炫动卡通、暴雪娱乐、美国艺电等一大批国内外优秀文化创意企业；在低碳环保产业，园区重点发展智能电网、水处理、生物燃料、生物脱硫、节能环保设备研发及环保服务业务，林洋电子、益科博等企业迅速发展。

近年来，随着张江高科技园区的发展，创新创业潮吸引了不少高学历的就业者。人们常把工作在浦东的俊杰冠以四大"范"："金融范""张江范""创业范"和"国际范"。在"四大范"中，"国际范"从字面推断就是那些来浦东发展的外国精英了，他们中有的已经获得上海的长期居留证。至于"创业范"也好理解，"不拼爹，来浦东"，这口号令众多"兜里两块钱、心怀五百万"的创业梦想家热血沸腾。浦东整合区内的孵化器资源，在张江高科技园区打造创客中心，园区内形成"拎包创业"的效应。国际队、国家队、海归队、本土队，不管什么队，只要有奇思妙想，来浦东创业就对了。浦东就是创业者的热土，造就了一批"创业范"，他们自己创业，有的已经功成名就，更多的还在创业路上。

到 2025 年，张江高科的"独角兽""隐形冠军"企业将超过 700 家，三大先导产业总规模占全市 85% 以上。

深水港与航空港

1992 年，上海市政府便把深水港建设列为上海新一轮城市基础设施建设十大工程之首。但从国际港口情况看，深水港要求航道水深在 15 米以下，而上海黄浦江的航道水深是 10 米左右，进入上海的咽喉长江口则只有 7.5 米。专家团队对上海区域内的罗泾、外高桥、金山咀都进行了勘察论证，得出了上海行政区划内的水域不具备建适应集装箱船舶大型化

洋山深水港码头（吴伟宗 摄）

浦东国际机场（吴伟宗 摄）

发展要求的港口的结论。1995 年，上海把眼光投向浙江行政区划内的洋山岛，这个小群岛聚落海域，具备建造 15 米水深港区和航道的优越条件。从地理位置看，洋山岛距上海比距浙江更近。从 1995 年 8 月到 2002 年 3 月，国家正式批准洋山深水港区建设的工程可行性报告，第一期在 2005 年 12 月 10 日开港，此前东海大桥也建成通车，引发了上海市民倾城去看洋山港的热潮。洋山港建设排除万难，攻克大量技术障碍，建设者都是"超人"，

"洋山精神"就这么诞生了，所诠释的就是上海城市精神——"海纳百川、追求卓越、开明睿智、大气谦和"。

与洋山深水港同列为上海航运中心两大主角的另一位——浦东国际机场，于1999年9月建成第一条跑道并通航，此后不停地"三级跳"。2005年3月17日，浦东国际机场第二条跑道正式投入使用，2014年底四条跑道完工。2015年，浦东国际机场又启动以卫星厅工程为主体的三期扩建工程，建成投运后，浦东国际机场航站区将形成完整的"一体化航站楼＋卫星厅"运作模式，可为航空公司及其联盟提供"一个屋檐下"服务。与此同时，第五条专用于国产大飞机的跑道也已建设完工，它主要为国产大飞机C919设计，让浦东机场成为国内首个拥有5条跑道的民用机场。

陆家嘴的摩天大厦

没有最高，只有更高，陆家嘴的楼是上海人看着长高的，在改革开放不到30年里，28平方公里内百幢高楼平地起，比赛似的，你追我赶，一座比一座漂亮，一座比一座高。1990年浦东改革开放的大幕拉开，浦东的高楼大厦进入疯狂生长阶段。1991年东方明珠广播电视塔开始施工，1992年金茂大厦批准立项，浦东的高楼以让全世界惊心动魄的速度和高度成长着。在陆家嘴的摩天大厦群中，风头最盛的是呈三足鼎立之势的金贸大厦、上海环球金融中心、上海中心大厦。三座高楼的兴建有先有后，格局却在改革开放之初就已敲定，那是放在黄浦江两岸整体规划中考虑的。陆家嘴与外滩隔江相望，形似易经八卦中的太极格局，一凸一凹、一高一低，珠联璧合。陆家嘴应该学芝加哥、纽约，纽约，有3栋100层的楼，芝加哥也有3栋，所以陆家嘴也可放3栋。浦东新区的建设者"拿了3根筷子，研究了3栋高楼布局后，跟着做模型，就出来了现在的环球金融中心、金茂大厦和上海中心"。

规划得到市政府常务会、市委常委会和人大常委会的批准后，就轰轰烈烈地投入到了建设中。金茂大厦第一个出场，1992年12月17日被批准立项，赶在20世纪最后一年——1999年的3月18日开张营业。它的塔楼高420.5米，直到2008年8月29日被环球金融中心超越之前，是中国大陆地区最高的楼。大厦首次运用超高层建筑史上的最新结构技术，整幢大楼垂直偏差仅2厘米，楼顶部的晃动连半米都不到，是世界高楼中最出色的。金茂大厦的无可比拟之处是它的第56层至塔顶层的核心内，被设计成一个直径27米、净空高达142米的"空中庭"，阳光从顶层透过玻璃折射进来，555间客房和各式中西餐厅从58层至87层环绕四周，在88层观光厅从上往下可观赏世界举世无双的酒店中庭，金光闪闪，风华绝代。1997年8月27日，环球金融中心正式奠基，原设计高460米、94层，2003年2月13日重启建设，计划再加高32米，使总高度达到492米，建成时为中国大陆第一高楼与世界第三高楼。2014年，632米高的上海中心大厦横空出世，现为中国第一高楼与世界第三高楼。它选择632米的建筑高度，以使其与周边420.5米的金茂大厦和492米的上海环球金融中心在顶部呈现优美的上升弧线，营造出更加和谐的超高层建筑群。其造型为旋转式上升的、不规则、不对称的双层表皮建筑，也是充分考虑这一造型能够为高楼林立的陆家嘴进一步减小风阻，其形态、材质和不对称性将使风阻降低了至少20%。上海人以这样一幢建筑向世界展示着上海这座国际化城市对于维护生态环境的责任和承诺。

陈欣荣 摄

黄浦篇

外滩，从白渡桥至金陵东路这一段黄浦滩，是上海都市的最初轮廓线。

外滩上的十六铺，曾是东亚最大的码头。

南昌路上的名人故居、因文化而兴的福州路，叙述人文黄浦的历史。

在黄浦区的美食地图上，有老字号餐馆"老正兴"、和平饭店的"上海老爵士"、"远东第一高楼"国际饭店和本帮菜"上海老饭店"。

从"法国公园"到"复兴公园"、曾经高贵神秘的友谊商店、申江胜景之冠——豫园、"远东第一大俱乐部"——大世界，这些都呈现了黄浦区的历史印迹。

Huangpu

The Bund, the section of Huangpu Beach from Baidu Bridge to Jinling East Road, is the original outline of Shanghai city.

The Shiliupu on the Bund was once the largest pier in East Asia. The former residences of celebrities on Nanchang Road and Fuzhou Road, which thrived on culture, narrated the history and humanistic side of Huangpu.

On the food map of Huangpu District, there are the time-honored restaurant Lao Zhengxing, the Peace Hotel featuring Shanghai Old Jazz Band, the once highest building in the Far East, Park Hotel, and Shanghai Old Restaurant presenting the local cuisine.

From "French Park" to "Fuxing Park", the once noble and mysterious Friendship Store, the "crown" among Shanghai scenic spots,Yuyuan Garden, and once the largest club in the Far East,Dashijie, all present the historical imprint of Huangpu District.

百年外滩

见证百年沧桑与蜕变的外滩

外滩，从白渡桥至金陵东路的这一段黄浦滩，是上海都市的最初轮廓线。

1845 年，上海道台与英国领事签署开辟上海租界的条约——《上海租地章程》，把外滩以西的 830 亩土地划为英租界。次年，上海第一

1928 年的上海公共租界外滩

幢欧式建筑——英国领事馆落成。1848 年，临黄浦江的纤道被改造成 18 米宽的马路，马路东侧建有码头、堆栈、本行和船厂。外资银行、商行、总会、报社则在马路西侧开始云集，外滩迅速成为中国乃至东亚的金融、贸易中心。

以外滩为起点，上海近代城市发展起来。城市化的进程持续推进，从外滩到南京路，从九江路以北到九江路以南，俗称"夷场"的英租界让中国人惊叹。1868 年，工部局在苏州河与黄浦江交界处填滩建起公共花园，园内有草坪、灌木丛、乔木、木制长椅，后来又陆续有了音乐亭、煤气灯、电灯、假山、喷水池、雕塑等，成为在沪外侨重要的社交场所，只对外国人开放。直到 1928 年 6 月 1 日，工部局才宣布，外滩公园向所有华人开放。

作为曾经"租界"的一部分，外滩的历史由"东方巴黎"的璀璨头衔，与屈辱的集体回忆交织在一起。外滩繁华过，也伤痛过，它见证了近一个半世纪的沧桑与蜕变。如今的外滩，矗立着 52 幢风格迥异的古典复兴大楼，百年来汇集了不同时期、不同风格、不同国家的建筑，最终奠定了如今独具魅力的"万国建筑博览群"，承载了丰富的艺术价值、文化内涵与历史意义。

十六铺码头的"前世今生"

作为曾是远东最大的码头——十六铺，码头、仓库历史文化遗

19 世纪 90 年代中期，十六铺北端的新开河一带，海味商号聚商成市

存众多，可谓是一部上海航运史。"十六铺"这一地名，首次出现于清同治年间，原是清政府上海县治为综合治理所设机构，专门处理社会民刑琐事、征收赋税。上海县城厢内外的商号，建立起一种联保联防的"铺"。其中，以十六铺的区域面积最大，包括上海县城大东门外，西至城濠，东至黄浦江，北至小东门大街与原法租界接壤，南至万裕码头街及王家码头街的广大区域。十六铺的诸多码头，又以"金利源"最为著名。鸦片战争后，上海开埠，洋人、洋行纷至沓来。1862 年，美商旗昌轮船公司在十六铺北首（今上海港

客运站码头）租地，建造旗昌轮船码头，合并了金利源码头。之后，旗昌轮船公司竞争不过 1872 年洋务派兴办的轮船招商局，被分期收购，金利源码头一道并入招商局。轮船招商局同时又将华商金姓四码头并入招商局，统一定名"金利源码头"，又名"招商局南栈""招商局第三码头"。1937 年，码头被转让给美商伟力韩公司，易名"罗斯福码头"。太平洋战争爆发后，日军占领码头，将其易名为"江西码头"。1945 年，码头由招商局收回，改回"招商局第三码头"。1949 年码头收归国有，易名"中国人民驳船公司第三码头"。1952 年，这里终于定名"十六铺码头"。1904 年，南通实业家张謇曾在十六铺创办大达轮埠公司，这是中国第一家民办轮船公司。1907 年，宁波巨商虞洽卿也在十六铺创办宁绍轮船公司。从此，江浙两省大批乘客由十六铺码头进入上海，在这座大都会安居乐业，很快成为第一代"新上海人"。

20 世纪 70 年代，随着客运的迫切需要，原先的装卸区与客运站合并起来，以十六铺码头为基地，重新成立了上海港客运总站。由于设施陈旧跟不上，1982 年，原来的招商局仓库被拆除，建造了十六铺新客运站。公路大发展后，水路作为交通工具形式的衰落是历史必然，2004 年，随着十六铺客运码头定期航线被全部迁至地处长江口的吴淞客运中心，十六铺一度淡出人们视线。如今的十六铺码头不仅成了黄浦江水上旅游中心，还具有公共滨江绿地、大型商业餐饮和大型停车库等各种设施，提供了一种现代滨江表现形式的新体验。

人文黄浦

南昌路上的名人故居

南昌路一带居住、工作过的名人众多。尤其在民国时期，多少风云际会发生在那些石库门和花园洋房里。值得庆幸的是，那里的建筑与街区风貌基本保留了当年的模样。

南昌路53号，是林风眠故居。1951年，51岁的林风眠从自己一手创办的国立艺术学院辞职，全家迁到上海，定居于此，以卖画、教画为生。除1968年至1972年遭牢狱之灾，他在这里一直住到1977年获准去巴西探亲，才移居中国香港。

南昌路83弄3号，是钱君匋故居。钱君匋熔诗、书、画、印于一身，曾任西泠印社副社长，又精于鉴赏，收藏宏富，人称"南昌路最富有的名人"。

南昌路100弄（原环龙路老渔阳里）2号，是陈独秀主持的《新青年》编辑部旧址，也是中国第一个共产党组织的诞生地。上海共产党早期组织创办《共产党》月刊，由李达住在楼上亭子间编辑。中共一大召开后，中共中央局机关曾在此办公。由于《新青年》经常发表红色文章，引起法租界巡捕的注意，陈独秀两度在此被捕。

南昌路136弄11号是徐志摩、陆小曼故居。徐志摩1915年考到上海的沪江大学，后又就读于北洋大学、北京大学、哥伦比亚大学、剑桥

《新青年》编辑部旧址

大学，1922 年回国在北大、清华任教，发起新月社，主编《晨报·诗镌》副刊，1926 年重返上海，在光华大学、东吴大学等任教，办新月书店，创办、主编《新月》月刊。徐志摩与陆小曼结婚后，从环龙路搬到四明邨，再搬到南昌路。这同一条弄堂住过不少名人，如 1 号的巴金、39 号的傅雷、48 号 3 楼的白杨。

南昌路 148 弄 1 号是沈尹默故居。沈尹默以书法闻名，民国初年书坛就有"南沈北于（于右任）"之称。沈尹默是陈毅市长到上海后拜访的第一位民主人士，是周恩来总理任命的中央文史馆副馆长。

南昌路 180 号是第一次国共合作时期国民党中央上海执行部（管辖江苏、浙江、安徽、江西四省和上海市的国民党党务）旧址。郭沫若、廖仲恺等曾居住在此。中共中央很重视执行部的工作，派出毛泽东、恽代英、向警予、罗章龙、王荷波等，毛泽东每天从茂名北路甲秀里步行到这里上班。南昌路颇多国民党元老故居，如 100 弄 7 号杨杏佛故居、8 号叶楚伧故居、148 弄 10 号吴稚晖故居。

因文化而兴的福州路

福州路，旧称"四马路"。上海开埠前，四马路只是通向黄浦江的四条土路之一。19 世纪 50 年代初，外滩至界路（今河南中路）一段筑成泥砂石子马路，因附近有英国基督教伦敦会传教机构，工部局董事之一、传教士麦都思（Walter Henry Medhurst）在此传教，故称布道路，又称教会路（Mission Road）。清咸丰六年（1856 年）此路向西延伸至第二跑马场（今湖北路）。清同治三年（1864 年）四马路筑完全程抵泥城浜（今西藏中路），后命名为福州路。

四马路因文化而兴。19 世纪 40 年代，四马路及附近的望平街（今山东中路）上出现了最早的一批报馆，各类书馆、印刷所也相继成立。福州路、广东路、河南路、棋盘街一带，还相继出现了笔墨笺扇、仪器文具行业的店家，戏园、茶楼、中西菜馆等也随之兴起。

1846 年，一批由国人创办或从境外流入的书店相继开业。1864 年，上海最早的西方文化出版机构——墨海书馆，迁至福州路附近的麦家圈。1897 年，商务印书馆开业，标志着中国近代出版业的崛起。不久，专门介绍西方社会科学、自然科学等的书店大量涌现，福州路成为上海的新闻发布中心（人称"报馆街"）、上海区域文化的源头。福州路文化街初具规模，影响着文化的发展和进步。

19 世纪末，福州路成为上海最早的现代大街之一。到 1916 年中华书局总店搬迁至福州路河南路，1931 年大东书局迁入福州路 310 号，1932 年世界书局迁入福州路 390 号，福州路成为当时全中国图书出版业的中心。

美食地图

老字号餐馆"老正兴"

"齐同行"现象是指旧时上海的商市，最早开出的商店挂什么招牌，获得成功后很快就会有人跟进，开设第二家、第三家同名、经营同类商品的店，形成一个行业。

比如米其林一星的沪上老字号本帮餐馆"老正兴"，在 1949 年以前，光是上海就有 120 多家"老正兴""聚商老正兴""大上海老正兴""总号老正兴""大西洋老正兴""真正老正兴"等等。外地还有几十家，香港、澳门也有，连国外的日本、美国、法国都有打着"老正兴"招幌的中国菜馆。中日联合出版的《中国名菜集锦谱》甚至专门列了一章介绍"老正兴"的历史和名菜。"老正兴"的创始人是浙江拜把子兄弟祝正平、蔡任兴，原名"正兴馆"，就是从两人名字中各取一字而成，创始于清同治元年（1862 年）。弟兄俩请无锡名厨师掌勺，烧无锡菜，融入本帮菜和苏锡帮菜，称"膳"帮，擅长烹制"四河"和"四时菜"，经典菜式有脆膳、蛤蜊鲫鱼汤、冰糖甲鱼、红烧圈子、生煸草头等等。

如今现存于福州路的"老正兴"也是当年沪上 120 多家"老正兴"餐馆之一，1908 年创建于大陆商场（今东海大楼），1934 年迁到山东路，后再迁到福州路，成了现存的真正"老正兴"。

和平饭店的"上海老爵士"

改革开放初期，上海仅有 10 家涉外饭店可接待外国宾客。上海的夜生活，除了看杂技团、歌舞团表演或交响乐演出，就是浦江夜游。和平饭店的管理层设想组织一个乐队，为外宾演出。他们向上海市文化局"借"了几位老先生，到和平饭店"试水"爵士乐演奏，看看市场反响如何。谁也没想到，首演一鸣惊人。

从此，每逢周六，在上海工作的外国专家、早年接触西方音乐的本土"老克勒"，都相约到此欣赏爵士乐。刚开始，演出是每周一场，后来增加到两场，再后来天天演出，还加入了歌手演唱。到 60 岁退休，这些老乐手顺理成章首批加盟了 1980 年和平饭店组建的老年爵士乐队。队长周万荣年轻时曾在上海当年最有名的百乐门舞厅吹小号，曾任上海交响乐团首席小号手 30 年之久。在和平饭店铺设镶木地板的传奇爵士吧，每晚上演两个整场的爵士乐演奏，每场约一个半小时，上半段是爵士乐表演，下半段有女歌手演唱《夜来香》《夜上海》《甜蜜蜜》《月亮代表我的心》这样的老歌，也有《亲密爱人》这样的流行歌曲爵士版。爵士乐团演奏的曲目，从上海老歌到世界名曲，既怀旧又创新，保留曲目多达 500 首。

曾经老年爵士乐团屡屡应大财团邀请，到美国、日本、新加坡、中国香港等地演出，深受当地爵士乐迷和游客的青睐。到访上海的国际政要，常被安排去和平饭店欣赏爵士乐。美国前总统克林顿曾饶有兴致地与老乐手同台演奏萨克斯管，美国前总统卡特、里根，墨西哥、意大利、葡萄牙等国的总统也都曾沉醉于爵士吧的上海之夜。直到现在，这支平均年龄为 82 岁的老年爵士乐队晚上 8 点还会在饭店演出。

"远东第一高楼"国际饭店

国际饭店，在上海历史最悠久的饭店之列。1934 年落成时，作为当时全中国乃至全亚洲最高的建筑物，国际饭店有"远东第一高楼"之称。整幢大楼共 24 层，包括地下 2 层，地面以上高 83.8 米，在上海一直保持最高纪录达半个世纪之久。如今，国际饭店虽然在海内外声名赫赫，仍具有相当高的辨识度，但已经不是上海第一高度了。高度优势不再，丝毫不影响国际饭店的地位。历史上，这里曾是名流汇聚之所。1949 年前，宋美龄、张学良、陈纳德等都是这里的常客。1949 年，陈毅市长在此接见解放军指挥员。1959 年，郭沫若登上饭店屋顶，欣然题诗两首。名流学者们留下的诗书画作品，成为饭店的传世之宝。2006

年，国际饭店被国务院正式公布列为全国重点文物保护单位。

曾经的"远东第一高楼"国际饭店

国际饭店的设计师是匈牙利人拉斯洛·邬达克（Laszlo Hudec）。年轻的、名不见经传的邬达克，在用地局促的南京西路上，把作品平面布置成工字形，立面采取竖线条划分，前部 15 层以上逐层四面收进成阶梯状，使造型高耸挺拔。整幢建筑钢框架结构，钢筋混凝土楼板，正是 20 世纪 20 年代美国摩天楼的翻版。离开上海的时候，邬达克留下了国际饭店、大光明大戏院、百乐门舞厅、沐恩堂和铜仁路绿房子等融贯中西的名建筑，让"亚洲高度""巨大落地窗""哥特式塔尖"等与他的大名一起成为上海传奇。

本帮菜的滥觞——上海老饭店

地道的上海本帮餐馆，最早出现在 1875 年。那一年，在繁华的上海老城厢，一条叫旧校场路的陋巷，上海川沙籍厨师张焕英开出以本地风味家常菜招徕生意的"荣顺馆"。生意越来越兴隆，就有同行冒称"荣顺馆"，铺面扩大到两层楼面的正宗"荣顺馆"只好改称"老荣顺馆"。

旧校场路也因此车水马龙，"闹猛"起来。经常光顾的客人嫌"老荣顺馆"拗口，索性叫它"老饭店"。

8年后，另一家本帮餐馆"德兴馆"开张，最初也以家常菜起家，生意做大后，遍邀名厨，走高端路线，吸引了不少达官贵人。名厨们创制了一批特色菜肴，如白切鸡、糟钵头、鸡圈肉、腌笃鲜、扣三丝、虾仔大乌参……使"德兴馆"成了当时本帮菜的集大成者。

1965年，"老荣顺馆"迁至福佑路老城隍庙西侧，改名为"上海老饭店"。由国家级大师主理的上海老饭店，汲取了"荣顺馆""德兴馆"两家本帮名餐馆的精华，以精细考究的食材和风味醇正的菜肴在沪上餐饮业独占鳌头，"品味源头上海菜，驻足百年老饭店"之美誉流传至今。

历史印迹

从"法国公园"到"复兴公园"

毫鋈上海人习惯把复兴公园叫作"法国公园"，"法国公园"正是复兴公园从前的名字。20世纪上半叶，上海有不少值得一书的事发生在法国公园及附近。

法国公园的前身，是建于19世纪80年代的私人小花园"顾家宅花园"，占地10余亩。1900年，法租界公董局以7.6万两白银购入152亩民田，其中大部分租给法军兵营，即顾家宅兵营。1904年起，驻扎其中的法国军队陆续撤走。1908 年 7 月 1 日，公董局董事会开始计划在此建公园。1909 年 6 月，由法国园艺家柏勃（Papot）主持、中国园艺家郁锡麟设计的公园建成，于 7 月 14 日法国国庆日正式对外开放。有趣的是这座公园的名称，外国人称之为"顾家宅公园"，中国人却称之为"法国公园"。

1917 年，公董局又聘法籍专家少默，负责公园的大规模扩建和全面整改。改建后的公园面积达 136 亩，9 年后才竣工。其主体风格具有浓郁的法国风味，但局部也有中国传统园林的特色，赢得了"卢森堡公园"的美誉。抗日战争期间，法国公园落入日寇魔爪，沦为练兵场和仓库。"复兴公园"这名字则始于 1946 年元旦，是国民政府改的，寓意明显——庆祝抗战胜利，复兴中华。

曾经高贵神秘的友谊商店

上海最早的友谊商店出现在 1952 年的上海大厦，当时叫"上海国际友人服务部"，规模并不大，几乎无人知晓。1958 年，商店迁到南京东路、山东中路口的慈淑大楼，正式定名为"上海友谊商店"，成为一家特供外宾、华侨、港澳台同胞消费的综合性商店。1970 年，友谊商店迁往外滩 33 号（英国驻沪领事馆旧址）大院内。上海市民进不去，只远远望得见"我们的朋友遍天下"八个大字。

曾经，上海友谊商店接待了包括外国政要、国际名流等在内的数以万计的来宾。当时友谊商店的服务可谓不计血本。当年的接团记录显示：20世纪50年代以苏联团居多；60年代以社会主义阵营团为主；70年代时，特别是中美、中日邦交正常化后，来宾的国别日渐广泛。以前，但凡有贵宾团莅临，都要分级别安排保卫工作：一级为国家元首级，商店旁的马路封锁，有开道车，市、局、公司和店领导全程陪同购物；二级为政府总理、总统夫人等，无开道车，也不封路；三级为部长。现在贵宾团进店购物，则照常营业。除了象征与国外来宾共建友谊的意义，友谊商店还肩负着为国家赚取外汇的任务。

改革开放以来，友谊商店对内供应开始松动。1985年10月起，商店按系统、条线发放和订售参观券。1989年7月，友谊商店正式向社会开放。但直到1995年1月1日，外汇券正式停止流通，友谊商店才真正撩开高贵而神秘的面纱，转型成为人人皆可入内的普通商场。

申江胜景之冠——豫园

始建于明代嘉靖、万历年间的江南古典园林豫园，位于老城厢东北部，占地约30亩，园主是四川布政使潘允端。园林建在潘家住宅世春堂西面的几畦菜田上，主人苦心经营了20余年。这是园主为老父造的，取名"豫园"，"豫"即平安、安泰，"豫园"寓意"豫悦老亲"。

豫园景色的精华在大假山。高约14米的大假山，出自当年江南最负盛名的堆石专家张南阳之手，由2000吨浙江武康黄石堆砌而成，洞壑瀑泉，层峦叠嶂，气势雄伟，被视为江南园林中黄石假山的典范。豫园的镇园之宝，是江南三大名石之一"玉玲珑"，据说乃宋代"花石纲"的遗物。高大的太湖石玲珑剔透，具皱、漏、瘦、透之特点，上下布满洞孔，孔孔相通，在下端孔洞焚一炉香，上端各孔即喷出袅袅青烟；在顶端倾一盆水，下端各孔洞即飞泻淙淙水花。豫园罕见的奇景，是穿云龙墙。五条硕大的龙塑盘桓于园墙之上，或卧伏，或翘首，蜿蜒起伏，栩栩如生。其中最长的一条为卧龙，全长达 56 米，龙头在萃秀堂西，龙尾在仰山堂西北，大有兴云作雨之气势。今天园外的湖心亭、九曲桥，原也是园内之景。豫园东南角还有内园，南部有古戏台。

豫园是城内游览和展览的主要去处。历史悠久的豫园花会，起于清嘉庆年间。道光二十九年（1849 年），开始有灯会。农历六月初六日，内园有晒袍会。书画展更是这里的热门。在得月楼，有题襟馆金石书画会，首任会长为汪洵，继任会长为吴昌硕。任伯年、蒲竹英、虚谷和尚等都曾在此创作。豫园书画善会，会址也在得月楼。民国十九年（1930 年），旧上海教育局在内园及得月楼举办民众艺术展览会。1960 年起，沈尹默、郭绍虞、丰子恺、吴湖帆、谢稚柳、王个簃、贺天健、唐云、程十发、张大壮、朱屺瞻、吴青霞等 30 余位书画家为豫园赋诗作画。1977 年后，止于"文化大革命"的书画活动恢复，刘海粟、谢稚柳、唐云、应野平、田恒等名画家在此雅集作画。1979 年，得月楼再次成为书画楼，绮藻堂陈列作品，有时还聘请名家现场挥毫。1990 年，点春堂举办了"上海豫园书画藏品展"，从近千件藏品中挑选 40 余幅精品展出，包括明清画作及任伯年、齐白石、虚谷、沈宗敏、倪墨耕、王震、张大千、江寒汀、丰子恺、关良、翁同龢、吴大澂、沈尹默等的力作。

"远东第一大俱乐部"——大世界

1917 年，大世界开张之前，创办人黄楚九包下上海各家报纸从 1917 年 7 月 3 日至 13 日的广告版面，整整 10 天，以突出地位广而告之：大世界，是一个荟萃自然观赏、艺术享受、游戏娱乐、美食购物于一体的综合性游乐休闲场所，是一个包罗万象的"大千世界"。

大世界曾号称"远东第一大俱乐部"，占地 1.4 万多平方米，内设剧场、电影场、书场、杂耍台、商场、中西餐馆等。黄楚九聘请文人，给每个新建筑都起了雅致的名称，凑成"大世界十大奇景"，还设计了许多新花样——在露天场地安装高空飞船，以吸引小朋友；"乾坤大剧场"设上下两层，座位千余，日映电影，夜演京戏。黄楚九最擅长以新奇制胜。大世界有一种市面上买不到的自动售茶机，由黄楚九手下的小铜匠发明、制作。售茶机上有个投币孔，只要投进一个铜板，就会从出水口流出一杯茶水。大世界动物园经常展出一些稀奇古怪的东西，如泰山人猿、五彩大蟒、四脚花蛇、人形猫熊、西藏白猴、千年龟精、印度狸精……大世界成了民国时期上海市民娱乐文化的标志，很多年以后还是这个城市的地标，外地游客到上海都知道"不到大世界，枉来上海滩"。

最初的大世界，出自黄楚九和身边文人朋友的头脑风暴，由当时著

20 世纪 30 年代的大世界

名报人孙玉声、新文学运动的先驱刘半农具体负责绘制建筑图纸，是一座具有相当规模的中式建筑，坐东南朝西北，曲尺形二层砖木结构，内部结构多变而错落有致。运转到第 7 年，大世界的发展明显因场地限制而受阻，黄楚九决定重建大世界。延安东路西藏南路一带的民房被拆除，扩大了地盘，这一次，由著名建筑设计师周惠南主持设计，他以设计娱乐建筑驰名上海滩。大世界建筑群总面积 1.68 万平方米，主体由三幢四层建筑构成，两幢坐东朝西，一幢坐北朝南，中间拐角处是一座七层高塔大门楼。这也是上海近现代史上的一座标志性建筑。

静安篇

　　静安区有千年古刹静安寺和号称"东方第一乐府"的百乐门，曾是昔日最繁华的商业娱乐中心，墙外纸醉金迷，墙内佛门清修，形成沪上一大奇观。静安还有一座安放情怀的建筑——上海展览中心，它最初名为"中苏友好大厦"。

　　静安的红色地标众多，有毛泽东旧居、中共二大会址纪念馆、中共上海地下组织斗争史陈列馆暨刘长胜故居、中共三大后中央局机关历史纪念馆、中国劳动组合书记部旧址、四行仓库抗战纪念馆等。

　　静安的上海老字号名店——"凯司令"与"王家沙"闻名遐迩。静安还有众多名人印迹，如山西北路吴昌硕故居和常德路张爱玲故居。从老北站到新客站，以及蕃瓜弄的旧区改造，记录了静安区的旧貌换新颜。

Jing'an

In Jing'an District, there are Jing'an Temple, a thousand-year-old temple, and Paramount, which is known as the "No. 1 Dancing Hall in the East". The district used to be the most prosperous commercial and entertainment center. There is also a nostalgia spot in Jing'an, the Shanghai Exhibition Center, which was originally named "Sino-Soviet Friendship Building".

There are many "red" landmarks in Jing'an, including the Former Residence of Mao Zedong, the Memorial Hall of the Second Congress of the Communist Party of China, the Exhibition Hall of the Struggle History of the Shanghai Underground Organization of the Communist Party of China, and the Former Residence of Liu Changsheng, the Historical Memorial Hall of the Central Bureau of the Third Communist Party Congress, the Former Site of the Secretariat of the Chinese Labor Organization, and the Anti-Japanese War Memorial Hall of the Joint Savings Bank Warehouse.

Jing'an's time-honored and well-known stores in Shanghai, Kaisiling and Wangjiasha, are well-known far and wide. Jing'an also has living traces of many celebrities, such as the former residence of Wu Changshuo on Shanxi North Road, and the former residence of Zhang Ailing on Changde Road. From the Old North Station to the New Passenger Station, as well as the transformation of the old district of Fangualong Lane, all record the change of the old appearance of Jing'an District.

人文静安

千年古刹静安寺

静安寺，其历史相传最早可追溯至三国孙吴赤乌十年（247 年），原名为沪渎重玄寺，唐代改为永泰禅院，宋大中祥符元年改作静安寺。

静安寺商圈人潮（朱麟隆 摄）

上海开埠后，静安寺一带被划入英租界，寺前的沸井浜全部被填没，筑成上海第一条西式马路，命名静安寺路，即现在的南京西路，随后开出了第一条电车。慢慢地周边又建起了百乐门舞厅、静安商场等，使这一地区与南京路那一端的外滩遥相呼应，成为昔日上海最繁华的商业娱乐中心，墙外纸醉金迷，墙内佛门清修，也算沪上奇观。

"文化大革命"时期，静安寺遭受严重冲击，僧侣被还俗，佛像法器被毁，寺院成了织染厂。1972年，一场大火烧毁了大雄宝殿，千年古寺奄奄一息，岌岌可危，直到1983年被确定为佛教全国重点寺院才峰回路转，绝处逢生。

1995年，上海地铁二号线建设正式启动，静安寺被规划为其中一站。静安寺新任住持慧明大和尚动了改建的想法，考虑到静安寺更名于宋代，迁址也在宋代，并且寺内尚有宋代遗物，于是选定为宋代建筑形式。修建完成后的静安寺，在严格的中轴线上建筑布局，从南至北依次坐落着山门、钟楼、鼓楼、大雄宝殿和法堂。"静安八景"的赤乌碑、涌泉井移入庙内。"文化大革命"中被收缴的八大山人名画，文徵明真迹《琵琶行》行草长卷等珍贵书画，也在被归还后有了安身之所。

纸醉金迷的百乐门

1932年，富商顾联承投资七十万两白银兴建百乐门。该娱乐场由杨锡镠建筑师设计，号称"东方第一乐府"。建筑共三层，底层为厨房

百乐门舞厅内景

百乐门旧照

百乐门舞厅大门

和店面，二层为舞池和宴会厅，三楼为旅馆。舞厅地板至今还让上海滩的"老克勒"们念念不忘、津津乐道，因为它采用的是汽车钢板支托，跳舞时像踩上了弹簧，微微的晃动让人感觉特别好。楼房的顶层装有一个巨大的圆筒形玻璃钢塔，看上去只是个装饰，其实不然。当年，舞客要离开时，服务生在塔上打出客人的汽车牌号或其他代号，车夫从远处看到，便将汽车开到舞厅门口等候。真是用尽心思服务客人，恐怕也有让客人借机炫耀一番的意思，能进百乐门跳舞的绝对非富即贵，不招摇一下，心有不甘。百乐门与上海十里洋场的气质契合得天衣无缝，暧昧、奢靡、浪漫、醉生梦死，它是昔日上海时尚界的焦点，是市民茶余饭后的谈资，名流、明星纷至沓来。

百乐门也是上海难得的从一而终的娱乐场所，自诞生至今天没有改变过功能。新中国成立后，这里仍然是舞厅，只不过取缔了舞女，"百乐门舞"被交谊舞、集体舞所代替。2003 年，百乐门欲借开业 71 周年重振往日雄风，舞厅还是当年的舞厅，地板、墙面、栏杆所有内饰，有一种经过岁月包浆的内敛光泽。目前，百乐门已变身为一个集视、听、味为一体的海派文化综合体验馆，总算留了个地儿，让上海人安放怀旧的心思。

一座安放情怀的建筑——上海展览中心

若以华美论，上海展览中心称不上"最"，但排前十位也稳稳的，而且在老上海人心里，它不单是华厦，还是安放了特殊情怀的时代记忆，在这点上没有任何一座建筑可以比拟。它最初名为"中苏友好大厦"，1968 年这一称呼退出历史，但令人惊异地保持活跃度，上海人几乎都知道这个称呼指代哪座楼。

上海展览中心大厦连塔总 109 米，打破了国际饭店（83.8 米）的纪录，顶端镏金五角星闪闪发光，是当时上海新的制高点，也是权威的象征。早年上海建筑界有个默契：楼宇的建造高度，不能超过这颗熠熠闪耀的金星。在作为中苏友好大厦的 13 年间，它庞大的体积、瑰丽的宫殿式造型、不可逾越的高度，深刻地留在上海人的心中，也是上海人无与伦比的骄傲。即使是外地人，提起中苏友好大厦亦肃然起敬，到上海想方设法都要看一眼、拍张照片，它真是名副其实的地标性建筑。

中苏友好大厦除了与生俱来的高华气象之外，也被赋予了难以企及的重要地位。自落成之日起，便承担着举办上海市重大政治、外事活动的重任，时有外国元首、政府首脑来这里出席活动。而没有重大活动的时候，上海展览中心既亲民又时尚，展会多得目不暇接，彩旗、广告牌经常挂得满满当当，最有影响力、最持久的当推上海书展。每年 8 月，书迷们都相约展览中心，整整一周，这里是书的海洋、书迷们的天堂。高温下的书展，从来不缺书迷，人多，几乎就是唯一的麻烦，哪怕闭馆

上海展览中心

时间推迟到晚上 9 点，还有书迷恋恋不舍。近几年，尽管纸质书籍的读者数量直线下跌，呼吁、倡导阅读的声音却此起彼伏，上海书展盛况依旧，大可以推断：爱读书的上海人数量并没有断崖式下跌。上海展览中心曾经做过大修，那次维修，顶端和金星耗费了 5000 克黄金，原来那颗星竟镀了真的金。无论在早年还是现在，上海展览中心都美得独一无二，即使今天，它周围高楼大厦林立，上海已经有各种风格的展馆拔地而起，但它的地位也依然不会被撼动。

红色地标

毛泽东旧居

1923 年 7 月，中共中央局从广州迁到上海，毛泽东、蔡和森、向警予与罗章龙在香山路（今临山路）三曾里租下一座二层楼石库门房屋。将近一年的时间里，三曾里成为党中央的决策中枢，中央通告和文件一直都从这里发出，直到它迁往慕尔鸣路（今茂名北路）的甲秀里。

1924 年初，蔡和森、向警予租住了甲秀里的一幢房子，当年 2 月毛泽东来到上海，蔡和森、向警予搬至二楼，腾出底楼给毛泽东居住。6 月，杨开慧和母亲向振熙带着年幼的毛岸英、毛岸青来到这里，一家人团聚。这幢楼的楼下为前后厢房及一间客堂。前厢房是毛泽东与杨开慧的卧房，厢房里靠天井的窗下有一张单人写字台，那是毛泽东为《中

安义路毛泽东旧居

国青年》《向导》等进步杂志写文章的地方，室内挂着毛泽东和杨开慧的单人照片，还有一张是杨开慧和幼年时的毛岸英、毛岸青的合影。后厢房是杨开慧的母亲向振熙的卧房，向振熙也是向警予的姑妈。宽敞的客堂放着八仙桌和几张方凳，是毛泽东一家吃饭和会客的地方。在此期间毛泽东担任中共中央局秘书，杨开慧除帮助毛泽东整理文稿、料理家务之外，还和向警予一起，以半工半读的女子职业学校为掩护，投身妇女运动。

这是毛泽东在上海住得最久的一次，长达9个月。4年前，他在上海静安住过两个月，虽然短暂，却是关键的时期。那是1920年5月5日，毛泽东率领湖南驱张请愿团从北京来沪，住在哈同路民厚里29号（今安义路63号）。当时，毛泽东和随同来沪的张文亮住在前楼正房，楼上亭子间等地方先后住过湖南驱张请愿团的张百龄、罗宗汉、李凤池、陈书农等人。当时在沪的新民学会会员、湖南学生联合会的驱张代表和学生来到毛泽东寓所，商讨工作，组成了湖南改造促进会，会址就设在毛泽东寓所里。在到沪后第三天，毛泽东便前往洋泾法国码头为赴法国勤工俭学的萧子暲、劳启荣等 6 位新民学会会员送行。此间，他还多次前往老渔阳里 2 号拜访正在酝酿创建中国共产党的陈独秀，与他一起探讨马克思主义。

毛泽东一生来上海 50 多次，1927 年之前曾到过上海 10 次，因此在上海不少地方都保留有毛泽东的旧居。1999 年 12 月，甲秀里的毛泽东旧居率先正式开放。2013 年 12 月，修缮一新的安义路毛泽东旧居也对外开放了，这幢位于嘉里中心广场中央的简陋房子，虽周围林立着簇新的现代化的高楼大厦，却一点也不显寒碜，反而成为整个区域的灵魂，路过的行人也会不由得停下脚步，向它致以注目礼。

中共二大会址纪念馆

中共二大会址纪念馆位于上海市静安区老成都北路 7 弄 30 号（原南成都路辅德里 625 号）。1922 年 7 月 16 日—23 日，中国共产党第二次全国代表大会在此召开。出席大会的有中央局成员、党的地方组织的代表和参加远东各国共产党及民族革命团体中国共产党第一次全国代表大会后回国的部分代表。中共二大会址是首部党章诞生地。

中共二大会议旧址是中共一大代表、中央局宣传主任李达的寓所，旧址中的摆设根据李达及其夫人王会悟的回忆重新布置。会址纪念馆为两排东西走向的石库门里弄住宅建筑，砖木结构，建筑面积约 2282 平方米，基本保留了 1915 年始建时的建筑风貌。纪念馆展区面积 1170 平方米，由序厅、中共二大展厅、党章历程厅、中共二大会议旧址、平民女校旧址展厅、临时展厅六个展区组成。

就在这里，中国共产党第一次提出了党的民主革命纲领，第一次提出了党的统一战线思想，制定了第一部党章，第一次公开发表了《中国共产党宣言》，第一次比较完整地对工人运动、妇女运动和青少年运动提出了要求，第一次决定加入共产国际，第一次提出了"中国共产党万岁"的口号。

中共二大会址纪念馆

1959 年，中共二大会址被上海市人民委员会确定为"上海市级文物保护单位"；2013 年 3 月 5 日，由国务院公布为第七批全国重点文物保护单位；2003 年被上海市人民政府命名为"上海市爱国主义教育基地"；2009 年 5 月，被中宣部命名为"全国爱国主义教育示范基地"。截至 2021 年 4 月，该纪念馆展陈提升顺利完成。

中共上海地下组织斗争史陈列馆暨刘长胜故居

刘长胜在 1937 年 8 月受中共中央委派来上海重建党的地下组织，后来任中共中央上海局副书记。他在上海愚园路 81 号的寓所同时也是中共中央上海局的秘密机关之一。中共地下党上海市委书记张承宗也曾居住在该房屋的三楼。

2001 年愚园路改造时，为保存好中共党史上这一重要文物，将楼房先向房屋轴线南偏东 35° 方向整移 70 米，再向偏北 26° 方向整移 80 米。整个陈列馆建筑面积约为 800 平方米，共设有四层展览区，底层复原了文委筹建的左联联络地点"公啡咖啡馆"，以两部视频短片《都市传奇》《建筑的故事》再现了刘长胜故居在解放战争时期发挥的重要作用，以及刘长胜故居在旧区改造中整体平移得以保护的故事；二三层通过人物雕塑、场景展示、情景模拟、实物陈列等一系列表现手法，展示了 1937 年—1949 年期间，在刘晓、刘长胜、张承宗等同志领导下的中共上海地下组织发展、斗争历程；四层静安文史藏品专题展则集中展示了地下党老同志及其后代珍藏了 70 余年的珍贵史料。

中共三大后中央局机关历史纪念馆

中共三大后中共中央局在沪机关秘密所在地"三曾里"，在"一·二八"事变中毁于战火。闸北区（今属静安区）将闸北史料馆改建成中共三大后中央局机关历史纪念馆，新展厅选址于浙江北路 118 号，总展厅面积达 600 多平方米。整个展厅将采用全程语音导航讲解、电子沙盘、地图、影视资料播放、网上浏览等手段，馆内共收集历史照片 500 多张，复制品 90 多件，生动再现了中共三大之后，中央局机关在上海开展工作的情况。当时，毛泽东等人白天在寓所内起草重要文件，晚上开会讨论。1924 年初国民党第一次全国代表大会在广州结束后，毛泽东再次被派往上海参加国民党上海执行部的工作，重回"三曾里"。直到 1924 年 9 月前，这幢静悄悄的石库门并未引起多大的关注，其间所发生的事情外人也知之甚少。

纪念馆由中心展区、分中心展区及一个多功能厅组成，主要展示中共三大召开后的一段历史，展馆中陈列着已被侵华日军炸毁的"三曾里"办公楼模型。中心展区主题是"永恒丰碑、党史辉煌"，主要陈列中共三大召开后，中央局机关由广州迁址闸北"三曾里"的办公史料；分中心展区主题是"永恒记忆、红色闸北"，主要陈列中国共产党在闸北领导一系列革命斗争的"红色闸北"史料。

中国劳动组合书记部旧址

中国劳动组合书记部旧址位于成都北路 899 号（原北成都路 19 号 C），是一幢一楼一底、砖木结构、坐西朝东、沿街的二层楼旧式石库门住宅建筑。1959 年，该旧址被列为上海市市级文物保护单位。1992 年，中国劳动组合书记部诞生 70 周年前夕，静安区委在旧址内建陈列馆对外开放。1999 年，因成都路高架工程建设需要，新馆在成都北路 893 弄 7 号易地重建，并于 2005 年再次修缮。陈列馆用浮雕、蜡像、场景复原、多媒体演示等多种形式，再现了中国劳动组合书记部开会、印刷革命刊物、开办夜校、领导工人运动的斗争历程。

四行仓库抗战纪念馆

四行仓库抗战纪念馆位于上海市静安区光复路 1 号。2015 年 8 月 13 日，在淞沪会战 78 周年纪念日之际，这一上海较大的战争遗址类爱国主义教育基地落成开馆。

1937 年 7 月 7 日，卢沟桥事变爆发。8 月 13 日，日军发动了对上海的进攻，淞沪保卫战打响。到了当年 10 月 26 日，驻守在闸北区的中国军队的抵抗行动陷入困境，蒋介石遂决定撤出区内所有军队，去防卫上海西部郊区。留下的 88 师 524 团第 1 营，由副团长谢晋元率领，以

四行仓库抗战纪念馆

四行仓库为据点，继续对抗日军，掩护大部队撤离。选择四行仓库，是因为这个建筑为银行的金库，钢筋混凝土浇筑的墙体很厚、很牢固，不是那么容易摧毁的。另外，苏州河对岸就是英租界，当时没有电视、没有网络，在外国租界前打一场保卫战，可以传播至全世界，以此向国际社会表明中国在抵抗日本侵略战争上的坚决态度，赢得国际社会的支持。

从 1937 年 10 月 26 日至 11 月 1 日，400 多位英勇的中国军人死守四行仓库，打退了日军一次又一次的进攻。7 天的浴血奋战，故事很多，有的因为当时的战略需要，在宣传中作了加工，有的在后来的传播中，加入了想象的元素。如人们习惯把这场战斗称作"八百壮士"，其实守军只有 400 多人。"八百"系谢晋元的说法，以此表明守军的力量，鼓舞士气。1938 年，八百壮士的事迹便被拍成同名电影。1947 年，上海市政府将上海北火车站到四行仓库的那条路改名为晋元路，将胶州公园改名为晋元公园，将附近一所中学改名为晋元中学。1983 年 4 月 16 日，上海市人民政府在虹桥万国公墓重建谢晋元陵墓，表彰他"参加抗日、为国捐躯"的光辉业绩。四行仓库在新中国成立后归属百联集团，成了小商品市场，直到 2015 年借抗战胜利 70 周年的契机才完成了搬迁，并修复开放。四行仓库抗战纪念馆前高耸的西山墙，真实还原了战争炮洞弹孔，一下子把人们带到了 1937 年那场惨烈的抗争，令人震撼，令人动容。英勇的中国军人以生命在四行仓库树起的丰碑，永恒地矗立在中国人民的心中。

美食地图

老字号名店——"凯司令"与"王家沙"

1928 年，林康民、邓宝山两位中国商人开了一家西餐馆，当时为了纪念北伐战争胜利归来的将士，西餐馆命名为"凯司令西餐社"。这是上海第一家中国人开的西餐馆。"凯司令"以西餐起家，直到今天仍然保有西餐供应，但始终没有取得西点那么大的名气。凯司令西点的巨大成功要归功于凌庆祥父子，他们原来在德国人开设的飞达西餐厅制作蛋糕，被凯司令成功地"挖角"。1932 年，凌庆祥和两个心灵手巧的儿子一起跳槽，父子三人联手让凯司令的西点红透上海滩，凯司令的当家点心——栗子蛋糕，就是20世纪50年代时由凌家父子发明出来的，糯糯的栗子粉外面再加一顶白脱"小帽子"，绵细温润，奶香和栗子香天衣无缝地融在一起，好吃得没法说。栗子蛋糕如今几乎遍及各西点店，但无论颜值还是味道，别的店都难以企及。凯司令另有个制胜绝招：从1928年创立至今，白脱蛋糕用的都是从新西兰进口的纯天然奶油，连供应商都没换过。

"凯司令"南京西路店（南京西路1001号）是凯司令的发源地，与之相离不远处还有一个沪上老字号美食店——"王家沙"糕团店（南京西路805号）。"王家沙"1942年底才开业，比凯司令晚了十几年，

"凯司令"南京西路店

创办者叫姚子初。"王家沙"以卖年糕、汤团、八宝饭等纯中国味点心为主。"王家沙"经营的点心闻名上海，有鲜香卤多的蟹粉小笼、香甜可口的八宝饭、鲜嫩味美的蟹粉汤团，都在业内享有盛誉。"王家沙"的糕团也是上海人从小吃到大的，清明节、重阳节"王家沙"门口都会排长队，都是来买糕团的上海人，不疾不徐随着队伍慢慢挪步，糕团的味道真是不用说。"凯司令""王家沙"同列上海老字号名店，一西一中，全是上海人的心头好，也是典型上海老味道的传承。

名人印迹

山西北路吴昌硕故居

山西北路457弄原属闸北区，现在也是静安区的地域，1984年这个老宅门口挂上了"吴昌硕故居"的金黄色铜牌子。

1913年，70岁的吴昌硕住进了这所石库门房子，这时的他已经在多个艺术领域上取得非凡的成就，名满华夏。随着他的迁入，山西北路这条名不见经传的小街，从此星光熠熠，无数让后人景仰的大师成了这里的常客。如果大家有幸生活在那个时候，或许你们也就可以在此遇到于右任、齐白石、梅兰芳、袁寒云等名家大师；有机会聆听吴昌硕与倪墨耕、程瑶笙、熊松泉、沈寐叟、曾农髯、王竹人、孙雪泥、狄楚青、周梦坡、姚虞琴等名耆论道；如果你是国画爱好者，或许还可以与王一亭、陈师曾、吴待秋、赵古泥、刘玉庵、李苦禅、陈半丁、张大千、潘天寿、钱瘦铁、刘海粟、沙孟海、王个簃等一起聆听吴昌硕的指点；你还有可能在这里亲历吴昌硕接受众人恳请担任西泠印社首任社长、上海书画协会首任会长的场景，目睹吴昌硕写下勒石西泠、誉扬书坛的《西泠印社记》，领略吴昌硕带头捐款、捐画赎回即将被贩运出境的浙东第一碑——《三老碑》的风采。直到 1927 年 11 月 6 日，吴昌硕去世，这里都是当时中国艺术界的风向标、艺术活动的聚焦点。

常德路张爱玲故居

张爱玲在上海有过几处落脚点，住的时间最长最出名的地方是常德路的爱林登公寓。

爱林登公寓建于 1936 年，Art Deco 建筑风格，这是当时欧美中产阶级追求的一种艺术风格，主要特点是感性的自然界优美线条。公寓平面呈"凹"形，每层三户，户型有二室户和三室户。每户客厅较大，设置壁炉，卧室均有小贮藏室和卫生间，厨房沿西外廊布置，双阳台连通客厅和卧室。西面长廊，既作为安全通道，又兼作服务阳台。底层和夹层布置四套跃居住宅，每套住宅上下有小楼梯连通。内部格局很现代化，住户都是跟张爱玲差不多的有点家底的中产阶级。张爱玲在公寓里的五楼和六楼都住过。依张爱玲的性格，公寓生活的确是理想得不能再理想

常德公寓（原爱林登公寓）

了，她尤其爱在公寓里欣赏楼下的市井风景。

撇开张爱玲的因素，这座公寓楼现在看看真没有什么特色，一不留神就会错过，楼里的住户也差不多相当于中产阶级。住在张爱玲曾经住过的地方，似乎不算什么愉快的体验，频受干扰，三天两头就有陌生人敲门，要进来寻访女作家的痕迹。为此，媒体上有过争议，张迷们振振有词"就是想看看张爱玲住过的地方嘛"。而住户们牢骚满腹，坚决抵制随意造访。现在的街景虽已非当年张爱玲看到的街景，然而淌着上海底色的市井气息，应该没有变。

旧貌新颜

从老北站到新客站

老北站建于清光绪三十四年（1908年），原名沪宁铁路上海站，这幢红白相间的四层英式洋房构筑精美、气势雄伟。老北站的落成使闸北成为上海陆路的大门，每天有10对旅客列车出发和到达，20列货物进出，带动周边地区的发展。这个火车站也是当时上海华商在"华洋竞争"中的一大胜利，它从正北面堵住了外国租界向北扩张的势头，使租界不可能再越过铁路扩张。老北站的命运始终与近代中国革命息息相关，"一·二八"事变和"八一三"事变期间，它遭遇炮火连番轰炸，站台、轨道、机车、大楼等设施严重损毁，后来还曾一度被日寇占领，改作军用。

上海解放后，老北站于1950年8月1日正式改名为上海站，但是直到今天，上海人依然习惯称之为北站，老一代上海人对它有特别深的感情。改革开放后，上海发展全面提速，老北站不堪重负。1987年12月28日，位于宝山路的上海站开出最后一班列车后关闭。次日，位于天目中路的上海站新站启用，完成车站功能交接。新的上海火车站，被上海人称作"新客站"，即使后来更多、更新的火车站投入使用，但天目中路的上海火车站，依然是"新客站"。

"新客站"比老北站气派许多倍，设施、设备发生质的飞跃。20

世纪 80 年代，这一现代化的火车站，给人的第一印象是大，二楼候车大厅就跟商业街似的，中间一条道，两边一个连一个的候车室；第二印象是豪华，候车大厅里都有中央空调，等火车的舒适度提升了好几档；第三印象是方便，申城第一条地铁线路直接与车站相连，旅客可以从车站的地下通道出入地铁。"新客站"启用不到三年，波澜壮阔的浦东大开发开始了，整个上海的改革建设驶入高速通道，火车站的旅客流量飞一样地上升。上海的发展速度之快大大超出了想象，"真宏伟"的赞叹声余音尚在，运营不足 10 年的"新客站"已达到满负荷状态。2006 年新的上海南站启用，2010 年上海虹桥站落成，2016 年位于浦东的上海

"新客站"

东站建设规划公布。沪上火车站是一座比一座先进时尚，可媲美机场航站楼，交通的便捷从此使"天涯若比邻"不再是梦，火车一票难求的光景成为过去时。

蕃瓜弄的旧区改造

蕃瓜弄位于天目中路、共和新路交叉口西北方，1949 年前为棚户区，相传此地曾收获一特大蕃瓜（南瓜），人称"蕃瓜龙"，谐音"蕃瓜弄"。1965 年此地改建成五层楼房的新村，沿用蕃瓜弄为新村名，占地 6 公顷，有楼房 57 幢，居民 6000 人，北部保留棚屋残迹，为市级保护地点。静安区域内，保留着成片的里弄式住宅，不乏卧虎藏龙之处。这里曾经居住过众多名流、明星，今天也仍然有大牌明星频繁出入。但是，毫无疑问，在以历史文化底蕴为特色的老建筑中，蕃瓜弄算个另类。昔日上海，弄堂分三六九等，高级里弄即比较高级的石库门建筑，多为银行高级职员和社会各界知名人士的住宅。一般平民居住的弄堂房子，也是石库门式样，但拥挤而狭小，小职员小店主多居住在此。再往下就是处于社会最底层的棚户区了。蕃瓜弄就是旧上海最大的棚户区，也是新中国成立后，改造得最早、最成功的住宅区之一。或许因为新旧反差如此鲜明、如此强烈，或许因为灯红酒绿的背后隐藏着这么个不一样的上海，让这个没有特色风景、没有名人效应的平民住宅区，进入了旅游景点名录。

新中国成立前，蕃瓜弄有主弄 4 条、支弄 25 条，随意搭建着杂乱的草棚，78 条臭水沟遍布其间。这个硕大的棚户区，在抗战胜利后就被当时的上海市政府列入改造规划，但真正的咸鱼翻身直到新中国成立后才实现。蕃瓜弄的改造是上海棚户区改造的典型，以与时俱进的方式不断提高居住标准，可贵的是，在改造过程中专门留下了历史印迹，小区北侧保留着旧草棚简屋"滚地龙"18 间，现为市级文物保护建筑。蕃瓜弄改造分三步走。第一步，解决卫生问题，基本居住条件达标。1950 年上海市第二届人民代表大会第一次会议通过了"改善工人贫民住宅区环境卫生"的决议。从 1952 年起，这里陆续拆除了"滚地龙"，翻建成草平房或瓦平房。第二步，变身成为全市第一个五层楼房的居民新村。1961 年市人委决定改建蕃瓜弄为工人新村，作为全市第一个成片棚户区改造的试点。改革开放后，蕃瓜弄的改造启动了第三步。1999 年夏，市政府再推为民工程，对蕃瓜弄进行了"平改坡"试点、墙面刷新和水箱改造工程，根治了房屋长期存在的顶层渗漏、不隔温的顽疾。改造后，小区 50 个屋顶水箱被全部拆除，居民家庭各种煤气、热水器可正常使用。

今天，当我们去观看蕃瓜弄内保留的旧日棚户遗迹，为前人感到心酸，他们曾经住在环境如此恶劣的地方。无论如何这也是上海真实的一面，名人名宅遗存的丰富历史文脉值得珍惜保护，众多平民百姓留在历史上的痕迹同样不应该被忘却，他们清晰地展现出沪上市民步步高的生活轨迹，是从落后奋起走向辉煌的证明，也是海派文化千姿百态中的一个侧影。

徐汇篇

　　徐汇区遗留的名人印迹众多，有中西文化交流第一人——徐光启的纪念公园、百年教育在徐汇——马相伯故居、宋庆龄故居、巴金故居、柯灵故居、张乐平故居。

　　始建于三国时期的龙华古刹、上海现存最早的近代图书馆——徐家汇藏书楼、百年气象站——徐家汇观象台、赏桂旅游胜地——桂林公园、口述传承城市文脉的武康大楼，展现人文徐汇的风情。

　　"上海雨花台"——龙华烈士陵园是徐汇的红色地标。

　　工业转型、文创登场的徐汇滨江，正在成为繁荣的国际魅力滨水区。

Xuhui

There are many living traces of celebrities left in Xuhui District, such as a memorial park of Xu Guangqi, the first person in cultural exchange between China and the West; the former residence of Ma Xiangbo, a century-old educationist in Xuhui; former residences of Song Qingling, Ba Jin, Ke Ling, and Zhang Leping.

The Longhua Temple, which was built in the Three Kingdoms period; the Xujiahui Library, the earliest existing modern library in Shanghai; the Xujiahui Observatory, a century-old weather station; the Guilin Park, a tourist attraction for enjoying Guilin-style landscape; and the Wukang Building, which inherits the city's cultural context through oral traditions, show the humanitic style of Xuhui.

"Yuhua Terrace in Shanghai", Longhua Martyrs Cemetery is the "red" landmark of Xuhui.

The Xuhui Riverside, where industrial transformation and cultural innovations have emerged, is becoming a prosperous international waterfront area.

名人印迹

中西文化交流第一人——徐光启

徐家汇的地名与徐光启密切相关。明代相国、我国第一位引进西方科学技术的科学家徐光启（1562 年—1633 年），曾在此建农庄从事农业实验并著书立说，逝世后安葬于此，其后裔即居住在此。此地初名"徐家库"，后渐成集镇。因为通黄浦江的肇嘉浜与通吴淞江的法华泾在漕

光启公园内的徐光启雕像

河泾附近交汇，故此地得名"徐家汇"。

徐光启字子先，号玄扈。在徐光启生存的年代，欧洲正处在文艺复兴时代的后期，先后涌现出一批著名的文学家、探险家、哲学家、天文学家和物理学家。随着西方传教士来华，封闭的王朝渐被推开一扇扇门窗。1600年，一个偶然的机会，徐光启看到了意大利传教士利玛窦绘制的《坤舆万国全图》，这是一个他所未知的广袤世界。他反复思考，写下了《题万国二圜图序》一文。后来徐光启奉旨修历，编撰《崇祯历书》，破除了"天圆地方"的传统观念，提高了日月食和其他天文现象计算的精确度，并由此奠定后三百年天文历法的基础。他研订的《崇祯历书》，首次采用了西方阳历的基本观念作为一切推算的根基。这在中国，等于是进行了一次根本性的前无古人的改革。后来，徐光启向利玛窦提出了翻译科学著作的建议，利玛窦听了十分赞同。年已45岁的徐光启，开始和55岁的利玛窦合作译书，并先从《几何原本》入手。两人"口译笔受"共同翻译出《几何原本》（六卷本）。《几何原本》成为中国翻译的希腊数学家欧几里得的第一部著作，在中西文化交流史上写下了璀璨夺目的一页。此后徐光启大量介绍西方的自然科学，中国近代科学技术的大门由此打开。

明崇祯三年（1630年），徐光启升任礼部尚书；崇祯五年（1632年），以礼部尚书兼东阁大学士，入参机务；崇祯六年（1633年），兼文渊阁大学士，同年11月8日病逝于任上。有"徐上海"之称的明代科学家徐光启开放好学、一丝不苟、一生廉洁。他在400年前翻开了中外文化的交流新页，给海派文化镌刻了交融并蓄、精耕细作、品格卓越的历史基因。

马相伯——百年教育在徐汇

马相伯（1840年—1939年），名良，以字行，曾名志德，字斯藏，又曾用明乾、钦善、建常，改为良，字相伯，或作湘伯、芗伯，曾署笔名为求在我者，晚年自号华封老人。马相伯祖籍江苏丹阳，为杰出的中国教育家，系震旦大学、复旦大学、复旦中学、向明中学的创始人兼首任校长。

马相伯精通八国语言。1871年，他担任了徐汇公学的校长，并在晚年题写"汇学"二字。"汇学"之意，一为学校简称，二为办学之道，意蕴古今传承，东西汇通。复旦学院和震旦大学所在的徐家汇地区，是先后诞生南洋、震旦和复旦三所著名大学的地方，涌现出上海乃至全中国最早的新式学堂、近代首座私立大学等。马相伯在1903年租用徐家汇老天文台余屋，以"中西大学堂"的理念，创办震旦大学院（徐汇区第二中心小学是其旧址）并任院长。1902年，马相伯筹建震旦女子文理学院（1952年改名为上海市向明中学）。1905年春，马相伯在江湾另行筹建复旦公学（今复旦大学），于当年中秋节正式开学，自己任校长兼法文教授。1913年，马相伯任北京大学代校长，1932年组织"中国民权保障同盟"，被尊称为"爱国老人"。

百岁学者马相伯和徐汇百年老校、名校，为人们留下百年教育的历史思索和发展梦想。1940 年，马相伯百年诞辰之际，国民党中央致电评价他为"民族之光、国家之瑞"，中共中央致电评价他为"国家之光、人类之瑞"。

宋庆龄故居

我国近现代史上杰出的女性、著名的国际政治活动家、中华人民共和国名誉主席、孙中山先生的夫人——宋庆龄（1893 年—1981 年）生前的寓所位于淮海中路 1843 号，即武康大楼的南侧。

宋庆龄因工作需要等原因，1963 年起在首都北京后海有一处住所，

宋庆龄故居

它是由公家提供给高级官员的。但宋庆龄对淮海中路的家始终非常眷恋，只要条件允许或逢年过节，她必定会回来居住一段时间。用她自己的话说，去北京是"上班"，到上海是"回家"："自己同上海有特别的感情。"

宋庆龄故居建于 1920 年，建筑面积 700 余平方米。故居分上、下两层，底层是过厅、客厅、餐厅和书房。过厅中陈设着林伯渠赠送的"百鸟朝凤"石刻、徐悲鸿赠送的国画"双马"以及 1957 年宋庆龄访问苏联时买回的名为"冬日"的风景油画。会客厅北墙正中挂着孙中山的遗像，南面墙上有毛泽东在 1961 年来看她时的留影，北面陈列着一台当年上海市政府赠送的中国第一代组合音响。就在这间客厅里，宋庆龄会见过毛泽东、刘少奇、周恩来、朱德等党和国家领导人，以及金日成、伏罗希洛夫、西哈努克、杜尔、苏加诺等外国元首。客厅西面是餐厅，墙上挂着宋庆龄母亲的油画像，厅内陈设着许多外宾赠送的礼品，客厅、餐厅楼梯上的地毯是毛泽东赠送的，这些礼品都是宋庆龄生前亲自布置的，表达她十分珍惜与朋友之间的友谊。客厅东面的书房中，完整地保存着宋庆龄珍藏和阅读过的各类中外文书籍 4000 余册，有中、英、法、俄等 19 种版本。二楼是宋庆龄的卧室和工作室，卧室中的一张老式沙发和茶几是孙中山使用过的，宋庆龄经常坐在这里看书、学习。墙上挂着她在 1915 年与孙中山结婚时的照片，壁炉上放着孙中山用过的座钟，指针停在 20 时 18 分，它暗示人们这是 1981 年 5 月 29 日宋庆龄因病在京医治无效、心脏停止跳动的时刻，她享年 88 岁。卧室东侧是工作室，墙上挂着她和毛泽东、周恩来、陈毅、张闻天 1956 年在中南海的合影，写字台上放着她生前使用过的笔、墨、砚台和文件、信篓。多少年来，宋庆龄就在这里埋头疾书，写下《呼吁联合国成立国际儿童基金会》等文章。1949 年 7 月 1 日，新中国成立前，宋庆龄在淮海中路寓所奋笔疾书，发表了著名的《向中国共产党致敬》的文章，热情歌颂中国共产党，指出共产党的诞生"是中国人民革命斗争的里程碑，影响深远"。

巴金故居

巴金（1904 年—2005 年）旧居位于湖南路口的武康路 113 号，这是一幢欧洲独立式花园别墅，建筑面积约 500 平方米，绿地约有 200 平方米，花园住宅正面外立面呈金字形，灰色细鹅卵石的外墙，装饰简洁。住宅南立面的底层有敞廊。寓所底层有厨房、餐厅、卫生间和大客厅，楼上是卧室和书房，靠南的一侧有宽敞的室内走廊。1955 年，这幢房子经时任上海市市长陈毅特批给巴金居住，巴金在这里生活了半个多世纪。

如今，巴金旧居完整地保存了一代文学巨匠的生活环境、工作场景等历史和人文氛围。巴金会见客人的沙发、写作的桌子、书橱、家具等全是当年旧物。门厅的一面墙上悬挂着著名画家黄永玉为巴金创作的一幅水墨画：巴金在梅花簇拥中，紧锁双眉，正静静地思考。这里还有巴金获得的中国迄今为止唯一的、由国务院 2003 年 11 月颁发的"人民作家"荣誉证书。

旧居里有小型陈列室，放着巴金的代表作《家》《春》《秋》和《寒夜》的不同版本。展示柜陈列着他翻译的部分著名俄罗斯文学作品。二楼的一间房间是巴金的书房。南向一侧窗下，简易的小书桌上放着一本汉语词典、一把放大镜和一大叠样稿。巴老生前用过的毛笔、眼镜、烟盒、剃须刀盒等，也陈列在故居内。朝南的太阳间，光线明亮，晚年的巴金在这里写下《随想录》，它被誉为"讲真话的书"。

柯灵故居

2016 年 2 月 6 日落成开放的柯灵（1909 年—2000 年）故居，与巴金故居相距仅几百米，步行不超过 10 分钟。漫步在秋日阳光斜射下的武康路，走到复兴西路口向东右转，可以看见位于复兴西路 147 号的一幢临街的三层楼西班牙式公寓住宅，那就是柯灵故居。

进入故居一楼，可以看到柯灵生平图文介绍和著作文稿信件原件，也可触摸检索显示屏里的视频文字画面，它们逼真地再现了这位我国著名电影理论家、作家、评论家的一生。1959 年，柯灵与夫人陈国容入住东首的 203 室，在这里住了将近半个世纪。柯灵在这里改编创作了电影文学剧本《不夜城》《秋瑾传》等，并著有多部散文集、文艺评论集及《柯灵电影剧本选集》等著作，还开始了长篇小说《上海一百年》的写作。沿着螺旋型扶梯向上，来到二楼柯灵的生活起居各房间，只见厨房餐厅放着一台当年上海电冰箱二厂生产的绿色漆面冰箱。窗台边上有料酒瓶、酱油瓶、米醋瓶，还有老式净水器。桌上有气压式热水瓶和瓷杯，洗手台上有一块肥皂，煤气灶上放着铝质水壶，一如主人仍在这里生活的老样子。步入书房，里面安放着落地大书橱，一角是柯灵写作的书桌。那张写字桌是陈国容从娘家带过来的铁写字桌，原来是银行里用的，看上去非常沉重坚固。书桌的玻璃板下压着当年钱锺书写来的信，字迹秀丽挺拔。桌上除了文房四宝之外，还有一叠压在眼镜下的文稿纸。台历上放着柯灵常用的圆形放大镜，旁边还有半导体收音机和双铃小圆闹钟。书房和卧室情景依旧，藏书、用具保存完整无损，就连楼道内信箱上的标记也依旧是往日模样。20 多平方米的朝南卧室，衣架上挂着深藏青色的中山装，旁边椅子的靠背上，有一件主人平时常穿的灰色羽绒背心……所有的一切，好像都在暗示，柯灵只是暂时离开了。

张乐平故居

张乐平故居与不远处的柯灵故居、巴金旧居，形成三角形路线的文化故居群落。张乐平故居位于五原路 288 弄 3 号。走进 288 弄，一整墙的"三毛画壁"马上抓取了参观者的视线。一张张四格漫画的样式，在整条弄堂展现了无人不知的三毛艺术形象。

故居庭院的西南角有一座三毛雕像，煞是可爱。中国著名漫画大师、"三毛之父"张乐平（1910 年—1992 年）从 1950 年 6 月起，在这里一幢近代二层新式里弄花园洋房里住了 42 年。故居一层布置为张乐平展厅，二层则恢复20世纪50—60年代原貌，其中有画室、主卧室、子女房间等。

张乐平故居里到处是三毛的形象。三毛故事兼具幽默和讽喻，笑中带泪、发人深省，堪称"没有文字的文学巨作"。正如故居《前言》所概括的那样："张乐平画笔生涯逾60个春秋，创造的'三毛'漫画形象，是世界漫画史上的一座丰碑，也为中国漫画积累了一笔宝贵财富。"

人文徐汇

始建于三国时期的龙华古刹

龙华寺始建于三国吴赤乌年间（238年—250年）。当年龙华镇就以龙华塔龙华寺得名，唐代属华亭县，宋代名龙华村，元代称龙华铺、龙华里。元代以前，这里还是一个小村落。清代时，昔日的龙华村成为繁华集镇。清乾隆《申江竹枝词》描述了龙华镇当时的盛况："三月十五春色好，游踪多集古禅关。浪堆载得钟声去，船过龙华十八湾。"它还记载了"沪上八景"（海天旭日、黄浦秋涛、龙华晚钟、吴淞烟雨、石梁夜月、野渡兼葭、凤楼远眺和江皋霁雪），龙华八景位于前三。

除龙华塔、龙华寺以外，龙华庙会、龙华撞钟也是海派文化的传统特色。每年的三月初三，大量来自乡村的农民摇着小船，带着儿女，成群结队地涌入龙华寺，祈求农作丰收，蚕花兴旺；大量来自城区的市民也坐着马车，穿着盛装前来龙华寺。这就是历史上有名的"龙华香讯"。

民国时期的龙华塔

清代《申江竹枝词》云："车如流水马如龙，轮船帆船白浪中，香讯赶齐三月半，龙华塔顶结烟浓。" 阳春三月，桃花盛开，花、树、寺、塔、园、桥、港、湾构成一幅五彩缤纷的江南风情画卷，成为上海市郊一处富有特色的名胜风景区。访古、登高、礼佛、进香、寻春、赏花、觅景、购物、观剧，使三月龙华游人如潮，摩肩接踵，车马充塞，热闹非凡。龙华寺内钟鼓楼上有大钟一口，钟声悠扬。每逢除夕，中外游客汇集于此，聆听零时的"百八钟声"，迎来新年。龙华撞钟习俗沿袭至今，甚至人满为患、一票难求。

当年的龙华盛景，如今虽不会照搬重现，但海派文化中的优秀传统因子，依然由此复制衍生。徐汇区文教部门已把《金陵塔》等上海说唱这一艺术品种作为非物质文化遗产项目来抓，还成立说唱研究会暨说唱传习所。有的街道成立说唱艺术沙龙，有的小学安排学生一边说唱，一边学会地道的上海话。在充满"上海味道"的说说唱唱中，人们自然会想起《金陵塔》的熟悉曲调，想起值得回味的"龙华盛景"。

上海现存最早的近代图书馆——徐家汇藏书楼

徐家汇藏书楼始建于1847年，是上海现存最早的近代图书馆，也是我国西学东渐和东学西传的缩影。当年藏书楼大门紧锁，唯有外国神父可以出入藏书楼。1957年，人民政府接管藏书楼，整理藏书楼的工作全面展开。

徐家汇藏书楼藏有西文珍本共计1800种、2000册，最古老的是两部西洋摇篮本：1477年在威尼斯出版的《世界各地》拉丁文初版和1480年在米兰出版的《曼德威尔游记》意大利文初版。前者是和《马可·波罗游记》同年出版的西方和东方游记，后者是和《马可·波罗游记》齐名的中世纪提及中国的游记作品。德国耶稣会士基歇尔的《中国图说》，汇集了中国宗教、世俗和各种自然、技术奇观及其有价值的实物资料，是早期汉学著作中非常有特色的一部。《中国图说》于1665年在罗马刊印拉丁文版本，徐家汇藏书楼藏有1667年的阿姆斯特丹拉丁文版和1670年的法文版，它记述了传教士在中国的所见所闻，还配有精美的绘图，被视为当时欧洲了解中国的"百科全书"。

开埠后的上海华洋混杂，成为一个重要的出版中心。徐家汇藏书楼所藏近代报纸期刊的数量、质量可以说超过世界上任何一个图书馆，其中包括：字林洋行 1861 年出版、1872 年停刊的《上海新报》，它是上海最早的中文报纸；中国发行时间最久的《申报》，它 1872 年在沪创刊，1949 年停刊；还有难得的外文报刊珍本，包括上海最早的西文报纸《字林西报》（1850 年—1951 年），以及当时工商界的名册《字林西报行名录》等。这些报刊成为开埠后研究上海的重要资料和素材。

上海图书馆徐家汇藏书楼致力于保护百年珍本典籍。藏书楼现址收藏自 1477 年至 1950 年出版的外文文献计 32 万册，文字涉及拉丁文、英文、法文等近 20 个语种，内容覆盖各个领域，还有各省市方志 2500 多种，报纸 167 种，杂志 1794 种，还珍藏了 1800 年之前出版的西洋善本中的早期中外语言对照辞典、中国经典西译版本、中国文学经典西译版本、欧洲汉学资料等。

百年气象站——徐家汇观象台

作为全世界第一批开始从事气象工作的机构之一，徐家汇观象台为我国和全球气象预报及气候变化研究提供了宝贵的气象资料。"1872 年 12 月 1 日，徐家汇最低气温为 4.8℃，最高气温为 16.9℃。"这一年，法国传教士高龙鞶创建了徐家汇观象台，并在观测日志上记下了上述内容，从此开启了上海地区连续 150 余年气象观测记录的篇章。

在徐汇区档案局，珍藏着 1946 年到 1949 年徐家汇观象台每日气

徐家汇观象台于 1873 年动工，同年 8 月建成平房

温和雨量记录表。其中一张表格横 12 列，纵 31 列，记录了 1946 年从 1 月至 5 月徐家汇地区的天气数据。每个数字，分别有最高、最低两个统计口径，单位为℃。每天的数据被一支墨水笔工整记录下来。一张张表格最后合辑成一本，封面上用繁体字记载着"上海徐家滙天文台綠送"，所有表格全部被写满，字迹清晰，无一涂改痕迹。

浏览《方志上海——徐家汇观象台》，可以看到申城的百年气象发展史：17 世纪中叶，西方先后发明了气压表、温度表等气象仪器，18 世纪到 19 世纪，近代气象科学随着西方传教士的东渡而传入中国。1872 年 8 月在徐家汇建立了一座观象台，其气象记录和观测结果被编成年报，在上海出版并寄往欧洲。经筹划后，徐家汇观象台于 1872 年 12 月 1 日开始气象观测。1874 年，徐家汇观象台还开始进行简要的地磁要素观测。1879 年 7 月 31 日，上海遭强台风袭击，海上舰船损失巨大，观象台筹设航海服务部，从 1882 年 1 月 1 日起，正式向上海各报发送中国沿海气象预报。1884 年 9 月 1 日外滩信号台（在今延安东路口）正式成立，并每天定时悬挂报时和气象信号，为停泊在黄浦江和进出上海港的舰船服务。这是徐家汇观象台在气象业务发展上的重大转折。1900 年，一座新的观象台在蒲西路 166 号建起。主楼楼面还有大钟一座，逢刻奏乐，遇时鸣钟，为周围居民报时。1901 年，徐家汇观象台在上海西南的佘山山顶建立一座圆顶的佘山天文台，开始对天文星象及太阳的观测、计算、研究等工作，从 1914 年 5 月 18 日起，每日 2 次向海船播发时间信号和海洋气象预报。1920 年 3 月 1 日起，又在无线电台播发日常气象公告后，增加每天 11 时和 17 时发布高空气流情况，为航空服务。这样，观象台的气象服务面又从海洋扩大到航空方面。

坐落在漕溪北路 280 号、具有文艺复兴风格的上海观象台三层建筑，默默地记录着这座城市的阴晴、冷暖、雨旱等风云变化。即便是历经战火纷飞的年代，它的观测工作也从未中断过。中国近代气象事业连续留下的百余年宝贵气象资料，以及具有百年历史、风格独特的气象建筑，其科学和文化价值是十分重要的。上海气象事业的历史发展，也见证了上海都市港埠的发展。

赏桂旅游胜地——桂林公园

位于桂林路 128 号的桂林公园，曾是昔日上海滩闻人黄金荣的老宅，又称黄家花园。据《方志上海》记载：1931 年，黄金荣耗资 350 万元，把原来仅 2 亩多地的黄家墓地扩建成为占地 34 亩的花园，园中仅桂花树就种植了 600 多棵。1953 年夏，黄金荣去世，黄家花园收归国有，经全面修葺后，于 1958 年 8 月 1 日正式对外开放。1986 年，公园东侧又新辟了 18 亩园地，至此，桂林公园占地面积扩为 52 亩。

走进桂林公园，刚进门，映入眼帘的便是一条长长的龙墙通道。转过二道门，侧旁的湖石假山依傍而起，公园布局虚实对照。园中分散各处的小景紧密相连，互相呼应，围绕桂树主题布置了坐亭赏桂、双虹卧波、荷风掠影、枕流听瀑等园林景观。公园的建筑融入了帝王宫殿式风格。整个建筑以四教厅为中心，厅南的八仙台和厅后的静观庐遥相对称，厅东的观音阁和般若舫与厅西的九曲长廊和颐亭左右呼应，四教厅在纵横交汇的轴线建筑构架中起了统领作用。进入四教厅，这里面积达 250 平方米，四周的折门共有 72 扇。在大厅的门窗、梁、柱、隔扇上刻有二十四孝图和隋唐、三国故事，体现"文、行、忠、信"的儒家理念。三盏巨大的西洋铜灯悬挂于房顶中央，大厅四周环以两米多宽的走廊，宽阔舒畅。整个建筑的结构造型为江南所罕见。当年黄金荣特地托人从北京运来原根红木，精制成 12 把红木大交椅。黄金荣曾在桂林公园老宅里招待社会名流并与心腹聚会议事、受徒子徒孙朝拜。公园里还有鸳鸯楼、九曲长廊、飞香厅、飞香水榭、颐亭等园林景致。颐亭的脊顶为古典棚式，亭底配花雕长门，亭身清水壁面，白色嵌线，红白相间。它建在 300 平方米的长方形水池中，池南与池北之间以平桥相连，亦中亦西，在中国古典园林建筑中少见。

桂花是我国传统的名贵香花，桂林公园是上海地区赏桂旅游的最佳胜地。现在世界上有桂花品种32种，我国占27种，桂林公园内就有23个品种。桂花成为公园的主要特色。园内栽有金桂、银桂、丹桂、四季桂等桂花名贵品种约1000余株。每年桂花盛开的季节，这里会举办一年一度的"上海桂花节"。游人纷至沓来，翘首凝视，流连忘返。

传承城市文脉的武康大楼

淮海中路、武康路、兴国路的交叉汇合处，巍然屹立着一座犹如巨轮般的建筑——武康大楼。它的外形被认为是沿袭了欧洲人喜欢将航船引入建筑的传统。武康大楼于1924年由匈牙利建筑设计师邬达克设计，万国储蓄会建造。它是上海第一座外廊式公寓大楼，外观为法国文艺复兴式风格，建成后命名为诺曼底公寓，为的是纪念法国战舰诺曼底号。公寓南面沿街底层是老欧洲的骑楼样式，拱形门洞构成了一个开放走廊。建筑一、二层立面是水泥仿石墙，底层有高高的天花板和宽大的台阶，三层至七层外立面为黄褐色砖块贴面，三层有阳台式长走廊，犹如一条腰带镶嵌在建筑立面，四至五层立面有部分外挑阳台，建筑的顶层则再次回到水泥仿石质墙面。长长的阳台奇妙地沿着整个建筑外墙转了一圈，中间全部贯通，起到了顶部腰线的作用，体现了建筑立面的层次感。

20 世纪 20 年代的武康大楼

最初入住这座公寓的全是西方侨民，而且是在上海滩已大有斩获的上层侨民，这些人大多是在电车和自来水公司供职的高层外籍职员，如嘉第火油物业公司的销售总代理、西门子上海公司经理等。随后，华人中的一部分也进入了这幢大楼，其中便有当年上海滩著名报纸《华美晚报》的总经理朱作桐。抗战胜利后，孔祥熙的女儿孔二小姐把这座大楼买了下来。当时新华影业公司和联华影业两家电影公司都设在诺曼底公寓附近。因其楼下有咖啡厅及茶餐厅，电影界人士平时喜欢在这里聚会，讨论剧本，会见演员，切磋表演。之后，便有许多电影界人士陆续租住在诺曼底大楼，如有"东方第一母亲"之誉的电影演员吴茵、因一部《渔光曲》而红透中国的电影明星王人美、著名电影艺术家郑君里以及赵丹和夫人黄宗英等都是这幢楼的居民。1953 年，诺曼底公寓被上海市政府接管并更名为武康大楼。武康大楼还曾住着电影表演艺术家孙道临和越剧表演艺术家王文娟，这里是他们的婚房，他们在这里生活了半个世纪。除了孙道临、王文娟，秦怡、郑君里等也曾在此居住生活。

红色地标

"上海雨花台"——龙华烈士陵园

龙华烈士陵园位于龙华寺西侧，为全国重点文物保护单位和重点烈士纪念建筑物保护单位。这里原为淞沪警备司令部旧址和龙华革命烈士就义地。新中国成立后，此地作为革命烈士纪念地被予以保护，20 世纪 90 年代初与上海烈士陵园合并建设，1995 年 7 月 1 日建成开放，是一座集纪念瞻仰、旅游、文化、园林名胜于一体的新颖陵园，素有"上海雨花台"之称。

龙华烈士陵园建有纪念瞻仰区、烈士墓区、遗址区、烈士就义地、碑林区、青少年教育活动区、干部骨灰存放区和游憩区共 8 个功能区。园内有大草坪，大面积的松柏、香樟、红枫、桃花、桂花、杜鹃，使陵园呈现"春日桃花溢园，秋日红叶满地，四季松柏常青"的景色。星罗棋布的纪念雕塑，成为烈士陵园内的醒目建筑。在陵园东侧，入口处是一座名为"且为忠魂舞"的大型烈士群雕，底座镌刻毛泽东手书的《蝶恋花》，两座碑亭皆为方形，攒尖顶，亭中央各立一根四面有碑文的碑柱。碑廊外一侧建有对称的两座碑墙，一墙镌刻鲁迅《为了忘却的记念》全文手迹，另一墙镌刻烈士诗文29首。

不远处的烈士墓区，由烈士纪念堂和烈士墓地及无名烈士墓组成。11座大型雕塑与纪念广场坐落于南北主轴线上。这里安葬着1600余名烈士，秦鸿钧烈士和根据他事迹改编的电影《永不消失的电波》被青少年学生和广大市民所熟悉。秦鸿钧是无数革命先烈中的一位。1950年，在原国民党军法处刑场遗址发现了18具骨骸及碎骨、镣铐，经考证确认，它们属于1931年2月7日晚被秘密集体枪杀的24位烈士，其中有林育南、何孟雄、李求实、柔石、冯铿等多人。时光流逝，烈士就义时的血迹如今已经消失，但"上海雨花台"依然松柏傲霜、桃花灼灼。革命先烈永远活在人们的心中。

旧貌新颜

工业转型、文创登场的徐汇滨江

徐汇滨江规划范围北起日晖港，南至徐浦大桥，总岸线达8.4公里。世博会前，这里曾集聚南浦火车站、北票码头、上海水泥厂、上海飞机制造厂、龙华机场等上海工业化时代的大企业，串起峥嵘岁月长。新时代盛世花开，徐汇滨江延承"老上海元素"，工业转型谋变局，各类艺术、体育、商业、文化"你方唱罢我登场",伴随现代城市水岸景观营造,着力让滨江岸线呈现别样的江滩风情,打造世界文化艺术"会客厅"。

今天,徐汇滨江这个新空间,在两桥(卢浦大桥、徐浦大桥)四隧(打浦路隧道、龙耀路隧道、上中路隧道、建设中的龙水南路隧道)、三轨交(七、四、十一号线)的交通圈包容环绕下,一批新地名随之诞生:龙腾大道、瑞宁路、瑞江路、凯滨路、丰谷路、龙启路、云锦路……纵横交错的道路绿树成荫。其中沿着黄浦江西岸"贴身而行"的龙腾大道,建路时特意把底部垫高,让它成为上海第一条驾驶员开车时可直接瞥视欣赏美丽江景的宽敞道路。

上海徐汇滨江,深藏黄浦江下一个百年风华。根据上海2040城市总体规划和徐汇区的具体安排部署,徐汇滨江正在成为繁荣活力的国际魅力滨水区。这条滨水岸线,将开发利用好"水面—岸线—腹地"资源,成为区域文化的强劲辐射源。如今一张张新蓝图已经深思熟虑精心绘就,一批批新项目已经先后拔地建成。徐汇滨江分别建设了活力示范区、文化核心区、自然体验区、生态休闲区。这里既有绿色生态的留白环境,也有位置准确精细的九宫格楼宇设计,楼宇地下可容纳5400辆车。地面上分布四条线路——休闲步道、滨水步道、自行车休闲道、预留有轨电车。徐汇滨江地区是上海浦江留存的至今最大一块可开发地区,被喻为上海市中心城区待裁剪加工的宝贵"大衣料"。全部建成后,文化传媒、航空服务、创新金融等产业将先后落户,核心商务区景观轴线清晰,形成国际魅力滨水岸区和世界一流开放滨水区。

长宁篇

长宁区的名人印迹，有钱学森旧居、杜重远和祝希娟故居、施蛰存故居、路易·艾黎故居和邬达克故居。

中共中央上海局机关旧址、亨昌里《布尔塞维克》编辑部旧址和宋庆龄陵园是长宁的红色地标。

"浦西最美的美术馆"——刘海粟美术馆、上海国际舞蹈中心、杰出人物辈出的市三女中，描绘人文长宁的风情。

沪上第一个国际社区——古北新区，展现长宁的摩登风姿。

Changning

The living traces of celebrities in Changning District, includes the former residences of Qian Xuesen, Du Chongyuan, Zhu Xijuan, Shi Zhecun, Rewi Alley and Hudec.

The former site of the Shanghai Bureau of the Central Committee of the Communist Party of China, the former site of the editorial office of *Bolshevik* in Hengchangli Lane and the Mausoleum of Song Qingling are the "red" landmarks of Changning.

"The most beautiful art museum in Puxi", Liu Haisu Art Museum, Shanghai International Dance Center, and the No. 3 Girls' High School where outstanding figures have emerged, depict the humanistic style of Changning.

Shanghai's first international community, Gubei New Area, showcases the modern style of Changning.

名人印迹

钱学森旧居

岐山村（愚园路 1032 弄），东依江苏路，南傍愚园路，北临长宁路，占地 2.2 公顷，是愚园路上颇为著名的新式里弄之一。抗战爆发后，出身杭州望族的钱均夫携全家逃难来上海，住进了岐山村 111 号，这本是钱夫人娘家的产业。1947 年，钱均夫的儿子回国省亲，住进了这座小楼，他就是钱学森。

钱学森是享誉海内外的杰出科学家和中国航天事业的奠基人，他一

钱学森旧居

生所获的头衔如星河般灿烂：中国"两弹一星"功勋奖章获得者，曾任美国麻省理工学院教授、加州理工学院教授，曾担任中国人民政治协商会议第六、七、八届全国委员会副主席，中国科学技术协会名誉主席等重要职务。在钱学森的一生中，他在岐山村111号只是短暂地居住过几段时间，但这座宅院却是他人生重大经历的见证。1947年，钱学森回国后，便在这里与妻子蒋英喜结连理。岐山村不但见证了钱学森的恋爱、结婚，还见证了1955年10月，钱学森夫妇在周恩来总理的关心下，冲破重重阻拦，回到祖国。10月12日，他从广州坐火车到上海，住进岐山村111号与家人团聚。10月26日，钱学森从小楼出发进京，加入了中国"两弹一星"的征程。

杜重远、祝希娟故居

在岐山村住过的名人很多，其中岐山村25号就曾先后住过两位重量级名人——杜重远和祝希娟。

著名爱国人士杜重远住在岐山村25号时，结识了沈钧儒、邹韬奋、胡愈之等爱国人士，并与邹韬奋为莫逆之交，积极投身于抗日救亡运动。西安事变前，他多次和张学良、杨虎城在上海秘密会见，共商抗日大计，和中国共产党的关系也极为密切。后来，杜重远去新疆进行统战工作时，被盛世才毒杀。

在影片《红色娘子军》中饰演女主角的祝希娟，获得了1962年首届电影百花奖最佳女演员奖，成了新中国的首位影后。她住在这里的时候，曾有超级影迷终日在弄堂口徘徊等候，至今还有弄内老人能讲述这段当年的文艺旧闻。

施蛰存故居

在名人居民中，住在岐山村时间最长的当属施蛰存先生。中国现代派文学开山人物施蛰存被誉为中国"新感觉派""意思派"和"心理分析"小说的真正鼻祖。施蛰存祖籍杭州，他和杜衡及诗人戴望舒被文艺评论家赵景深称为文坛"三剑客"，曾在上海轰动一时。1952年，施蛰存到华东师范大学中文系任教，也搬到了愚园路1018号（岐山村靠愚园路口）。活到99岁的施老，超过半辈子的时间居住于此，且很长时间里一如他的名字，蛰居。因为写了《才与德》，他被打成"右派"，被翻出和鲁迅的一段"旧账"，被姚文元定性为"第二种人"。友人不再与他来往，为了避嫌甚至还要写公开的批判文章。心性平和的施蛰存"不以己悲"，深居简出，只在屋里研究碑版、读书、翻译。1993年，他被授予"上海市文学艺术杰出贡献奖"，2003年去世。

路易·艾黎故居

在中国共产党人奋斗的历史中，不少国际友人与我们在互相了解中结下深厚情谊。尤其是在建党、建国的初期，外部条件极为艰苦，他们与我党筚路蓝缕、风雨携手。在中国工作、生活了整整 60 年的新西兰人路易·艾黎是"中国人民的老朋友"中非常典型的代表。

1932 年，路易·艾黎搬到了愚园路 1315 弄 4 号的新寓所，这是一幢砖木水泥结构的三层英式楼房，他在这里一直住到 1938 年。在宋庆龄的鼓励和支持下，路易·艾黎与中共地下党组织建立了联系，秘密支持中共的地下工作。路易·艾黎利用在工部局任职的身份，把自己的住宅毫无保留地提供给地下工作者作为联络点和避难所。中共上海党组织曾在寓所顶楼小间里架设秘密电台，与江西中央苏区及长征中的党中央保持联系。夜深人静时，地下报务员悄悄地来到这里收发电报。这一时期，路易·艾黎不顾个人安危，为支持中共地下斗争，勇敢、机智地工作。1933 年，他和史沫特莱、埃德加·斯诺、汉斯·希伯、马海德、巴林、耿丽淑等人组织了上海第一个"国际马克思主义学习小组"，他是这个学习小组的负责人之一。学习小组在反动派疯狂镇压进步分子的白色恐怖下，曾在他的寓所开展学习活动，阅读《资本论》等马克思和列宁的著作，接受革命思想，讨论、研究中国的形势。直至"八一三"淞沪会战爆发后，路易·艾黎才离开上海的寓所。

新中国成立后上海市有关部门照原样保存了路易·艾黎的故居。1989 年春，上海市人民政府为路易·艾黎在沪寓所举行了勒石纪念仪式。1992 年，经市人民政府批准，愚园路 1315 弄 4 号被列为名人故居、纪念地点，成为对青少年进行爱国主义、国际主义和革命传统教育的场所。

邬达克故居

匈牙利建筑师邬达克，是一位为上海而生的传奇建筑师。从 1918 年到 1947 年，邬达克在上海生活的 29 年中，接手并建成的项目不下

邬达克故居

50个，单体建筑超过100幢，其中25个项目被列为上海市优秀历史建筑。像国际饭店、武康大楼等声名远扬的建筑不胜枚举，但邬达克却独爱哥伦比亚路（今番禺路）大西路（今延安西路）那一片的人文风景，三次安家都选择在那里落户。

1918年，25岁的奥匈帝国中尉邬达克历经数月，终于从一战的战俘营逃到了上海。身无分文的他经人相助住进了赫德路13号（今常德路）的一间一居室的公寓，并且成功入职美商克利洋行，成为一名绘图员。从此，邬达克作为建筑师的"开挂"人生拉开序幕。1922年6月，邬达克与德国姑娘吉泽拉在上海结婚。婚后，邬达克向岳父借了一笔钱，在吕西纳路（今利西路）17号建了一个有着4000平方米大花园的宅子，邬达克夫妇的两个儿子和一个女儿都在那里出生。此幢花园别墅是邬达克在上海的第二个住处，这是他自己亲自选址、设计的第一个真正意义上的家。1925年，32岁的邬达克从克利洋行辞职，在位于圆明园路209号的外滩横滨正金银行租了一间工作室，开设了邬达克打样行，并设计建造了番禺路129号的花园洋房，作为献给妻子的礼物。邬达克在设计时，选择了妻子最爱的英国乡村风格，独立的假三层别墅与假二层别墅用连廊连接，住宅南面还有大片花园，整个建筑色彩协调，层次丰富。邬达克一家在这里住了7年。

邬达克旧居2003年被公布为长宁区登记不可移动文物，2005年被列入上海市优秀历史建筑名录。2008年，长宁区教育局委托同济大学房屋质量检测站对邬达克旧居做检测。历经4年，2010年12月，位于番禺路 129 号的邬达克旧居修缮保护工程基本完成，一楼开设邬达克纪念室。

红色地标

中共中央上海局机关旧址

中共中央上海局机关旧址位于上海市长宁区江苏路 389 弄 21 号，是一幢坐北朝南的假四层新式里弄住宅。这里曾经作为中共中央上海局的秘密机关长达 3 年之久，解放上海前的许多重要会议都在此召开。因隐蔽工作出色，当时这一国统区最大的"红色秘密基地"从未暴露，甚至在 1949 年之后很长时间里，那段历史都不为人所知。

1945 年 9 月的一天，当时永乐村 21 号的小楼迎来一对特殊的夫妇，他们的真实身份是共产党员方行和王辛南。按照上海局副书记刘长胜的指示，他们以私人名义买下整栋房子。1947 年，方行、王辛南夫妇和另一对中共地下党张执一、王曦夫妇先后入住。底楼客堂为张执一、方行两家老人和孩子的活动处及用餐室；二楼是方行、王辛南夫妇的卧室；三楼住着张执一、王曦夫妇，也是领导开会、研究工作的地方；四楼平时堆放杂物，可临时腾出来作为住房。中共地下党上海局领导之一的钱瑛从南京调来上海时，最初就住在四楼。至此，这个秘密机关开始正式运转。

根据中央指示，上海局采取少开全体会议、多做政策指导、委员分工负责、平行组织、单线领导、党员转地不转关系等组织原则和工作方法，严格执行隐蔽精干的方针，在国民党"白色恐怖"之下，确保领导机关的机密性和对下属领导的持续性，在国统区开辟了人民革命的"第二战线"，有力地配合了解放军的正面战场。解放军进城后，方行、王辛南公开了自己的中共党员身份。上海解放后，根据刘长胜的批示，此房转至上海市总工会，后改为居民住宅。曾经的秘密红色机关逐渐湮没于岁月的记忆，直至 1987 年根据中共地下党上海市委书记张承宗的回忆而勘实，1992 年 6 月 1 日公布为上海市文物保护单位。

亨昌里《布尔塞维克》编辑部旧址

亨昌里位于愚园路 1376 弄，在定西路、安西路之间，距离中山公园仅一箭之遥，是长宁区最著名的红色弄堂之一。

1927 年大革命失败后，中共中央机关刊物《向导》停刊。中央机关从武汉迁至上海后，同年 10 月，经研究后党中央决定重新出版中央机关刊物，定名《布尔塞维克》，这是土地革命时期最重要的革命刊物之一。瞿秋白、罗亦农、邓中夏、王若飞、郑超麟 5 人组成编辑委员会，瞿秋白任主任，众人在他的直接领导下开展工作。《布尔塞维克》创刊于 1927 年 10 月 24 日，至 1932 年 7 月 1 日共出版 5 卷 52 期。在《布尔塞维克》出版的 52 期中，有 31 期在亨昌里出版，占出版总期数的一

《布尔塞维克》编辑部办公室

半以上。

愚园路1376弄34号，是《布尔塞维克》编辑部旧址。此楼于1984年被上海市人民政府列为市级文物保护单位。长宁区人民政府将这一重要革命遗址修复为区革命文物陈列馆，并于1988年10月正式向社会开放。馆内分两个陈列区：一楼为"长宁区革命史料展览"，共展出图片、实物70余幅（件）；二楼为《布尔塞维克》编辑部复原陈列，工作人员起居室与会议室的设施静静地摆放着，仿佛还停留在那一段峥嵘岁月。瞿秋白在编辑部领导工作的场景，及中央出版局负责人、编辑部常务编委、中共中央宣传部秘书郑超麟的卧室维持原样，室内置有大床、衣橱、写字台等家具。二楼的北室亦维持罗亦农的卧室原样，里面的装饰相当气派，一副富贵人家的气象。1928年4月15日，时任中共中央政治局常务委员、《布尔塞维克》编委的罗亦农就是从这里出发，到位于公共租界戈登路望德里（位于北京西路、常德路附近）的中央机关接待中共山东代表团，因被霍家新、贺治华夫妇出卖，被租界巡捕逮捕，21日英勇就义于上海龙华，年仅26岁。

时至今日，《布尔塞维克》编辑部旧址已经成为青少年思想教育基地、上海红色旅游基地，每年有许多青少年、游客等来参观。陈列馆还运用新媒体技术，把《布尔塞维克》的52期刊物扫描做成多媒体电子版，让游客可以在显示屏上翻阅近一个世纪前的中共党刊。

宋庆龄陵园

1981年5月29日，中华人民共和国名誉主席宋庆龄因病逝世，依照她生前遗嘱，她的骨灰被安葬在万国公墓的宋氏陵园。1984年1月，经中共中央书记处批准，该陵园被正式命名为宋庆龄陵园，成为全国重点文物保护单位和爱国主义教育示范基地。

宋庆龄陵园占地约12公顷，由宋庆龄纪念设施、名人墓园、外籍人墓园以及少儿活动区四个部分组成。以宋庆龄墓为中心的纪念设施是陵园的主体部分，主要有宋氏墓地、纪念广场、展示宋庆龄特有气质和风采的汉白玉雕像、由邓小平亲笔题词的宋庆龄纪念碑和宋庆龄生平事迹陈列馆等。陈列馆展线长 137 米，展出照片 400 多幅，实物 100 多件，真实、形象、全景式地展示了宋庆龄从一个追求真理的爱国青年到投身革命，最终成为共产主义伟大战士的光辉历程。馆内录像室放映《国之瑰宝》等介绍宋庆龄生前主要活动的纪录片。

陵园内气氛庄严肃穆，环境优美自然，建筑协调美观，主要场所一年四季鲜花盛开，不但是一个融纪念、游览为一体的旅游胜地，更是爱国主义、共产主义教育和建设社会主义精神文明的重要场所。

人文长宁

"浦西最美的美术馆"——刘海粟美术馆

1993 年，一代艺术大师刘海粟先生在经过审慎权衡之后，终于决定接受上海的邀请，将自己的美术馆建在浦西的虹桥，并捐出了 903 件个人作品和收藏品。建馆总投资额为 3000 万元，这在当年国内以个人命名的美术馆中，无论投资和面积、装潢和设施，都是绝无仅有的，可算是全国第一。原定 1994 年 10 月开馆，可惜天不遂人愿，刘海粟先生于 8 月去世。

2012 年，刘海粟美术馆启动迁建工程。新馆地处长宁区延安西路凯旋路口的海粟绿地内，按国家重点美术馆标准建设，总建筑面积为12540 平方米，设 6 个展厅、2 个教室及阅览室、会议厅和多功能厅等。

刘海粟美术馆新馆

2016年新馆迎客，它的建筑外形上用现代建筑营造出"两石夹一瀑"的黄山胜景意境，颇契合"十上黄山"的刘海粟艺术生平，因此被誉为"浦西最美的美术馆"。

刘海粟美术馆现有馆藏作品2650件，其中刘海粟捐赠903件，包括刘海粟个人收藏的唐、五代、宋、金、元、明、清历代名家书画作品

259 件，个人及夫人夏伊乔作品、个人国际荣誉奖牌及奖杯、个人收藏的古玩及用品、近现代艺术家作品等 644 件。该馆在业内有"博物馆级别的美术馆"之称。

上海国际舞蹈中心

上海是座热爱舞蹈的城市，芭蕾舞、民族舞、现代舞，各种类型的舞蹈都能在这找到自己忠实的观众。2016 年启用的上海国际舞蹈中心（以下简称舞蹈中心），是代表了上海顶级水平的上海芭蕾舞团、上海歌舞团、上海戏剧学院舞蹈学院、上海市舞蹈学校与两个专业舞蹈剧场汇聚在一起，打造的一个让全世界舞者学习、交流、表演的舞蹈圣地。同时，高水准的演出、饱含舞蹈设计元素的建筑、全开放式的剧场，让舞蹈中心也成了上海市民心中富有号召力的文化地标。

2016 年 10 月 1 日，舞蹈中心正式建成并对外开放。舞蹈中心整体以舞蹈为元素，四栋主体建筑仿若舞动的"四小天鹅"，从上至下俯瞰，又宛如一只美丽的蝴蝶。其中的两栋建筑分别是一个座席数多达 1074 座的大剧场和一个 291 座的实验剧场。浅黄色、淡灰色的陶土板外墙错落有致，鱼鳞状的双曲面铝板犹如流动的飘带，将舞蹈中心大剧场勾勒得别样生动。走进舞蹈中心大剧场，首先映入眼帘的是一座旋转楼梯。虽是轻钢结构，却"钢"中有柔。旋转楼梯借鉴舞蹈经典的旋转元素，仿佛一道蓝色的飘带，与穹顶相连。而穹顶的设计也仿若舞者裙摆，层叠相交，飘逸灵动。另外两栋建筑则是上海市舞蹈学校、上海芭蕾舞团、上海歌舞团以及新迁入的上海戏剧学院舞蹈学院的教学、排练场所。

草地、大树、喷泉和 6 栋市级优秀保护建筑的老洋房点缀其间，环境优美如斯的舞蹈中心却一改当年"舞校"时代重楼深锁的神秘，彻底向市民开放，连围墙都不立，与隔壁的延虹绿地连成一片，吸引大量市民观光"打卡"，也成为附近晨练、夜跑者的最爱。

杰出人物辈出的市三女中

位于江苏路 155 号的上海市第三女子中学是上海市首批重点中学，获得上海市文明单位、上海市实验性示范性高中等一系列称号。学校前身是 1881 年美国基督教圣公会创办的上海圣玛利亚女中和 1892 年美国基督教南方监理公会创办的上海中西女中。1952 年两校由上海市人民政府接管，合并命名为"上海市第三女子中学"（以下简称市三女中）。

作为一所校史长达 120 多年的单性别中学（1969 年到 1981 年男女生兼招），市三女中是上海目前唯一一所女子中学。翻开她的校友名录，可谓群星璀璨：宋霭龄、宋庆龄、宋美龄、张爱玲、前国家科技部部长朱丽兰、科学院院士黄量、工程院院士陈亚珠、闻玉梅等。因为育人成就斐然、历届校友中杰出人物辈出、前身的"贵族学校血统"、女校天然的封闭性带来的神秘感等各方因素交杂，市三女中天生具备了主角气质，纵观她的百年校史，也能感受到她的优雅与独立。

圣玛利亚女中是由美国圣公会女牧师艾玛·琼斯在 1881 年将文纪女塾（圣公会女校）和吉列特女校合并后建立的。追溯历史，美国女牧师伊莉莎·吉列特于 1850 年建立的吉列特女校是上海第一所女子学校。圣玛利亚女中的校舍最初在梵皇渡路（今万航渡路），与圣约翰大学仅一墙之隔，学校的学制为 8 年。1923 年，学校搬至白利南路（今长宁路），

上海国际舞蹈中心俯瞰图

占地面积 64000 平方米。由于学费昂贵，圣玛利亚女中被称为贵族教会女中。圣玛利亚女中最出名的校友是张爱玲。

中西女中的前身是中西女塾，由美国基督教监理会创办于 1892 年。中西女塾的创办人是美国监理会驻沪传教士林乐知，首任校长是海淑德（Laura Haygood）。早期教材除了语文外均用英文教科书，学制 10 年，当年众多名人就读于该校，最出名的校友要数宋氏三姐妹。1917 年，新校址在忆定盘路（今江苏路）。1929 年，中西女塾向国民政府立案，聘请杨锡珍为首任华人校长，翌年，校名改为中西女子中学。如今的市三女中还完整保留并正常使用着两幢中西女中时期的建筑：五一楼和五四楼。这两幢楼都出自匈牙利建筑设计师邬达克的手笔，在外观上采用哥特式美国学院风格，与周边的草坪、树木、步道和谐构建出一派静谧雅致的校园风景。

摩登长宁

沪上第一个国际社区——古北新区

为完善虹桥开发区商务中心的功能，上海市建委于 1986 年 12 月正式行文开发上海古北新区。西起虹许路，东至姚虹东路，北起延安西路（高架）与虹桥路，南至古羊路，这块 136.6 万平方米的土地上就此诞生了上海乃至全国第一个国际社区。

　　古北新区的规划聘请了法国设计师为总设计师，注入了全新的规划设计理念，让古北新区成为上海城区建设规划的领头羊。1996 年，新区一期工程完工，随后就获得了上海首次评选的"十大景观"称号。目前，古北新区内共有 43 个自然小区，居住居民 11 796 户，33 000 余人，其中境外人士 19 000 余人，约占居住人数的 57%，港澳台同胞和日本人、韩国人居多，也有新加坡、印度、土耳其、英国等国家的人士，使新区获得了"小小联合国"的美誉。在房屋改革刚刚拉开序幕，大部分上海市民还以独门独户的新村住房为标杆时，古北一期的小区建筑和配套设施所带来的冲击，绝对是使人震撼的。它迅速吸引了众多来沪工作、居留的外籍人士及港澳台同胞，上海本地的富裕人群也聚居此地，其中不乏各界精英、名人、明星。

　　古北一期的建筑面积为 60 多万平方米，是具有浓郁欧陆风情的花园别墅和公寓。规划设计以横贯东西的黄金城道为中轴，南北向道路为分区界线。各小区中心设南北向副轴线，轴线交叉处布置若干广场，轴线两侧对称布置建筑群体；组团街坊内也有轴线，轴线上空间视野贯通，并采用过街骑楼、拱门等手法延伸透视。四合院式、石库门式等建筑布局得到运用和发展；建筑形态处理采用古典三段论式、巴黎凯旋门式、古罗马圆柱式等表现手法，与近代建筑处理手法相结合，突出欧陆韵味和艺术特色，体现欧洲艺术特点的人体雕塑、建筑小品、绿化和公共活动空间的设置，平添了几分异国情调。

　　2001 年开建的古北二期是古北路以东的居住分区，建筑面积 100

黄金城道夜景

多万平方米。开发商对建筑和周边环境的设计再次升级。来自北美、欧洲、中国香港等地的 10 余家建筑设计工作室，将体现现代精神的"新古典主义"建筑美学精髓，汇入黄金城道传统与法式园林相结合的"融合花园"中。建筑、景观、环境，点、线、面，建筑和环境的意韵，雕塑、人文景观在这里集中展示，塞纳河和香榭丽舍大街风情翩翩，真正成为古北建筑世界的灵魂。

之后建设的是 50 多万平方米的商务分区，高级办公、酒店、商业、会展等现代服务业功能建筑融合了世界最新的建筑科技与设计艺术，以建筑语言对开放世界与和谐理想做出了最新诠释。

陈欣荣 摄

普陀篇

普陀区有一座永载中国革命史册的纪念馆——顾正红纪念馆，坐落在上海澳门路昌化路口。

讲述纺织的历史与故事——上海纺织博物馆、百年沧桑玉佛寺、苏州河畔龙舟赛，展示着人文普陀的风情。

而 M50 创意园、风姿绰约的梦清园、从"两湾一宅"到中远两湾城，记录着普陀区日新月异的变迁。

要想寻觅普陀的历史痕迹，那就去真如古镇或者去上海元代水闸遗址博物馆吧！

Putuo

In Putuo District, there is a memorial hall, Gu Zhenghong Memorial Hall, which is located at Changhua Road and Aomen Road intersection in Shanghai.

Shanghai Textile Museum tells the story of textile industry. Jade Buddha Temple and Dragon Boat Race along the Suzhou River show the "Putuo style".

The M50 Creative Park, the graceful Mengqingyuan Garden, from "Two Bays and One House" to COSCO Two Bays City, they record the rapid changes of Putuo District.

If you want to find the historical traces of Putuo, go to Zhenru Ancient Town or Shanghai Museum of Sluice Ruins of yuan Dynasty.

红色地标

顾正红纪念馆

普陀区有一座永载中国革命史册的纪念馆——顾正红纪念馆。坐落在上海澳门路昌化路口的这座纪念馆，总面积1300平方米，由纪念广场、馆内陈列、烈士殉难处三个部分组成。其中馆内陈列的内容分为七个部分。纪念馆于2008年5月30日正式建成。

被称为"中国20世纪20年代大革命高潮标志"的1925年五卅运动，是一场具有广泛国际影响的反对帝国主义的斗争，它的发源地和导火线是普陀内外棉七厂的顾正红事件。在此之后的6月11日，上海举行了20多万人参加的群众集会。从上海发展到全国各地，遍及全国25个省区、600座城镇，有1700多万人参加了反帝运动。

中国工人运动的先驱顾正红，1905年出生在江苏阜宁县一户贫穷的农民家中。早年跟随母亲逃难来到上海以后，他在内外棉九厂当一名扫地工，后来又进了内外棉七厂，在车间当一名盘头工。20世纪20年代的上海，是一座典型的半殖民地化的城市。工人当时在工厂做工，每天要工作12小时，还没有安全保障，青年顾正红每天目睹并经历着中国人受欺压、被奴役的惨象，心中感到愤愤不平。1925年2月，顾正红光荣地参加了中国共产党，成为一位具有高度政治觉悟的工人阶级先锋战士。1925年5月15日，顾正红带领工人队伍与日本资本家抗争，被日本人枪杀，牺牲时年仅 20 岁。

顾正红烈士洒血牺牲的这个地方，现在叫普陀，早期叫沪西，它是中国革命火种的诞生地之一。从五四运动开始，沪西工人阶级就率先罢工声援北京学生；而上海工人阶级发动的政治大罢工，源头也在普陀。沪西有许多共产党人、进步人士，从工厂、监狱、城市走向农村，沪西还有一批又一批知识分子，从书斋走向红军部队、从白区走向革命圣地延安。

人文普陀

纺织的历史与故事——上海纺织博物馆

上海纺织博物馆位于苏州河南岸的澳门路 150 号（原上海申新纺织第九厂旧址）。申新纺织第九厂（简称申九）是上海历史最悠久的一家纺织厂。这里曾发生上海工人运动史上著名的"申九二二"大罢工，也见证了上海纺织业调整改革的压锭第一锤，它是上海纺织产业转型的一个缩影。

上海纺织博物馆是由上海纺织集团公司全额投资的非营利性社会组织，于 2009 年 1 月 7 日正式建成，免费向公众开放。这是一家地域性行业博物馆，全馆占地 6800 平方米，户外展示面积 1500 平方米，室内展示面积 4480 平方米，含四馆一厅气势恢宏的序厅、底蕴厚实的历程馆、

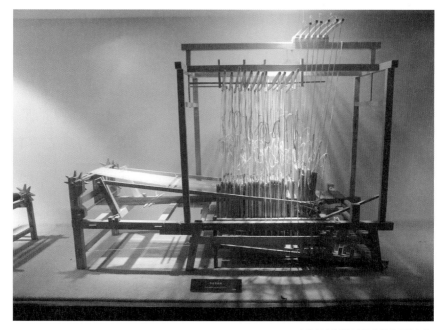

上海纺织博物馆展出的木质纺织机

时空连贯的撷英馆、互动迭现的科普馆、赏心悦目的专题馆。通过实物、资料、场景、图文、模型、多媒体等，该馆展示了中国纺织业六千多年的历史和文化，展示了上海纺织行业工人阶级在中国共产党领导下，积极参与反帝、反封建、反压迫斗争的悲壮历史，展示了上海纺织工人在社会主义建设时期的光辉业绩，同时，还可让观众了解纺织材料、工艺和应用的科普知识。

　　上海在中国纺织工业中的独特地位，勾起了人们了解这段历史、这个行业的强烈欲望，每天来这里参观的人络绎不绝。人们来此探究人类纺织发展史这条长河的演变过程，一睹非物质文化的遗存。今天的上海纺织博物馆，已经成为市爱国主义教育基地、市工业旅游基地、全国科普教育基地、全国纺织精神文明建设示范基地。

百年沧桑玉佛寺

坐落于普陀区安远路 170 号的玉佛寺，因主要供奉玉佛而得名，早在 1983 年即被国务院列为汉族地区佛教全国重点寺院。玉佛寺属禅宗临济法系，修习禅法，故亦名玉佛禅寺。玉佛寺作为上海旅游的十大景点之一，地处繁华市区却闹中取静，被称为闹市中的一方净土。

玉佛寺是一座仿宋殿宇建筑，布局严谨，占地面积约 11.6 亩，建筑面积 8856 平方米。经过百年沧桑，原寺院建筑出现了墙体开裂、变

玉佛寺

形等状况。而作为沪上著名佛教道场，玉佛禅寺每天都会吸引众多信众和游客，这对寺院的公共安全提出了更高要求。应广大信众要求，玉佛禅寺于 2014 年 7 月开始进行近年来最大的一次"消除公共安全隐患保护性修缮工程"。这次修缮工程解决了长期困扰寺院的消防、建筑老旧、高密度人员集聚等多重公共安全隐患。修缮后的玉佛寺中轴线上排列着天王殿、观音殿、大雄宝殿三重殿堂，东西两侧配建有伽蓝殿、大悲殿、文殊殿、卧佛殿、三圣殿、药师殿、普贤殿、地藏殿等，并开设了佛教艺术馆、法物流通处和素斋部。

玉佛寺的玉佛楼因供奉玉佛而得名，这是一尊玉佛坐像，高 1.95 米，宽 1.34 米，由重约 1 吨的整块缅甸精玉雕琢而成，玉质细腻，色泽晶莹，头部和身上以镶有各色宝石的金带装饰，光彩夺目，堪称佛教艺海中的瑰宝。玉佛寺还珍藏着北魏、唐、宋、元、明、清历代珍贵文物和佛教经典，其中有：乾隆版《大藏经》、民国时期影印的宋代《碛砂藏》《频伽藏》（即《频伽精舍校刊大藏经》、日本的《大正大藏经》《续藏经》和《藏文大藏经》）等极为珍贵的佛教经典、北魏青铜释迦佛立像、北朝石雕药师佛像、宋代枣木观音、清代的黄杨木山，以及高 2.6 米、重 1.7 吨的用整段万年紫檀木雕的《济公之困》等艺术价值极高的精美木雕。

1949 年后，在党的宗教政策关怀下，百年古寺显露生机。1979 年，国家拨出约两公斤黄金，制成金箔，为所有佛像贴金。如今的玉佛寺，每年前往进香的信徒、香客多达一百多万，同时也成了上海乃至全国接待海内外宾客和外国元首、政要最多的寺院之一。

苏州河龙舟赛

2001 年 9 月 16 日，苏州河上首次举办了一场龙舟赛，沉寂多时的苏州河吸引了全城目光。四方过来观战的人们，可不仅限于看一场开先河的赛事，更是来探视上海人的母亲河的复原情况。这是苏州河上首次举办的龙舟赛，意义远远超出赛事本身，它象征着遭受污染、濒临死亡的苏州河元气初复，宣告这条黑臭了几十年的河流步入康复的轨道，水清岸绿之美景可期。这场赛事由上海市体育局、普陀区和静安区人民政府联合举办，来自上海和江苏无锡、宜兴等地的 8 支龙舟队参赛。为凸

苏州河龙舟赛

显城市个性、城市人群、城市环境和城市河道条件等，普陀人赋予了苏州河龙舟运动新的内涵和名称"城市龙舟"。一旦开始，就再也不曾停下，随着苏州河日清月澈，龙舟赛规模渐大，影响渐盛，由局域性的普通赛事演变为著名的国际赛事。

苏州河龙舟赛年年都有新亮点，届届都有新创意。2004年端午节，苏州河开启第一届城市龙舟国际邀请赛，第一次将端午节民俗与赛事结合。2012年第九届比赛第一次移址到长风生态商务区苏州河水域举行，让观众观赏到天龙、地龙、水龙三龙汇聚苏州河的壮观场面。2013年普陀区第一次主办了全国最高级别的龙舟赛事，第一次举办了沪台龙舟文化交流活动。2014年"五人制家庭小龙舟"首度在苏州河上亮相。2015年比赛在苏州河中远两湾城、梦清园水域举行，参赛境外队伍扩容到8支。2016年，为突显上海作为国际化大都市所拥有的包容和引领精神，并加深国家与国家之间的文化融合与交流，普陀区借助龙舟赛事平台向各国人民寄予"世界大同、和平友好"的美好祝愿，在开幕式上设置福泽临门环节，邀请领导、嘉宾分别为四扇经过精心设计与彩绘的"世界之门""上海之门""普陀之门"和"同心之门"挂上艾叶，表达对世界各国人民的深切祝福；还特别邀请匈牙利、泰国等"一带一路"相关国家在梦清园内设摊尽情展示各国传统特色工艺品、旅游风光宣传片和美食，形成各国文化荟萃的盛况。2017年，来自俄罗斯、白俄罗斯、泰国、新加坡、保加利亚、挪威等多个国家，以及外省市（包括澳门）和本地的共

52 支队伍，互相角逐争胜。2018 年首次采用了网络预约结合现场发放分时段入场券的形式，比赛由开幕仪式、龙舟比赛和梦清园游园活动三大板块组成，持续 2 天，共设立 6 个竞赛项目，新增了蹴鞠、射箭、投壶等趣味性强的中华传统民俗游戏，加强了和观众的互动，也提高了市民参与的积极性。

至 2023 年 6 月，苏州河龙舟赛已举行了 19 届，来自世界各地的 52 支龙舟队奏响了一曲"苏州河水上国际交响乐"。

旧貌新颜

M50 创意园

M50 创意园位于苏州河南岸半岛地带的莫干山路 50 号，处于普陀区与静安区交界处，占地面积约 41 亩，建筑面积 41606 平方米，拥有 20 世纪 30—90 年代各个历史时期的工业建筑 50 余幢，是目前苏州河畔保留最为完整的民族工业建筑遗存。M50 所处地址原为近代徽商代表人物之一周氏的家族企业——信和纱厂，1949 年后该厂更名为上海第十二毛纺织厂、上海春明毛纺织厂。

根据上海纺织产业结构调整的需要，上海春明毛纺织厂在 1999 年底停止了主业生产。2000 年起，通过都市型工业园区的建设和业态调整，M50 创意园逐步引进了以视觉艺术和创意设计为主体的艺术家工作室、文化艺术机构和设计企业，逐步成为上海具有标志意义的创意园区之一。M50 创意园这个名字，打头一字取自莫干山路 50 号的首字拼音字母 "mo"，路号是 50 号，另外 M50 里有大小建筑 50 栋，因此，取名 M50。"M" 也有摩登、时髦、新颖之意。作为上海乃至中国的当代艺术地标，M50 创意园也是上海创意产业的发源地之一。2003 年比利时皇后莅临莫干山路 50 号；2004 年 M50 创意园被 TIME 杂志亚洲版列为推荐前往参观的上海文化地标之一；2006 年 M50 创意园获上海十大时尚坐标最高人气奖；2007 年 M50 创意园被国家旅游局批准为全国工业旅游示范点；2007 年 M50 创意园获 "中国最具品牌价值园区" 称号。

近年来，M50 创意园引进了 20 个国家和地区的 170 余户艺术家工作室、画廊、高等艺术教育机构以及各类文化创意机构。这些机构的入驻，营造了苏州河畔浓厚的艺术创意氛围，吸引了众多国内外的收藏家、媒体、知名人士、艺术爱好者、市民和游客。

丰姿绰约的梦清园

坐落于苏州河南岸、宜昌路江宁路路口的梦清园，"前身" 是一块三面环水的半岛形地块。多少年来，这里不仅河水黑臭，周边区域 "两湾一宅" 也被视为死角，环境严重恶化、沿河破败不堪，成为市中心土地利用价值最低的区域。而在今天，这一块半岛形的地块发生了翻天覆地的变化——

化身为上海第一个活水公园，也是全国为数不多的环保主题公园。

颇有 21 世纪新海派园林风格的梦清园占地 8.6 公顷，绿化率达84%，园内树木、湖泊错落有致。园北区有一个高 8.4 米的山坡，占地4000 平方米，山坡上种满了金桂、银桂和四季桂等优良树种，形成芳香四溢的桂花林；山坡下的道路两旁栽满各类日本晚樱和早樱，形成一条优美的樱花道；园中选种 160 多种植物，还建有"芙蓉步景道""石阶回澜""云帆济海""曲水梦清""月湾"等 10 个景观，形成了格调独到的苏州河河景观廊，别具匠心的雕塑作品随处可见。作为环保主题公园，梦清园分为大鱼岛、人工湿地和梦清馆三大部分。大鱼岛形状

梦清园俯瞰图

酷似浅翔在河面上的一条大鱼，是苏州河第一大岛，岛上有个观景阁，其造型为上海市花白玉兰，为两层平台设计，因而也叫玉兰阁。人工湿地犹如大自然的一个净化过滤器，苏州河的水从这里流进梦清园后，经过折水涧、芦苇湿地、氧屏障、中湖和下湖沉水植物以及清洁能源曝气复氧五个环节的净化，水质被全面改造。人工湿地有着类似自然湿地的效果，整个湿地系统的能源全部来自太阳能和风能，是完全绿色环保的流程。由早先的啤酒厂改造而成的梦清馆，是今天的上海水环境治理展示中心，也是苏州河治理展示中心，室内展区面积达 3200 平方米。梦清馆记录了苏州河的昨天、今天和明天，通过实物、模型、图片、影视、多媒体互动、操作演示和讲解等多种方式，以丰富的科普知识、文化内涵和珍贵史料，介绍了苏州河的历史变迁，聚焦反映苏州河治理的科学原理和采取的工程技术措施，完整展现苏州河蕴涵的人文脉络、沿岸的建设发展规划和前景。

从"两湾一宅"到中远两湾城

中远两湾城，上海中心城区品质最优的住宅区之一。这个气势磅礴、风景如画的大型现代化居住区，20 年前却是居民纷纷逃离的穷街陋巷，是上海著名的棚户区。中远两湾城的建设和发展，其意义远不止房地产开发，其价值也超越经济范畴，这是申城棚户区变迁活的历史，是在各级政府的有力推动下，居民生活品质飞跃式提升的典型，堪为上海旧区改造的典范。

中远两湾城的前身是"两湾一宅",包括潘家湾、潭子湾和王家宅,占地面积约为49.5公顷,曾经的模样是:居民住户约10500户,单位147家,大多是1949年前来到上海的贫苦民众。没有一家医院,没有一家浴室,没有一条像样的道路,公交车无法到达,水、电、煤、通信也都不配套。这里一度是上海中心城区面积最大、危房简屋最集中、影响最广泛的棚户区,建筑密度和人口密度是全市之最。1949年后,上海市政府多次对这个区域进行修缮改造,但从根本上解决问题是在改革开放后的1998年8月10日,这天以一场誓师大会拉开了"两湾一宅"动迁的大幕。经过近20年的准备规划,市政府下定决心对"两湾一宅"进行整体动迁,从源头入手治理。普陀区委、区政府专门成立"两湾一宅"改造开发指挥部,4个小组和全区21个部委办局、街道、镇领导共同参与,西部、万千、万众、伟龙4个大型建筑集团公司抽调了600多人进行搬迁。面对前所未有的难题,采取"摸着石头过河""坚持两条腿走路"的方法,一方面尽可能扩建地区道路、完善各种硬件设施,创造开发条件,吸引社会大企业参与开发;另一方面主动出击,广泛与开发商洽谈改造事宜,想方设法引进社会资金。"引进市场,自由选择,货币安置和消化空置商品房相结合。"区政府在桃浦地区建造大批商品房作为主安置房,供居民选择,同时在市场上筹措了四五十万平方米的房源,方便有条件的家庭购买,甚至把"房源超市"开进了现场,让居民凭货币安置协议现场挑选、购置,并给

俯瞰中远两湾城

予优惠。指挥部则与房产公司分期结算，这也为今后的旧区改造积累了经验，闯出了新路。1999 年 6 月 30 日，地块上最后几座房屋爆破，象征着这个最大的棚户区从此消失，一个崭新的都市宜居社区即将诞生。动迁仅仅耗时 10 个月，创造了由区级政府单独组织，动迁速度最快，动迁面积最大，动迁人口密度最高的历史记录。

从动迁到规划，"两湾一宅"的改造显示出超越性、前瞻性、示范性。小区规划坚持"大疏大密"，容积率高，绿化覆盖率达 40% 以上，小区有中央公园等八大主题绿化和苏州河岸线景观，它们构成了中心城区超大型社区的独有建筑风格。挥别昔日脏乱差，"两湾一宅"华丽转型为中远两湾城，昂首挺胸走进新时代。

历史印迹

真如古镇

真如古镇，是缘寺成镇，因寺得名。元延祐七年（1320 年），妙心和尚迁建真如寺于桃浦河、梨园浜交汇处东北角，真如从此诞生。真如寺现存的正殿为元代所建，是我国佛教寺院中为数不多的保存下来的元代建筑。1979 年，上海市文物保管委员会对该寺大修，发现殿内额底部写有"时大元岁次庚申延佑七年癸未季夏月乙巳二十一日巽时鼎建"字样，以此认定此殿为元代建筑，既而将其列为保护建筑。1996 年 11 月该寺成为全国第四批重点文物保护单位。

真如作为古镇，定有自己的特色。真如的羊肉加工技艺闻名沪上，已入选第一批上海市非物质文化遗产保护项目。据记载，"旧时嘉定农民有伏天食羊肉传统，每天凌晨 3 时半，农民上街泡茶馆，4 时半许，进羊肉馆要上一碟羊肉，酌一二两白干，嗣后一碟羊肉汤面，

真如古镇

即下田头"。有所需就有所供，羊肉市场便轰轰烈烈地发展起来。在清乾隆年间真如羊肉已经扬名一方，古镇一条街上，便开有羊肉馆 30 多家。

始于元末明初的真如庙会，在 2007 年入选普陀区非物质文化遗产保护目录，庙会的时间为农历四月初八佛诞节，举办地点就在真如寺前，曾经的空前盛况是"悬灯演剧，赛神迎会，士女进香，堵塞道路"。新中国成立后，真如庙会顺势改作"城乡物资交流大会"。在市场经济不发达的年代，这样的商品交流形式极大地满足了人们的物质文化需求。1987 年，真如镇政府恢复了真如庙会的名称。从此，庙会发生了质的变化，融进了旅游文化、传统民俗、风味小吃、商贸展示，成为一个展示真如形象、推动经济发展的富有影响力的平台。

如今的真如古镇正在积极融入长三角一体化国家战略，努力实现更高质量的发展，希望成为卓越全球城市的综合型城市副中心、充满活力的创新创业实践区、独特魅力的文化商业体验区、宜居乐活的城市先行区，以及辐射长三角的新兴城市代表作。

上海元代水闸遗址博物馆

上海元代水闸遗址博物馆位于上海市普陀区志丹路、延长西路交界处，是迄今为止中国最大的元代水利工程遗址，也是国内已考古发掘出的规模最大、做工最好、保存最完整的元代水闸。

2001 年，在志丹苑旧区改造商品房工程进展中，在最后一栋 18 层高的楼房地基打桩时，工人怎么都打不下去。工程队想办法定制了带硬钢丝的金刚钻，钻头打下去，从 7 米深处带上来一块青石板。文管委专家看到青石板上元宝状的铁锭，认出这是元朝才有的，当即预感到将有一个激动人心的文物被发现。工程队上报市有关部门后，政府快速组建了一个考古团队开赴现场。从 2001 年发现挖掘，2006 年完整揭开全貌，2009 年动工建设上海元代水闸遗址博物馆，到 2012 年博物馆落成开放，历时 12 年，这一地下 7 米深处的水利工程露出真容。

据文献记载，1324 年一年吴淞江上就建造了 6 座水闸。这些水闸都是由同一个人主持建造的，他的名字叫任仁发，上海青龙镇人，官至浙东道宣慰副使。他曾先后主持过吴淞江、通惠河、会通河、黄河、练湖和海堤等工程。志丹苑元代水闸遗址正是他于 1324 年所建造的 6 座水闸中的 1 座。根据记载，任仁发总共主持建造了 10 座水闸，另外 9 座至今不知踪迹。

上海元代水闸遗址博物馆总面积约 3000 平方米，走进场馆就是通往地下的台阶，一级级下到地下 7 ~ 12 米处。水闸遗址主体由闸门、闸墙、底石组成。水闸平面大致呈对称的八字形，东西长 42 米、进水口宽 32 米、出水口宽 33 米，河水由西向东流入闸内。矗立在水闸中心的闸门是水闸最关键的部分，由两根长方体青石门柱组成，门宽 6.8 米。水闸的底石依然完好，总长 30 米，宽 6.8 ~ 16 米。它由一块块青石板平铺而成，石板间嵌地锭榫，防止渗水和石板移位，这样的铁锭有近 400 枚。底石下又铺满衬石枋，其下被龙骨承载，龙骨下又有地钉支撑。工程使用了大量的原木筑建基础，估算一下有近一万根，发掘了约 3000 根，部分原木上留有墨书文字和八思巴文戳印。考古专家认为，这一万根钉入地下的木桩，是考虑到上海土质松软，为了固定水闸所用；木桩上书编号，便于管理和责任追查。从玻璃栈道上俯视遗址，可见部分遗址依然浸泡在水中，而许多木桩也被包裹得严严实实。由于木桩已埋在地底下数百年，暴露在空气中就会氧化、风化，因此人们用塑料布将其包起来，并对遗址进行回填。场馆工作人员每天都会对这些被包裹着的木桩洒水保湿。

志丹苑遗址创造了上海考古的两个第一：上海城区第一个发掘出土的大型遗址、上海考古史上投资规模第一的发掘项目。它是国内已考古发掘出的规模最大、做工最好、保存最完整的元代水闸。

虹口篇

虹口是"海派文化发祥地""文化名人聚集地""进步文化策源地"和"中国现代文学的重镇"。

"一条多伦路,百年上海滩。"多伦路上有"左联"会址纪念馆。虹口有翰墨飘香的沈尹默故居、反战回响与红色印痕,还有东余杭路上的宋氏老宅。

都市中的千年古镇——江湾镇、五神供奉下海庙、历史文脉与英伦风格交融的鲁迅公园,呈现着虹口的历史文脉。

永远的"上海方舟"、上海邮政博物馆、新亚大酒店讲述着虹口的轶事。

从虹镇老街到瑞虹新城、老工业厂房的"创意+"、北外滩的嬗变,展现虹口旧貌变新颜的美好未来。

Hongkou

Hongkou is the birthplace of Shanghai culture, the gathering of cultural celebrities, the origin of progressive culture, and the landmark of modern Chinese literature.

There is a saying, "One Duolun Road condenses the century-old history of Shanghai". On Duolun Road, there is a memorial hall of the site of the League of Leftist Writers. There is also the former residence of Shen Yinmo, as if the fragrance of calligraphy were still wafting out. The anti-war and "red" landmarks, as well as the old residence of the Song family on Dongyuhang Road are still telling the story of Hongkou.

Jiangwan Town, a thousand-year-old town in the city, the Temple of the Five Gods, and Luxun Park, which blends historical context with British style, present the past of Hongkou.

The "Shanghai Ark", the Shanghai Post Museum and the New Asia Hotel tell the anecdotes of Hongkou. From Hongzhen Old Street to Ruihong New Town, the "Creativity +" of the old industrial plant and the evolution of the North Bund change Hongkou's old look to a brand new one.

名人印迹

海上旧里，进步文化的策源地

"一条多伦路，百年上海滩；纵横风云起，经典交响曲。"这就是多伦路历史和现实的写照。多伦路，原名窦乐安路，1943 年更名为多伦路。在这里，镌刻着鲁迅、茅盾、丁玲、柔石、瞿秋白、郭沫若、冯雪峰等文学巨匠和革命志士的印迹。

多伦路 201 弄 2 号为"左联"会址纪念馆，这是一幢建造于 1924 年、具有英国新古典主义风格的建筑。1930 年 3 月 2 日，中国左翼作家联盟成立大会在此召开，鲁迅先生曾在会上做了著名的《对于左翼作家联盟的意见》演讲，左翼文化运动从此蓬勃兴起。19 世纪中叶以来，大批文学家、教育家、美术家、翻译家、书法家、音乐家、出版家、戏剧家、电影艺术家等，来到虹口开展进步文化活动，创造了许多脍炙人口、广泛流传的经典作品。20 余家出版机构在虹口设立，30 余种刊物在虹口创刊发行。1935 年，居住在虹口的聂耳和田汉为电影《风云儿女》谱写了主题歌《义勇军进行曲》。1949 年，曾联松设计的五星红旗图案被中国人民政治协商会议第一次全体会议确定为国旗。左翼文化进步人士所发出的时代强音，激励着一代代爱国志士为中华民族的进步崛起而奋斗。

1980 年 8 月 26 日，上海市人民政府公布中国左翼作家联盟成立大会会址为上海市文物保护单位；2003 年 1 月，上海市人民政府公布该地为上海市爱国主义教育基地。

翰墨飘香的沈尹默故居

海伦路，是虹口区一条较为僻静的马路，绿树掩映下的海伦路 504 号是一座并不起眼的三层民宅，这里便是中国新文化运动的开拓者、一代书法宗师、爱国诗人沈尹默先生的故居，是他一生中的最后 25 年生活和工作的地方。

多伦路上的沈尹默雕塑

沈尹默故居

沈尹默，曾任北京大学文学教授、河北省教育厅厅长、北平大学校长、中法文化交流出版委员会主任、监察委员等职。五四运动时期，沈尹默作为北大教授，和鲁迅、陈独秀等人并肩战斗，是《新青年》杂志的6位编辑之一，也是中国新诗体裁的倡导者。沈尹默在书法方面的贡献尤为突出，他和于右任是近现代中国书法史上最有影响力的一代书宗，是分别代表帖学和碑学的两座高峰。他的书法主要取法二王、米芾等帖学大师，掺以北碑墓志影响，精于用笔、清健秀润、自成一家，深受大众喜爱。

1946年后，沈尹默因不满国民党当局而退隐上海。新中国成立后，他先后当选为第二和第三届全国政协委员、第三届全国人大代表、中央文史馆副馆长、上海市人民代表、上海市文联副主席、上海市文管会会员、上海中国书法篆刻研究会主任等职。1971年6月1日，沈尹默病逝于上海。

1988年7月，上海市文物管理委员会和虹口区人民政府批复同意将沈尹默故居列为区级文物保护单位。沈尹默故居共珍藏有文物史料和照片等200余件。2014年，沈尹默故居被评为市级文物保护单位。

反战回想与红色印痕

1930年至1932年，在山阴路145弄2号的砖木结构三层楼房中，曾住过一位年轻的日本进步记者——尾崎秀实，他是日共党员，热爱中国，也是一位反战志士和红色间谍。尾崎秀实与内山完造是好朋友，正是内山完造介绍他入住这里的。

1928年，尾崎秀实被《朝日新闻》外派为上海特派员，他携妻子英子抵达上海，租住在昆山路义丰里一家服装店楼上。1930年，他迁居山阴路，离他敬仰的同住一条山阴路上的鲁迅先生很近。他居住在上海三年多的时间里，在《朝日新闻》上刊发了不少反映中国的文章，被日本国内称为"中国通"。他所在的《朝日新闻》上海支局，设在北四川路上，相居不远的四川北路1811弄，弄堂里为创造社办公处。尾崎秀实常去那里与左翼作家郭沫若、田汉、成仿吾等喝咖啡、聊天。1931年"九一八"事变后，基于对中国人民的热爱和对日本军国主义侵略本性的认识，尾崎秀实敏锐地体会到，中日战争的扩大不仅是中国人民的深重灾难，也将把日本拖入万劫不复的境地。他成为一位坚定的反战志士，加入了为苏联收集情报的德国人佐尔格小组，成为一名红色间谍。1941年，佐尔格的真实身份暴露，尾崎秀实等30多人先后被日本军部逮捕，尾崎秀实被法庭指控为"反战""赤色分子""卖国"，判15年有期徒刑，于1943年被判死刑。

2005年，山阴路145弄被列为上海市优秀历史建筑，弄堂入口处左边的墙壁上，贴着一块黑底金字的椭圆形铭牌，上书"尾崎秀实旧居"六个大字，下面用中英文小字简介尾崎秀实的生平。

东余杭路上的宋氏老宅

东余杭路 530 号，是一幢淹没于民居中的陈旧二层楼房。乍一看，它毫不起眼，但却与中国近现代史有着千丝万缕的联系，19 世纪 70 年代后期，倪氏一家从江苏川沙（今属上海）辗转来此筑屋居住，屋主人倪蕴山便是宋庆龄父亲宋耀如的岳父。

1887 年，宋耀如与倪桂贞在上海结婚，婚后借住在虹口朱家木桥即现东余杭路 530 号岳父倪蕴山家中，融入了倪氏大家庭。1892 年，宋耀如买下岳父家后面的一块空地，建造了宋氏在上海的第一座"老宅"，正是这座小楼，掀开了宋氏家族发展史的崭新篇章。美国人艾米丽·哈恩的《宋氏家族》一书中曾记载："这所住房由前至后笔直地伸向后院，里面分成四间大房子，查理（宋耀如）的书房、餐室，配有红木桌以及立式小凳的中式客厅，摆设有钢琴和舒适扶手椅及沙发的西式客厅，房子坐北朝南，通向一个宽阔的凉台，全家人常在这里露天就餐。二楼四间屋子为卧室，分别归父母、女孩、男孩和仆人所用，卧室后面有两间浴室，浴室里装有精美的苏州澡盆，盆的外表有一圈黄色的龙雕，里层是绿色的釉质，盆内装有冷水龙头，热水在楼下烧好，然后提上楼来用。"

1894 年，宋耀如在虹口老宅接待孙中山，经常彻夜长谈救国救民之道，并将此处确定为孙中山在上海早期反清革命的秘密联络据点，这为他终身追随孙中山进行民主革命斗争奠定了政治上和思想上的基础。从此以后，孙中山每次回国必住宋耀如家，宋耀如则把办实业所得的大部分资金用来支持孙中山的资产阶级民主革命，成为孙中山国民革命成功的重要财力支柱。宋耀如、倪桂贞夫妇在宋氏老宅居住了 20 年，生育和抚养了 6 个子女，分别是宋霭龄、宋庆龄、宋子文、宋美龄、宋子良、宋子安，他们个个都在中国近现代史上写下了人生传奇。

历史文脉

都市中的千年古镇

江湾，曾经一度是沪上的文化重镇，它成陆于 1300 多年前的唐代开元年间。江湾以虹江盘曲于此而得名，南宋建炎四年（1130 年）前后，著名将领韩世忠抗金时曾驻军于江湾，有军中家属随之落户，遂成小镇。明嘉靖二十三年（1544 年）倭寇袭扰，小镇被毁，后以保宁寺为中心，逐渐恢复。清道光二十三年（1843 年），上海开埠后，因南境紧靠上海租界，外商竞相来此租地办厂。光绪二年（1876 年），淞沪铁路从上海筑至江湾镇，促进了镇内工商业发展。清末民初，江湾镇有大小商铺 300 多家，市面相当繁荣。

鼎盛时期的江湾镇，寺、庵、观、阁等有 10 多处，其中以建于后晋天福三年（938 年）的保宁寺最古老。园林有明代的"李园""周园"、清代的"就圃""涉成园"等。明嘉靖十五年（1536 年）创办有曲江小学，之前还有江湾书院。同治七年（1868 年），设有义塾。光绪三十一年至三十四年，西江小学、虬江小学（今红旗小学）、东江小学和竞业师范学堂等成立。20世纪20年代，江湾境内有上海大学、劳动大学、立达学园、文治大学等多所高等学府。"一·二八""八一三"两次淞沪抗战中，镇内建筑物大部被焚毁，新中国成立后虽逐渐恢复，但已不复往日景象。

虽然如今千年古镇古意不再，但近年来，虹口区在保护历史文化遗迹上下足功夫，江湾镇的"江湾新十景"仍然足以让人"临风怀古"。经修缮或重建后的江湾新十景为：纪念南宋名将韩世忠的主题公园——江湾公园、淞沪铁路江湾镇旧址、三观堂、基督教江湾堂、奎星阁、蟠曲舫、廊桥、双桥亭、忠烈石景、绿地江湾源。这些景点均系21世纪重建，为江湾古镇留下了历史的印记。

五神供奉下海庙

位于虹口区昆明路73号的下海庙，其历史可以追溯到清代乾隆年间。此庙原名"夏海义王庙"，占地仅一亩，曾是渔民供奉海神龙王与妈祖的民间神庙，因位于下海浦口，亦称"下海庙"。嘉庆年间，下海庙荒塌，心意法师募集资金重建殿宇，这里从此成为比丘尼修学道场。抗战时期，下海庙被日军炮火焚毁，只剩下财神殿三间，1941年重建。"文化大革命"期间，下海庙房屋大部分被外单位占用，宗教活动被迫停止。党的十一届三中全会后，下海庙陆续重修。1999年，下海庙举行改扩建工程开工典礼，经过两期修建，以明清建筑风格建造了天王殿、钟鼓楼、大雄宝殿、藏经楼和东西厢房，建筑面积4540平方米。2004年，下海庙隆重举行全堂佛像开光和寺院落成庆典仪式。2009年后，下海庙新建回廊、静观苑，修缮围墙、云来集素菜馆，改建山门，形成了佛教寺院建筑文化中"三门并列"的格局，更加凸显了佛教寺院的雄伟庄严。

下海庙虽为比丘尼道场，却仍沿用了"庙"的名号，体现了对历史的承袭和尊重。下海庙内，五神共奉，供有释迦牟尼、观音、城隍、海王和妈祖，这是下海庙最为独特的特色。如今的下海庙，面积已是最初的五倍，成了沪东地区闻名遐迩的佛教殿堂，它既是上海现代宗教生活的一部分，也是上海的独特历史和悠久文化，以及与海派城市精神有着极深渊源的城市地标之一。

历史文脉与英伦风格交融的鲁迅公园

始建于1896年的鲁迅公园是中国最早的城市公园之一。鲁迅公园原名为虹口公园，1988年10月更名为鲁迅公园。它坐落于虹口区四川北路2288号，占地面积28.63万平方米，是上海主要的历史文化纪念性公园之一，也是中国第一个体育公园。院内有山有水有瀑布，山水之间堤桥相连，景色优美，其中设置于1929年英伦古典风格的沙滤水饮水器是上海最早的。院内有国家级文物保护单位——鲁迅纪念馆，有为抗击日本侵略者而壮烈献身的韩国义士尹奉吉义举纪念地——梅园。

1932 年 4 月 29 日，侵华日军在虹口公园庆祝"天长节"时，韩国侨民尹奉吉现场炸敌，被捕就义。为纪念尹奉吉，1994 年在鲁迅公园内建梅亭、梅园，1998 年，立"尹奉吉义举现场"的纪念石碑　　（张振雄绘）

　　2014 年修缮后的鲁迅公园，以全方位的有序管理、人性化的布局设施、"动静皆宜、各得其所"的活动形式为其特色。市民在这座既凸显英伦风情又传承中华文脉的公园里，尽情享受歌舞奔放的激情，悠然地欣赏人文景观的雅趣。湖心岛开发是公园改造后的一大亮点，岛上新建的"三味书屋""景云亭"和"百草园"，是对鲁迅文化的弘扬和传承，也与鲁迅纪念馆相呼应。文豪广场上的莎士比亚、托尔斯泰、但丁等世界十大文坛巨匠的青铜雕像，是对英伦风格的写实，沙滤水饮水器"重现江湖"，则为英伦风格起到了画龙点睛的效果。

虹口轶事

永远的"上海方舟"

乘坐地铁 12 号线至提篮桥站下，出 1 号口，沿着长阳路往东走约 100 米，就是长阳路 62 号的犹太难民纪念馆。此地原为摩西会堂，又称华德路会堂，由俄罗斯籍犹太人集资兴建，1927 年竣工，为晚期殖民地外廊式砖木结构，三层建筑，占地面积 660 平方米，建筑面积 1074 平方米。整幢建筑坐南朝北，平面呈凸字形，两侧设有两个主要入口。山字形入口呈犹太建筑特色，底层白色水泥粉刷，顶部有线脚装饰。二、三层为青砖墙面，有红砖水平带状装饰。底层门式作半圆券外套反弧线多边形外窗式，门式中央饰有犹太人徽号"大卫盾"图案。二、三层窗式作简单弓形图案。堂内楼梯雕工细致精美，属中国传统风格。

摩西会堂为正统的专供俄罗斯籍和中欧犹太人使用的会堂，也是犹太人在上海的重要历史见证。希特勒疯狂排犹时，逃亡上海的欧洲犹太难民大多居住在虹口，摩西会堂成为当时上海犹太人举行宗教活动的重要场所。上海最大的犹太人社团——上海犹太宗教工会长期设在会堂内（1941 年迁至拉都路会堂）。另外一个重要组织——犹太复国青年组织总部也曾设在这里。摩西会堂与当时其他 6 所会堂一起，成为上海犹太人每周祈祷的场所。二战期间，尤其是在设立了隔离区之后，摩西会堂成为虹口提篮桥地区犹太难民最重要的宗教活动中心，为犹太难民提供了重要的精神支柱。同时，以此为据点，犹太难民依靠上海的犹太社团力量向外界积极寻求帮助，得以顺利渡过难关。

虹口区的摩西会堂曾庇护过 3 万犹太难民，称其为"上海方舟"并不为过。如今，它已成为上海犹太难民纪念馆。2007 年 3 月，虹口区人民政府对其进行全面修缮，恢复为当年作为犹太会堂时的建筑风貌，旨在见证和纪念犹太人避难上海的那段历史。2020 年纪念馆扩建后占地面积扩大到 4000 多平方米，2023 年被评为国家 4A 级旅游景区。

上海邮政博物馆——百年邮政的缩影

坐落于虹口区北苏州路 276 号的邮电大厦，是一座充满着浓郁的英

上海邮政总局　（冯正刚绘）

国风情的宏伟建筑。它始建于1924年，原名"上海邮务管理局"，由沪上著名英商思九生洋行设计、本埠知名余洪记营造厂营建，为典型的折衷主义建筑风格，两侧有通贯三层的简化科林斯巨柱式立柱，转角处是巴洛克式穹顶，二楼大厅有"远东第一大厅"之称。这是我国目前仍在使用的建成最早、规模最大的邮政标志性建筑。

上海开埠后，邮政业务日趋繁荣。1922年，上海邮务管理局在四川路桥北地块开工建设新邮政大楼。新邮政大楼的建成并投入使用，不仅巩固了上海作为全国邮政重要枢纽中心的地位，同时也促进了国内和国际邮政业务的发展。大楼亦以其独特的建筑风格，与外滩建筑群互为映衬，被评为当时的上海十大建筑之一。1957年1月，上海市邮电管理局在此成立，大楼改称邮电大厦。1989年9月，大楼被列为"上海市优秀历史建筑"；1996年，被列为全国重点文物保护单位。2005年，上海市邮政局对大楼的损坏部分进行了恢复性大修和加固，同时将大楼的中庭、天台和部分楼面改建成上海邮政博物馆。2006年1月1日，博物馆正式对外开放。步入博物馆大门，"上海邮政博物馆"七个大字映入眼帘，此为江泽民同志亲笔书写。2024年10月，改造升级后的博物馆将以新的面目展现在广大市民面前。

"沪上唯一高尚旅馆"——新亚大酒店

位于天潼路422号的新亚大酒店，其地道美味的粤菜、别具一格的早茶，以及色泽金黄、口味纯正的新亚月饼，常为上海老饕津津乐道。

新亚大酒店于 1928 年创办于广州，上海的新亚大酒店则由美国粤籍华侨集资的华南置业公司创办，五和洋行英籍设计师席拉设计，桂兰记营造厂承建，1934 年 1 月竣工开业。当年，酒店的底层设有两间大客厅，还有中菜间、西菜间、茶点部、理发部、鲜花部等；一层至六层有大小客房 350 余间；七层可坐千人的大礼堂和大花园；八楼阳台是屋顶花园，种植奇花异草，还驯养了猴、鸟、兔等动物，并安有"秋千""摇摆吊椅""滑梯""拖绳圈"等小型娱乐设施供食客休闲。中西餐室均有冷暖设备，这在当时的上海旅馆业是少有的。

除了特色鲜明的建筑风格和精致的菜肴点心，新亚大酒店也是一个有故事的地方。新亚大酒店作为一家全部由中国人创办、中国人经营且体量庞大的新式酒店，开张之初便以新式旅馆、新式经营方式，要求住店客人奉行"不赌、不嫖、不抽鸦片"的"三不"主义，世人倍加关注。我国近代著名政治家、教育家、书法艺术大家于右任欣然题词："上海新亚大酒店，磊落光明的旅行事业。"1935 年，文人胡适从南京结束会议抵达上海，下榻新亚大酒店，有感于这里整洁的居住环境和开风气之先，也欣然为酒店题词，写下了"新亚酒店的成功，使我们深信我们中国民族不是不能过整齐清洁的生活"。除了文人墨客对开张之初的新亚酒店多有赞誉外，这里与革命者也有过一段不浅的渊源。1937 年 7 月 7 日，"七七事变"爆发当天，周恩来等人赴庐山与蒋介石谈判，途经上海曾住宿于新亚大酒店，并密会叶挺，希望叶挺参加南方红军游击队的改编工作。

1994 年 2 月，新亚大酒店被列为上海市优秀历史建筑。作为上海著名的老字号品牌，新亚大酒店历经 90 年风雨沧桑，老而弥坚，正向着高端精品酒店迈进。

旧貌新颜

从虹镇老街到瑞虹新城

虹镇老街偏居上海东北一隅，市中心的人将这里唤作上海"下只角"。住在老街周边的数万贫民以苏北人居多，少量宁波人掺杂其中，"南腔北调"，韵味十足，给老街增添了不少意趣。不论来自苏北还是来自宁波，人们到了老街，定居下来，多半靠出卖体力过活。1953 年 5 月 24 日，虹镇老街曾发生过一场火灾，火起于飞虹路 525 弄 16 支弄 25 号，顷刻间，1000 多间用茅草、竹片搭成的简棚陋屋化为一片废墟，87 家工厂、作坊、商店、小贩摊也被烧成了瓦砾残砖……百业繁茂、人丁兴旺的老街，在一场突如其来的大火中成了一片焦土。火灾引起上海市委市府和提篮桥区政府的高度重视，区政府发动工商、医务、教育、里弄等社会各界捐款，在虹镇老街、沙虹路、安丘路、虹关路一带建起了一排排矮矮的平房，名为"爱国新村"。1953 年底，部分特困灾民入住爱国新村，成为上海解放后为数不多的"公房"入住者。为了使这些居民有个休闲和娱乐的好去处，市委、市政府还在废址上建成虹口工人体育场、虹口第一工人俱乐部（即如今的虹口区政府所在地）。

前些年，瑞虹新城楼盘次第而起，老街发生了巨变，安丘路也换了路名，改称"瑞虹路"。瑞虹新城，是在原虹镇老街旧址上新建的上海内环线内规模最大的旧区改造项目。经过 20 多年坚持不懈的旧区改造和城市更新，曾经的虹镇老街华丽转身为瑞虹新城。如今，这里面貌焕然一新，宽阔干净的马路、高档宜居的住宅小区、时尚繁华的商业配套……2021 年后，以瑞虹天地太阳宫、月亮湾、星星堂为主体的瑞虹天地商业社区将成为"北上海生活力中心"。

老工业厂房的"创意 +"

沙泾路 10 号的 1933 老场坊，曾经是旧上海工部局宰牲场。上海工部局宰牲场建于 1933 年，占地 13 亩，采用当时世界上最先进的建筑技术，为英国建筑师巴尔弗斯设计，由建造邮电大厦的余洪记营造厂承建，共花费白银 330 万元。

2006 年，这个老工业遗址抖落一身历史尘埃，惊艳亮相，获得重生，成为 1933 老场坊创意产业园区、上海工业旅游景点。改造后的 1933 老场坊，将牛道、廊桥、伞形柱、花格窗等复杂的建筑工艺很好地保存下来，它汇聚了高档餐饮、私人会所、原创设计店铺和国际知名设计事务所等，成为融合时尚发布、创意设计、品牌定制、文化求知、创意休闲为一体

1933 老场坊外立面

的国际顶级品牌活动舞台。老场坊的整个建筑大气磅礴，构思巧妙，它采用外方内圆的空间布局，又暗合了中国风水学中"天圆地方"的传统理念，五层高的迷宫式建筑、纵横交错的楼梯廊桥……光影和空间变化无穷，老场坊独有的建筑特色，使它成为影视和综艺中常见的取景地。改造后新增的面积超 1500 平方米、8 米挑高的"空中舞台"位于老场坊四楼，这里一直是各大秀场、品牌活动发布会的首选。漫步 1933 老场坊，走在每一层都能感到景随步移、光影迷离、空间变换。对于摄影爱好者而言，老场坊绝对是上海的一个游玩好去处。

北外滩的嬗变

北外滩是外滩的延伸，位于苏州河和黄浦江的交汇处，东起大连路、秦皇岛路，西止河南北路，南起黄浦江、苏州河，北迄海宁路、周家嘴路，面积 3.66 平方公里，沿黄浦江、苏州河岸线 3.53 公里。

北外滩是虹口区的一个重要"段落"，有着深厚的历史积淀。1882年，在武昌路乍浦路口的东南转角处，英商投资创办上海第一家发电公

虹口滨江夜色

司，规模很小，仅一台小型发电机。是年 7 月 26 日，英工部局电气工程师毕晓浦以 10 马力蒸汽机作为动力，带动自激式直流发电机发电，点亮了上海的第一盏弧光灯。北外滩除了点亮了上海第一盏电灯，还创造了好几个近代上海乃至近代中国的著名品牌与地标，比如庄源大酱园作坊的"绿豆烧"、耶松船厂、同文书局、衬衫第一品牌"司麦脱"、民族新学第一家——澄衷中学、雷允上北号国药店的"六神丸"、"黑白胶卷之父"——上海感光照相材料厂、前身为"明星香水肥皂厂"的上海家化厂、"中华"和"长城"铅笔之父的中国铅笔一厂等等。

北外滩面河（苏州河）临江（黄浦江），1845 年，英国东印度公司在东大名路到高阳路建造了第一座可供驳船靠泊的码头，史称虹口码头。此后短短几年，新建码头鳞次栉比，东大名路航运一条街已见雏形，为后来上海建设"四个中心"打下了基础。进入新世纪后，上海加大了产业转型力度。滨江岸线"升级换代"拉开序幕后，主创者、设计者、建设者立足两岸公共空间开发利用的风貌整体性和历史文脉的传承性，着力提升公共空间的功能和品质，沿滨江岸线谋篇布局，以杨浦大桥为滨江公共空间贯通工程一期为起点，由北及南"拉伸"，一条昔日的"工业带"实现历史性的华丽转身。这条由老"工业带"变身新的景观大道，风景如画，它与陆家嘴金融贸易区隔江相望，两岸风光旖旎——北外滩、外滩、陆家嘴，三足鼎立，构成了沪上气势磅礴的"黄金三角"。2020 年《北外滩地区控制性详细规划》出台后，虹口北外滩将成为北外滩中心建筑群、建设全球企业总部城、引领全球的"世界会客厅"。

杨浦篇

日月更迭沧海桑田，杨浦区的古吴遗风有殷行古镇与依仁山、太平教寺、景德观、引翔古镇与中医世家。

"杨树浦大烟囱"背后的工业奇迹、英国古堡式建筑内的自来水厂、石库门"华忻坊"、八埭头、隆昌公寓与杨树浦巡捕房、江湾跑马场和叶家花园，述说着西风东渐的历史。

康有为在杨浦的幸福生活、沪江大学与首任校长刘湛恩、旧上海市政府大楼、飞机楼（航空救国的标志）、江湾体育场和国立音专，呈现人文杨浦的风情。

中国烟草博物馆、国歌纪念广场、复兴岛（蒋介石离开大陆的最后之地）、沪东工人文化宫和"两万户"工人新村，叙述着昔日的沪东风云。

Yangpu

The sun changes everyday. The ancient Wu relics in Yangpu District include Yinhang Ancient Town and Yiren Hill, Taiping Temple, Jingde Temple, Yinxiang Ancient Town and a family of traditional Chinese medicine.

The industrial miracle behind the "Yangshupu Great Chimney", the waterworks in the British castle-style building, Huaxinfang Shikumen Residences, Badaitou Residences, Longchang Apartment and Yangshupu Police House, Jiangwan Racecourse, and Family Ye Garden tell the intertwined history of East and West.

Kang Youwei's happy life in Yangpu, Hujiang University and its first president Liu Zhan'en, the old Shanghai Municipal Government Building, the Airplane Building (the symbol of "saving the nation by aviation"), Jiangwan Stadium, and the National Music College present the humanistic style of Yangpu.

China Tobacco Museum, National Anthem Memorial Square, Fuxing Island (the last place where Chiang Kai-shek lived before leaving the mainland), Hudong Workers' Cultural Palace and "Twenty Thousand Households" Workers' New Village narrate the past of East Shanghai.

古吴遗风

殷行古镇与依仁山

　　殷行古镇，位于今杨浦区东北部，即今殷行街道所处，建镇于明代，毁于抗日战争时期。

　　明正德年间，原上林苑录事殷清辞官还乡经营商肆，由于人员汇集，逐渐形成集镇，名为"殷行"，吸引了大批江苏失地农民在此垦荒，逐渐繁荣。嘉靖元年（1522 年），殷行镇遭遇自然灾害，饥荒遍地。殷清想要救济灾民，又不愿以此邀名，便以工代赈，假称要在宅后建造一座土山，百姓担土堆山即可换取粮食。嘉靖四年（1525 年）殷行又受灾，殷清赈灾如前。土山堆成后，殷氏又费数千金在山上辇石种树，造亭台楼阁，名其为"依仁山"。

　　抗战期间，殷行古镇不幸毁于日军炮火之中，原址建成了远东最大的军用机场——江湾机场，一直沿用到 1994 年。废弃后的江湾机场慢慢恢复了自然生态，成为上海市区唯一一块自然生态"绿宝石"。

太平教寺

　　太平教寺位于今杨浦区兰州路 373 号，始建于北宋太平兴国年间

（976年—984年），属禅宗临济宗，后毁于抗战时期。

据明弘治《上海县志》载："宋太平兴国间，僧及操舟云游，夜泊范家滨，闻芦苇间有钟鼓音，疑出梵宇。访之，无有；后夜复然。又见白光烛天，发地得铁佛一，因以建寺。"寺院全盛时地域宽广，范围约在今兰州路、齐齐哈尔路、丹阳路、龙江路，是杨浦区最早也是最大的

重新筹建的太平报恩寺

寺院之一。

明朝时太平教寺毁于兵灾，后重建，清代乾隆、嘉庆、光绪年间又经历三次荒废和重建，可谓生命力顽强。直到1932年，太平教寺仍是杨浦的大寺。抗战时期，附近城镇被毁，天平教寺也衰败了。新中国成立后，寺内山门、前殿都已废弃，仅留大殿空架一座。"文化大革命"时期，寺院彻底荒废，剩余庙宇被第九煤球厂使用。

2004年，上海静安寺主持慧明法师在原兰州路第九煤球厂的废弃仓库内发现了一块"太平教寺"石碑，这座千年古刹由此得以重现于世，重建为"太平报恩寺"。

景德观

景德观又名东岳行宫，位于江湾镇东首，最初为祭祀龙王的龙神庙，后因供奉民族英雄刘鞈而更名为景德观。

北宋时期，江湾地区是濒临大海的海岸，常因海水倒灌而遭灾。于是在北宋景德年间，当地乡民集资建成江湾龙神庙，以祭祀龙王，祈福消灾。宋金战争时期，抗金名将韩世忠一度在此驻军，为激励抗金军民，韩世忠将不屈殉国的北宋延庆殿学士、两河宣抚使刘鞈的遗像供奉在龙神庙内，因此这里又被称为"学士殿"。到了明代万历年间，刘学士被明政府诏封为东岳左丞相，晋阶"忠显王"，此庙因建于景德年间，遂又改名景德观。

历史上景德观曾多次扩建修茸，民国年间，景德观的部分殿宇被用作小学校舍，部分毁于抗日战火。1984 年，上海道教协会将剩余的景德观转让给当地小学，原地盖了新校舍，观内的明代石井围栏被移到市区的豫园内。

引翔古镇与中医世家

在杨浦区，还有一座消失的沪东名镇——引翔镇，大约在今双阳、营口、长阳、黄兴四路之间。从康熙年间开始，该镇作为古杨浦的商业和政治中心长达 210 多年，直到 1937 年"八一三"淞沪抗战，被日军烧成白地为止。

引翔古镇坐落于引翔港与黄浦江的交汇处，形成自然的交通枢纽和商贩码头。兴盛时，镇上有茶馆、饮食、香烛、五金、服装等大小店铺 120 多家，曾是杨浦最繁华的市镇。镇中心十字街西侧建于 1847 年的"厚仁堂"内，就是闻名沪上 200 多年的"中医中世家"——"引溪王氏"问诊坐堂的地方。从清乾隆四十五年（1780 年）起，引翔王氏第一代中医"种痘郎中"王占山就在此问诊，直到第七代上海中医学院院长王玉润教授，悬壶济世 210 年。

"引溪王氏"最为神秘的还有一张祖传 210 年的秘方——"九制神丹"，凡小儿痰喘症、高烧、抽筋、咳嗽、气急、鼻煽，服药后立见功效，可惜配方连同药粉都化为焦土，与引翔古镇一起消失在了历史的长河中。

西风东渐

"杨树浦大烟囱"背后的工业奇迹

在杨浦区有一个高达105米的大烟囱,在20世纪的前半叶一直是"上海高度"的保持者,号称"上海第一囱",同时它也是中国近现代工业

杨树浦发电厂大烟囱旧址
（梁光伟 摄）

化的标志——见证了 20 世纪中国工业的"杨树浦奇迹"。

上海开埠时，杨树浦路一带是一片江堤。由于紧贴英美公共租界，位处水陆交通枢纽，租界工部局便将其规划为连贯租界商业区与沪东海港的通道，以杨树浦路为核心形成纵横交错的近代化工业区。1908年，租界工部局在沈家滩上建造了杨树浦发电厂，在当时的大部分地区还在点油灯的时候，杨树浦领先一步踏入了电气时代。在此基础上，大量洋商和国人创办的工厂落户杨树浦。新中国成立后，由于工业和市政基础较好，杨树浦工业区为新中国和上海工业贡献出了骄人的成就，涌现了一大批劳模和先进。

杨树浦发电厂的"上海第一囱"矗立了 69 年，从 1933 年冒烟到 2002 年拆除，见证了杨树浦工业区和上海工业发展的历程。

英国古堡式建筑内的自来水厂

在杨树浦路的 830 号，坐落着一个英国中世纪风格的城堡式建筑群——杨树浦自来水厂。2003 年，为了纪念上海市引入现代化自来水系统 120 周年，经过紧张的筹办，上海自来水展示馆在此落地并永久对公众开放。

在自来水出现之前，上海城市用水主要依靠河道，由挑夫挑水贩卖到居民家中。当时来沪的外国人没有烧水饮用的意识，因直接饮用本地河水而患病，死亡率明显高于本地居民。为解决饮水困难和清洁问题，租界当局多番考量、尝试之后，决定开建自来水厂。

19 世纪 70 年代，租界工部局在黄浦江和苏州河上的 12 个采水点选取水样并送回英国本土进行检验。1879 年，英国商人接受工部局委托开始在上海成立公司，并于次年敲定了自来水厂的建设方案。杨树浦水厂在 1883 年竣工，中国有史以来第一个现代化自来水厂宣告诞生。它的出现，完全改变了中国城市居民的生活用水方式。

石库门"华忻坊"

石库门曾是上海的象征。在杨树浦路 1991 弄就有一片建于 1921 年的广式石库门里弄"华忻坊"，虽然现在看起来颇为陈旧，但在当年绝对是顶时尚的居民区。

90 多年前的上海城市化初具规模，繁荣的工商业使上海人口从 1865 年的 50 万增加到 1920 年的 200 多万，导致住房十分紧张。当时，由于杨树浦工业区要解决大量劳工和居民的住房问题，由华盛织布局老板盛杏荪出资建造了一个占地 1.3 公顷、建筑面积 17208 平方米、由 226 个单元组成的石库门住宅区——"华忻坊"。

值得一提的是，1941 年中共上海地下党借用"华忻坊"193 号创办了工人夜校和培正小学作为活动据点，利用"华忻坊"位于杨树浦工人聚居区的环境，人来人往不易引起日伪的注意，为杨浦区的革命工作打下了坚实基础。

八埭头

八埭头，是一个充满了乡土味的方言词，但是在很多老上海、老杨浦的记忆中，它是可与南京路媲美的商业中心．它以平凉路、通北路交汇处为中心，东近许昌路，西近景星路，南近杨树浦路，从 1908 年出现至 20 世纪 30 年代—80 年代达到顶峰。

"埭"，是吴方言中类似"排""条"的量词。起初，八埭头只是天主教会在平凉路上建造的八排"广式里弄"石库门。随着 1908 年后杨树浦成为工业区，大量的产业工人和技术人员聚集在杨树浦路附近，带动了商业枢纽的兴起，八埭头因此成为黄金地段，人气暴增，成为沪东的商业中心，菜市场、百货公司、游乐场、电影院、咖啡馆集聚于此。

今天的八埭头，由于旧区改造，昔日的繁华已褪去，即将退出历史舞台，八埭头也成了黄浦江边上的一片高档住宅区和商业综合体的名字。但是，它所蕴藏的海派文化精髓，已在上海人的集体记忆中留下了永不磨灭的印象。

隆昌公寓与杨树浦巡捕房

位于杨浦区平凉路和隆昌路口的老楼房——隆昌公寓，建于 1933 年，是一栋已有 80 多岁高龄的英式公寓，整个建筑呈"日"字形，北、西、东三面灰色的五层楼房将中间的大院团团包围，类似周星驰电影《功夫》中的"猪笼城寨"。

很多人不知道的是，今天的隆昌公寓与紧邻的上海市公安局杨浦分局原先同属旧上海公共租界鼎鼎大名的"杨树浦巡捕房"（又称格兰路捕房），是上海最早的城市治安管理机构之一，当时隆昌公寓就是巡捕房的宿舍。

1949 年 5 月上海解放后，上海市军事管制委员会接管了国民党杨树浦警察分局，并建立了上海市公安局杨浦分局。此后，隆昌公寓被继续作为公安局的家属楼和宿舍楼直到 20 世纪末。后来，连接南面公安局的通道也最终被堵上，隆昌公寓彻底成了和公安局无关的居民楼。2004 年，隆昌公寓成为"不可移动文物"，2015 年完成了大修和粉刷，里面的居住环境有了较大程度的改善。

江湾跑马场和叶家花园

叶家花园，位于今杨浦区政民路 507 号上海市肺科医院内，由民国时期上海富商叶贻铨于 1923 年所建。

1848 年，上海开埠，大批外商蜂拥而至。跑马厅、公园等西方休闲娱乐设施也被带入上海，但不对华人开放。1908 年，上海富商叶贻铨在租界华商的支持下，于今日杨浦区武川路与武东路一带建成了江湾跑马场，不论华洋皆可入场，一度盛况空前。随后，叶贻铨从跑马场的利润中筹款，1923 年在江湾西南角建成叶家花园。园内不仅有湖泊假山等东方园林的要素，还开设了弹子房、瑶宫舞场、电影场、高尔夫球场等现代游乐设施。

叶家花园生意日隆，引来了附近英商的嫉恨，租界当局以游客喧嚣、烦扰居住安宁为由，勒令花园停止经营。于是，叶贻铨就将花园赠给国立上海医学院建立第二实习医院，命名为"澄衷肺病疗养院"。1945年抗战胜利，叶家花园又变成了肺病疗养院。上海解放后，疗养院改为上海市第一结核病院，即今上海市肺科医院。当年的江湾跑马场几经变化，变为今日上海财经大学与复旦大学的校园。

人文杨浦

康有为在杨浦的幸福生活

康有为，清末民初政治家、思想家和学者，清末著名的"公车上书"和"戊戌变法"的主导者之一。变法失败后他遭清廷通缉，流亡海外16年，直到清政府覆灭后的1913年12月，才结束流亡生涯回国。

回国后，回顾之前奔走、呼号和流往海外的坎坷经历，康有为产生了归隐的念头。他先是用流亡海外时接受的政治献金和投资欧美房地产获得的巨额报酬，在上海租借和购买了几处豪宅。1922年，为享受真正的田园景致，康有为又在上海杨树浦临江之处购买土地建造了乡村别墅——"莹园"，设置了"茅屋""草堂""菜园""池塘"等设施，按江南田园格局设计，展现了水乡农夫躬耕田野、与世无争的环境。

"莹园"落成后，康有为常带着三妻四妾和成群儿女坐着马车，从市区居所前往"莹园"小住。1927年，第一次国内革命战争风起云涌，北伐军包围上海，康有为慌忙移居山东青岛，在上海杨树浦的别墅"莹园"也拱手出让于一个日本人，最终在1937年的抗战中，彻底不见了踪影。

沪江大学与首任校长刘湛恩

曾培养过徐志摩、李公朴、谢希德、李道豫的沪江大学（今上海理

沪江大学校门

工大学），坐落于杨浦区军工路 516 号。走进校园，恍然瞬间穿越了历史隧道，进入另一个世界。校区虽然不大，但一直被认为是上海环境最好的高校之一，尤其是刘湛恩故居的附近，最有韵致。

沪江大学创办于 1906 年，由美国基督教南北浸礼会为推动在中国的传教筹办。1928 年 1 月，在国人强烈要求收回教育主导权的思潮下，教会学校出身、曾留学芝加哥大学和哥伦比亚大学的刘湛恩正式成为沪江大学首任华人校长。他将原教会学校的沪江大学进行了一系列"中国化"的整顿和改革，使沪江在当时私立大学中以学风纯朴闻名。

可惜好景不长，1937 年"八一三"淞沪会战爆发后，沪江大学被日军占领，刘湛恩拒绝伪南京维新政府的高官利诱，不惧日伪的威胁恫吓，最终惨遭特务毒手。1985 年，他被民政部追认为抗日革命烈士。新中国成立后，沪江大学各科系被并入复旦大学等高校，原址组建为上海机械学院，也就是今天的上海理工大学。

旧上海市政府大楼

走进杨浦区清源环路 650 号的上海体育学院大门，迎面一幢气势恢宏的大楼让人惊艳。这幢正对着上海体育学院中轴线的中国新古典主义建筑，是当年旧上海特别市政府大楼。

飞檐大顶、琉璃绿瓦、梁柱斗拱、浓墨重彩，这栋大楼在"保存中国固有之建筑形式"的基础上，又"参与现代之需要"。大楼内采用现代化的水电设备，有电梯、热水汀、抽水马桶等，是古典主义与时代精神的完美结合。

这幢当年富丽堂皇的大楼，诞生于民族危亡之际的 1933 年，曾一度希望用自己的庄严巍峨和器宇轩昂，向外国列强宣示自己的主权。落成当日，全上海放假一天。在凉风习习的风清日朗中，10 多万中外人士前来参加庆典。

旧上海特别市政府大楼

可惜好景不长，在 1937 年上海沦陷后，大楼被日军炮火摧残得千疮百孔。1956 年，该大楼成为上海体育学院的行政楼，现在已被列为上海市市级文物保护单位。它当年未能如愿的国家精神，已经有后来者替它完成。

飞机楼（航空救国的标志）

在杨浦区现在长海路 174 号，第二军医大学附属长海医院住院部的东侧，有一座飞机楼，从高处俯视形似一架振翅欲飞的"双翼战斗机"。它建造于 20 世纪 30 年代，曾经是中国航空协会的会所，也是爱国同胞捐资捐机以支持实现航空救国的标志。

1932 年，"一·二八"事变爆发，日军飞机的狂轰滥炸，激发了国人航空救国之心。1933 年元旦，上海成立了中国航空协会，以"提倡国民航空事业、研究发展航空技术"为宗旨，并在 1935 年开建航空博物馆，这就是飞机楼。在著名设计师董大西等爱国志士的努力下，仅用了短短半年时间便建成。

遗憾的是，在不久后的 1937 年"八一三"淞沪会战时，飞机楼遭受严重毁坏，并沦为日军军火库。新中国成立后，飞机楼被围在第二军医大学的校园内，一直默默无闻地充当着第二军医大学附属长海医院的病理科和实验室。20 世纪 90 年代，由爱国华侨出资修复。2002 年上海公布了 11 处历史风貌保护区，飞机楼属"江湾三十年代市政中心历史风貌保护区"内的建筑。

江湾体育场

上海江湾体育场坐落在杨浦区淞沪路 245 号，筹建于 1934 年 8 月，当时叫"上海市体育场"，占地 300 亩，耗资 100 万，由运动场、体育馆、游泳池三大建筑构成。全部参照当时欧美最先进的标准，功能性堪称远东第一，被赞誉为"目下远东殆无与匹"。主持设计的是中国著名建筑师董大酉。体育场外形庄严宏伟、典雅大方，很多细节里体现了中国传统建筑特色，能容纳 6 万名观众。

1937 年"八一三"淞沪会战后，上海沦陷，千疮百孔的体育场沦为日军的军火库。抗战胜利后，初时体育场仍被作为军火库使用，后来又经历了多次爆炸与坍塌，破旧不堪。新中国成立后，历经磨难的江湾体育场终于迎来了首次大规模修缮，并更名为"上海市江湾体育场"，此后很长时间里都是上海举办大型体育比赛的主要场地。

1989 年，上海江湾体育场成为上海市文物保护单位，2006 年 11 月改建为国内首个体育休闲公园。2016 年经过 3 个多月的改造，场内足球场地的真草坪达到 3 万平方米，是目前上海市区最大的真草足球场。

国立音专

80 多年前，蔡元培和萧友梅怀揣着音乐救国梦，立誓要"以艺术教育陶冶国民个性，从而改善人生，改良社会"，经过艰苦努力、多方奔走，1927 年 11 月 27 日，以仅仅 2600 元筹办经费起步，在上海法租界成立了国立音乐院，两年后，国立音乐院改组为国立音乐专科学校（以下简称国立音专）。后又经过多年奔波筹措，1935 年 9 月底，江湾新校舍在民京路 918 号建立了。

1937 年日军轰炸上海，国立音专的主楼和女生宿舍均遭空袭，学校被迫停课搬迁。新中国成立后，这个音专的旧址逐渐被岁月湮灭，不为世人所知。几十年间，当年国立音专的音乐人仍络绎不绝地前来"寻根"，人们感慨道"这里曾是中国音乐人的摇篮"。

中国现代著名音乐家如贺绿汀、江定仙、陈田鹤、刘雪庵、吕骥、李焕之、向隅、张曙、黄源洛、夏之秋、丁善德、周小燕、钱仁康等都曾是这个时期上海国立音专的学生。

上海音乐学院历经近百年的沧桑变迁，从最开始的国立音乐院到后来的国立音专，再到现在的上海音乐学院，杨浦区民京路 918 号这个地址，定格了国立音专一段美好的时光。

沪东风云

中国烟草博物馆

在杨浦区长阳路、通北路交汇处，与上海卷烟厂（前身为英美烟公司三厂）隔路相望，有中国首个烟草专题博物馆——中国烟草博物馆。在博物馆里，展示着五彩缤纷的各种烟标，诸如"大前门""上海""凤凰""飞马""中华"等等。

20世纪初，欧美商人将卷烟（又称"洋烟""盒烟"）推销至中国，"洋烟"逐渐在市面上流行起来，抽盒装洋烟成为一种时髦和身份的象征。1925年3月，当时全球最大的制烟企业——英美烟草公司在杨树浦韬朋路（今长阳路733号）建造了"英美烟三"厂，一度垄断了中国的卷烟市场。1934年，英美烟三厂改名为颐中烟三厂。1942年，由于第二次世界大战，英美烟公司在中国的卷烟销量日减，生产每况愈下，至新中国成立前后烟厂已濒于倒闭。为此，颐中烟公司向新中国政府提出转让。1952年，颐中烟三厂更名为上海卷烟二厂。1960年，上海几大卷烟厂合并为上海卷烟厂，还陆续创立了"熊猫""中华""牡丹""凤凰""上海"等名牌卷烟。

国歌纪念广场

全国唯一一个国歌纪念广场坐落在杨浦区的中心区域，大连路和长阳路的交会处。20世纪30年代，国歌《义勇军进行曲》就是从这里走出，鼓舞了无数追求民族独立解放的人们。

1934年，田汉等在上海创办电通影业公司。次年，田汉因拍摄左翼电影被国民党当局逮捕。在狱中，他在香烟盒包装纸背面写下一段歌

国歌纪念广场主题雕塑

词："起来！不愿做奴隶的人们！把我们的血肉筑成我们新的长城！中华民族到了最危险的时候，每个人被迫着发出最后的吼声……"时年23岁的音乐家聂耳听说此事后主动要求谱曲。最终歌曲经过几次修改，定名为《进行曲》，后更名为《义勇军进行曲》。

1949年开国大典前夕，经众人推选，毛主席一锤定音，将《义勇军进行曲》定为国歌。现如今的国歌广场是2009年9月25日落成的，其西南侧建有国歌展示馆，里面展有400余件文物、文献和历史照片，全面展示了《义勇军进行曲》的诞生背景、过程和影响。

复兴岛：一座有故事的美丽小岛

在杨浦区东南部的黄浦江下游，距吴淞口约 16 公里处，有一座月牙形的小岛，名为复兴岛。岛上还坐落着一座公园，它以岛名命名，这就是复兴岛公园。

1848 年上海开埠后，由于外洋轮船通行需要，租界当局成立上海

白庐

浚浦局对黄浦江进行了疏浚。在清淤过程中，泥沙被堆放在杨树浦周家嘴一带的浅滩，经年累月竟成为一座长约 3.5 公里，平均宽度为 400 米左右的岛屿。1927 年，上海浚浦局向国民政府买下此岛，建设了 4 万平方米的俱乐部。1937 年 11 月，上海沦陷，侵华日军在原俱乐部之北修造了一座别墅（白庐），还对俱乐部的园林部分按日本庭园风格进行改建，使其成了一座典型的日本园林。

1945 年，抗战胜利，上海光复，为了纪念抗战胜利，这座岛屿被定名为"复兴岛"，岛上的白庐也被当时的国民党主席蒋介石辟为私人别墅。

新中国成立后，上海浚浦局改组为上海航道局，岛上的土地被上海渔轮公司、中华造船厂等工厂使用，位于岛中央的浚浦局俱乐部则被改建成今日的复兴岛公园。

沪东工人文化宫

1951 年，鉴于沪东地区没有像样的大型休闲娱乐场所，经沪东地区工厂代表提议，市工会联合会研究后，决定投资 200 万 ~ 250 万人民币，在杨浦区建造一个现代化的工人文化宫——沪东工人文化宫（以下简称东宫）。

东宫的整体设计由苏联专家指导、上海市民用建筑设计院设计，整体呈凹字形，分花园、大剧院和俱乐部。东宫大剧院，可演出各类大型舞台剧和放映宽银幕电影，容纳 1350 位观众；文化宫大楼本部是为工人提供俱乐部活动的地方，可同时容纳上万人活动，楼上大厅为展览活动场地，楼下为图书馆和阅览室以及知识宫、棋室、乒乓室、弹子房、电动游戏室；原先平凉路门口的一片臭水塘，被填成了当时上海最大的一块 1350 平方米的溜冰场，之后又增设了篮球场。

1999 年底，由于设施老化、建筑陈旧等，东宫进行了全面改建。2001 年 7 月，新东宫改建完成，成为一座总建筑面积 24600 平方米的现代化综合型公共文化空间。

"两万户"工人新村

作为上海的老工业基地，杨浦区曾有许多的工人新村，如鞍山、凤城、控江、长白、工农等新村。这些工人新村主要分布在控江路以北，军工路至大连路之间，大多建造于 20 世纪 50 年代，建筑风格相似，被统称为"两万户"。

"两万户"住宅是在 1952 年在希马柯夫等苏联城市规划专家指导下建设的，参考了苏联联排式集体农庄的模式，砖木结构的两层楼房，水、电、煤俱全，每 5 户合用厨房和厕所，并配套道路、下水道、学校、商店和绿化。这是新中国成立后兴建的第一批工人住宅，当时能住进去是让人值得骄傲和羡慕的事情。

但是，随着时间的推移，"两万户"的居住条件就远远跟不上上海的发展速度了。于是 2002 年后，改造"两万户"成了杨浦区旧区改造的大事。

　　2016 年，最后成片的"两万户"——杨浦区 228 街坊 200 多户居民也完成了搬迁。不过与其他地方的"两万户"的结局不同，这里的 12 幢两层"两万户"将被整体保留下来。

宝山篇

去吴淞开埠纪念广场，见证一波三折的吴淞开埠史。游览罗店古镇，感悟历史的沧桑。站在吴淞口可以远望吴淞口灯塔，了解灯塔的前世今生。

宝山区的名人群像中，有倾其所有修建沪太路的太仓人项慧卿、百年沪剧中的丁婉娥和"东方安徒生"陈伯吹。

罗泾名点"四喜风糕"承载着乡土风情和历史记忆。而杨行吹塑版画、五百年的宝山寺，展现人文宝山的风貌。

Baoshan

Go to Wusong Port Opening Memorial Square to witness the twists and turns of Wusong Port opening history. Visit the ancient town of Luodian and feel the vicissitudes of history. Standing at Wusongkou, you can look at Wusongkou Lighthouse and understand the past and present "life" of the lighthouse.

Among the famous people in Baoshan District are Xiang Huiqing, a Taicang native who spent all her money to build the Hutai Road, Ding Wan'e, an artist of performer of the century-old Huju Opera, and Chen Baichui, the "Oriental Andersen".

Luojing's famous pastry, Sixi Rice Cake bears the local customs and historical memory. Yanghang Blow-molded Print, and the 500-year-old Baoshan Temple show the humanistic style of Baoshan.

历史印迹

吴淞开埠纪念广场——见证一波三折的吴淞开埠史

吴淞开埠纪念广场位于宝山区淞兴路同泰路，广场西边墙上的开埠广场纪念牌铭文简述了吴淞镇概况及其开埠历程。清同治年间起，郑观应等有识之士就呼吁吴淞开埠，以方便外商进出口货物的运输，又能维护本国权益。光绪二十四年（1898年）三月，两江总督刘坤一顺应民意，向清政府奏请将吴淞自动辟为商埠。清政府准奏，总理衙门规定：开埠地址北起炮台湾，南至黄浦江畔的牛角桥（今军工路集装箱码头南）。当年八月十一日（9月26日），吴淞开埠工程总局成立。刘坤一委派沪道蔡钧为开埠督办，成立清查滩地局，负责清丈开埠界址。吴淞自强军营务处沈敦和主持勘定开埠地段，其范围北起炮台湾，南至牛角桥，蕴藻浜以北地区以泗塘河为界，以南地区以距黄浦江三里为界，自行筑路、铺设，作为中外公共商场，同时拟订了《吴淞开埠租买土地章程》。

光绪二十五年（1899年）二月，工程总局在蕴藻浜北开工筑路，两年内建成外马路、永清路、上元路、金山路、常熟路、新宁路、民康路、镇海路、中兴路等吴淞商埠马路，以永清路为衔接街区的枢纽，同时拆毁妨碍商务的吴淞西炮台。为方便南北交通，工程总局在蕴藻浜口建长50余丈、阔6丈的木质大桥，但不久因浜口水流湍急而倾圮。后又改建于淞沪铁路桥东侧，即今吴淞大桥前身。同时，工程总局还重筑已拆毁 20 年之久的吴淞铁路，并于当年冬天将其延伸至炮台湾，即淞沪铁路。其后，淞沪铁路南端与沪宁铁路相连，使吴淞的铁路交通伸展到国内广大腹地。开埠期间，吴淞辟街筑路、批地建房、列肆成市，为整个地区的发展打下了基础。

光绪二十七年（1901 年），列强与清政府签订《辛丑条约》，列有黄浦江航道疏浚条款。此后，随着吴淞口、黄浦江口航道的疏通，各国列强忙于第一次世界大战之际，中国民族工商业迅速发展壮大，有识之士又把目光投向吴淞这块宝地。大战结束不久，众人即筹备第二次开埠，由著名实业家张謇出任督办，在勘测调查的基础上制定《吴淞开埠计划》。民国九年（1920 年）11 月，在上海九江路设筹备处。翌年 2 月，设吴淞商埠局，办公处设于吴淞提镇行辕旧址（今吴淞中学内）。

昔日吴淞口

在两次开埠期间，一批近代工业先后在此落户，初步形成了以机械、纺织为主体的工业基础。光绪三十三年（1907年），占地280亩的吴淞机厂（戚墅堰机厂前身）建成。民国四年（1915年），张华浜修理工场（东海船厂前身）建成。民国八年（1919年），宝明电厂建成，向吴淞、宝山县城供电。同年，沪上巨商聂其杰、聂其琨建大中华纱厂（上棉八厂二纺前身）。次年，王正廷、张英甫等巨商建华丰纱厂（上棉八厂一纺前身）。同时建立的还有中国铁工厂。一波三折的吴淞开埠，被载入史册。

罗店古镇

罗店成镇于元代旧属嘉定县，到明朝万历年间，已发展成为物产丰富、商贾云集的大镇。至清代，经济规模终于超过南翔、江湾、大场诸镇而名列第一。据清光绪《罗溪镇志》记载，镇里市面非常热闹，每天都有运货的车船来往，街巷纵横，像棋盘脉络那样密布。但罗店的繁荣，远非始于清朝。早在明代初年，这里已是物产丰富、商贾辐辏的商业大镇，为当时嘉定县七镇五市之首。到明末，更是享有"金罗店"之美誉。

20世纪初，富庶繁荣的罗店镇已呈现出一派江南水乡名邑的风情。镇上富商云集，豪门巨宅星罗棋布。引人注目的名人住宅，有春阳堂（明处士黄通理读书处）、玉兰堂（明职方郎中唐景亮致仕后与弟景南共同读书之处）、简堂（明马元调旧宅）、江楼（清初范光启筑，乾隆五十四年其曾孙朝佐重建）、默然堂（清进士施灏旧宅，后园为两江总督毕沅的读书处）。十八条户槛、布长街清代建筑群等，多为一代名人燕饮唱和之处。

罗店庙宇古迹甚多，有东隍庙、水龙庙、施都庙、观音阁、东岳庙、杨王庙等20座，现仅剩梵王宫（原名玉皇宫）。镇上的大通桥、丰德桥和来龙桥都是有三五百年历史的石拱桥。罗店的市政建设发展得较早，民国十二年（1923年）建电灯公司，发展居民用电；民国十九年（1930年）建自来水厂，向居民供水。

历史上，罗店曾屡遭兵灾，上述古建筑和民用设施大多毁于战争，保存完好的明清建筑仅梵王宫、布长街和花神堂。1937年"八·一三"淞沪抗战，日本侵略军在罗泾小川沙登陆，直扑罗店，中国军队顽强抵抗，双方历经13次拉锯式激烈争夺，伤亡惨重，日军炮火下的罗店成了一片焦土。"金罗店"失去了昔日光芒，直到1949年后才逐步恢复元气。

吴淞口灯塔的前世今生

独特险要的地理位置，使吴淞素有"重洋门户"之称。而吴淞口灯塔，是中国与世界经济交往的第一道大门的重要助航标志，如今也是上海港的标志性建筑和观景点之一。

明永乐十年（1412年），为保障吴淞口外船舶的航行安全，官府在长江口南岸（今浦东新区高桥镇临江畔）筑起一座土山，竖起航行标

吴淞口灯塔

志，山顶可点烽火。相传郑和船队下西洋时，自浏家港出发经吴淞口出海，就是土"宝山"燃烽烟指明的航向。随后，在潮水的冲刷下，宝山烽堠坍塌。1843年，第一次鸦片战争打开了中国的5个通商口岸。上海开埠后，海上航运渐盛，吴淞口再次热闹起来，进出吴淞口的外国商船逐年增多。1866年，上海江海关为引导船只安全进入黄浦江，在吴淞口外设置黑色方形灯塔，上置红、绿、白三色或一色长明灯，原属江海关第 68 灯。之后，导航设施陆续增多，并经数次改易。

那时候，黄浦江最浅处水深只有 3.1 米，远远不能满足港口、航运发展的需要。荷兰总工程师奈克研究制定了吴淞口至鳗鲡嘴的导治线（浚浦线），开始系统整治黄浦江航道。整治的重点工程，就是修筑吴淞口导堤。导堤建成后，由于堤身标高只有 3 至 3.5 米，涨潮时整个导堤没入江中，过往船舶经常触坝搁堤。1928 年，民国政府拆除石埂东端的趸船，在导堤最外端建造河塘灯桩，新安置重 20 余吨的固定灯标，日夜发光，这就是最早的吴淞口灯塔。

新中国成立后，鉴于灯座靠水三面大石块被冲下坍，危及灯座，上海航道局于 1951 年、1953 年两次抛石修理。1957 年，组织人员踏勘及测量全导堤，获得详细资料，并局部整修。为防止堤旁河泥逐年被冲刷而导致堤向浦江滑移，1958 年始，上海航道局在导堤堤脚边抛泥 30 余万立方米，在导堤外 10 至 20 米外抛石 807 吨，以护坡脚；1964 年，又一次详细勘查、测量与潜摸；1965 年初至 1966 年底，又实施沉排护底、抛石护坡、修补堤面等工程，工程耗费 85 万元；1975 年，首次应用太阳能电池板匹配镍镉电池为航标灯提供能源。1988 年，上海海事局改造重建河塘灯桩，改桩身为圆锥形铁筒，并改其名为"吴淞口灯塔"。1998 年 9 月 26 日上海海事局再次改造重建灯塔，次年 12 月 29 日，一座白色圆柱形钢筋混凝土灯塔屹立于吴淞口导堤最外端的水天之际。塔高 20.1 米，灯高 17.4 米，射程可达 13 海里，备灯射程 7 海里，装有雷达应答器，无人值守的灯塔开始发光。从此，吴淞口灯塔被赋予了当代高科技文明。

名人印迹

太仓人项慧卿与沪太路

20世纪初叶，从江苏太仓浏河镇到上海，仅有一条顺着田埂自然踩出的泥泞小路。当年，14岁的太仓少年项惠卿肩挑行李，沿着这弯弯曲曲的小路艰难前行，从浏河北茜泾乡走出来，到上海的纱厂当学徒。他看到大上海的繁华，想起家乡的贫瘠，强烈的反差刺激着他的心。渐渐地，他萌生了一个念头：能不能开辟一条公路，沟通上海与太仓，让家乡也快点富起来？

民国8年（1919年）初秋，上海邑庙翠秀堂内的太仓旅沪同乡会在会长洪锡范的主持下，热烈讨论如何繁荣家乡经济、如何让"五四"新思想新文化更快地传播到家乡。次年冬，项惠卿呼吁从上海修一条路直达太仓，得到众同乡的支持，"沪太公路筹备处"（"沪"是上海，"太"是太仓）随即成立。集资会上，这些太仓旅沪商人测算，修建一条公路所需资本总额为50万银元。项惠卿当场慷慨解囊，倾其所有，认购总额的一半。翌年5月，项惠卿任董事长、朱恺俦任总经理的沪太长途汽车股份有限公司成立，垫款兴建沪太公路，又名沪太路。吴仲裔、汪季章、周开僧等家乡热心人士自告奋勇，从确定路线、征购土地，到落实拆迁、沿途设站等等，筹划具体方案。群策群力，工程进展神速。沪太路初建时，南起上海宋公园（今闸北公园），后改为大统路、中兴路北。民国十一年（1922 年）春，通车至大场，同年秋通车至罗店，冬初通车至上海北面的浏河，全长 38.5 公里的沪太公路全部竣工。

太仓父老兄弟为江苏第一条民营公路、第一条行驶大客车线路的诞生而欢呼雀跃。虽然沪太路 91% 以上的路段在上海境内，只有近 9% 的路段在太仓境内，但在当时太仓有识之士的超前意识里，有了路，太仓就可以利用与上海形成的"同城效应"——地域相近、人缘相亲、经济相融、语言文化相通——尽快发达起来。沪太路是上海第一条联络邻省的路线、中国第一条省际公路，也是上海最长的一条马路。

百年沪剧中的丁婉娥

1905 年出生于罗店乡下贫困家庭的金荷英，9 岁就到上海宝成纱厂当童工。她白天辛勤做工，晚上跑到先施公司看"申曲"，越看越喜欢，就拜申曲名家施兰亭为师，跟施兰亭的大弟子丁少兰学戏，取艺名丁婉娥。后来她与丁少兰结为夫妻，成立"婉兰社"，并首创"化妆申曲"和"时装新戏"，开了申曲艺术的一代新风。这阵新风以罗店、罗泾、罗南为中心，一直到江湾、大场的宝山"北头沪剧"，在民间逐步蔓延，世人称在宝山地区演出的沪剧演员为"北头先生"。

1961 年沪剧《芦荡火种》。丁是娥饰阿庆嫂，邵滨孙饰刁德一，俞麟童饰胡传魁

　　丁婉娥独立办起"小囡班"，取名"婉社儿童申曲班"，那是她一生中最辉煌的事业，也是百年沪剧最绚丽的一道风景。1936 年春尽夏至，丁婉娥招收了 20 余名从八岁到十三四岁的"小囡"，成立了"婉社儿童申曲班"，丁婉娥广寻名师为他们说戏、教唱、练功、排戏，还规定每个小囡要学会一样乐器。戏排好了，丁婉娥又四处奔走，设法进永安公司天韵楼游乐场自费白演，将"小囡班"推上舞台。出乎意料，"小囡班"一炮打响，被黄金荣看中，带进大世界演出，轰动了整个上海滩。他们演出的戏有《十教训》《叠沙头》《五更乱梦》《火烧百花台》《卖妹成亲》《蓝衫记》等。1937 年大世界遭炸弹轰炸，"小囡班"被迫停演，

为安全起见，丁婉娥解散了"小囡班"。这些小囡，以后大多数成了沪剧界的剧团台柱、著名演员、流派宗师。丁婉娥的徒弟中，最著名、最有成就的有丁是娥、杨飞飞、汪秀英、筱爱琴四位表演艺术家，她们都是开宗立派的掌门人。丁婉娥退休前是上海沪剧院院长，可谓桃李满园，号称有"一百零八将"，其中不乏汪华中、路敬业等佼佼者，也有汝金山、奚耿虎等转行音乐界成了名家。

"东方安徒生"陈伯吹

出生于宝山罗店的陈伯吹，年轻时在家乡小学教书，17 岁就开始了儿童文学创作，写出了第一部中篇小说《模范学生》（后改名为《学校生活记》）。1929 年，23 岁的他来到大上海，上午在学校教书，下午到大夏大学听课，晚上躲在幼儿师范 5 平方米的宿舍里彻夜笔耕。他向当时有名的文学杂志《小说月报》投稿，怀着"为小孩子写大文学"的执念，把自己的人生追求和命运与儿童文学紧紧联系在一起。

在日本侵华的日子里，陈伯吹奋笔创作了中篇小说《华家的儿子》《火线下的孩子》和童话名篇《阿丽思小姐》《波罗乔先生》。《华家的儿子》充满了战斗性，小说主人公"华儿"象征在屈辱中奋起的中国人民。他想通过这样一个形象，呼吁全国少年儿童坚强起来、团结起来，不做亡国奴，做顶天立地的中国人。这部小说在《小学生》杂志连载后，又出版了单行本。它不仅是陈伯吹创作生涯中的一部重要作品，也是中国现代儿童文学史上的一部名著。

陈伯吹担任儿童书局编辑部主任，主编《儿童杂志》《儿童常识画报》《小小画报》三种杂志，还和儿童书局同事编了200本的《儿童半角丛书》、120本的《我们的中心活动丛书》……在大夏大学、圣约翰大学、震旦女子文学院、北京师范大学兼职教授过"教材教学法""儿童文学"等课程。新中国成立后，在人民教育出版社当编审的陈伯吹，终于进入了中国作家协会，成为一名专业作家。这一时期，他为新中国的儿童写出了短篇小说集《中国铁木儿》、童话集《一只想飞的猫》《幻想张着彩色的翅膀》、散文集《从山冈上跑下来的小孩儿》、论文集《儿童文

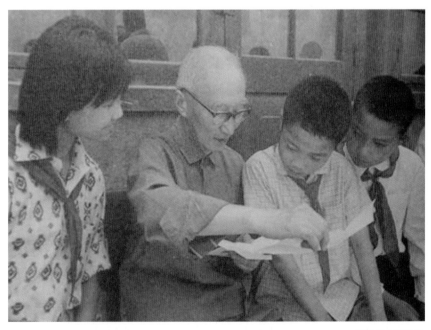

陈伯吹与孩子们

学简论》等，著、译、编近 300 万字，出版书籍百余本。

1981 年春天，他慷慨解囊，捐出一辈子积攒的 55000 元，设立"儿童文学园丁奖"（1988 年，人们为了感念他，将其改名为"陈伯吹儿童文学奖"）。这笔巨款被作为奖励基金，存入银行，以每年的利息奖励优秀作品，旨在激励作家为孩子们创作更多优秀的儿童文学作品。25 年后，上海在宝山隆重纪念陈伯吹 100 周年诞辰。陈伯吹之子陈佳洱回到家乡，向区政府捐赠了其父的文史资料 265 件、实物 130 件、照片 200 余张等，让这些珍贵史料在陈伯吹纪念馆里熏陶爱好文学的一代代年轻人。

美食地图

海派名点"四喜风糕"

江南素有食糕传统，在物质匮乏年代，糕因制作相对简单、易存储而进入千家万户。罗泾从前偏僻落后，农民在繁忙农事之余，因陋就简做些点心充饥，与"苏式糕点"一脉相承的当地农家蒸糕"四喜风糕"，因在选料、用料、制作工艺、风味、生产经营上别具一格，为百姓喜闻乐见，享有"南点"美称。

罗泾"四喜风糕"承载着乡土风情的历史记忆，包括新婚之喜的"行盘糕"、出生之喜的"定胜糕"、乔迁之喜的"满囤糕"和寿诞之喜的

"寿糕"。当地传统风俗给农家蒸糕赋予了追求美好的象征意义，使之成为百姓作为喜庆活动馈赠亲友的必备礼品。从前，家家户户都会做"四喜风糕"：以当地优质稻米为材，粳糯搭配，浸泡后沥干磨细成粉，加糖、（红糖、白糖均可）水拌和，筛滤成料，装入模具，根据需要添加赤豆、红枣、桃仁及其他蜜饯，在笼格内蒸煮即成。

而今，会做糕的罗泾人越来越少了，硕果仅存的制作者把他们的乡愁、乡情、乡韵都揉进了"四喜风糕"里。值得骄傲的是，罗泾"四喜风糕"曾荣获"上海市十大农家点心金奖"，并被载入《海派农家菜2》一书。

人文宝山

杨行吹塑版画

虽然被命名为"上海市非物质文化遗产"，但杨行吹塑版画并没有很长的历史，它是在 1987 年对版画创作的材料和技巧研究过程中发展起来的。版画作为间接性绘画，其特征与制作材料、工具有关，采用的手段和画面最终效果取决于材料。材料特性的不同，导致版画的基本面貌迥异。为突破传统材料对版画效果的制约，民间艺术家研究了各种材料，通过试验，发现吹塑纸可折、可刻、可切、可剪、可揉，为版画创作开辟了一个新天地。杨行吹塑版画汲取百家之长，制版沿袭剪纸、篆刻、木雕工艺，上色又与漆绘一脉相承，同时还借鉴了扎灯、十字挑花的方法，不求惟妙惟肖的逼真，注重整体意境的呈现。作为民间传统绘画的新载体，杨行吹塑版画摆脱了传统形式的制约，加入了现代人的理念和现代生活气息，焕发出新的生命力。

杨行镇十分重视吹塑版画的创作。1987 年起，宝山区文化馆的龚赣弟老师就致力于吹塑版画群众美术创作的普及、推广、发展工作。30 多年来，他深入乡镇、学校、社区等基层单位，举办了近千期吹塑版画创作辅导班，逐渐形成了杨行镇特有的群众性吹塑版画创作活动和创作群体，并建立了吹塑版画创作基地。有 3000 多人次参加吹塑版画创作，创作版画作品 4000 余件，其中 450 余件入选美术展或获国际、全国、市一级的奖项。在由中华儿童艺术促进会选拔参赛的 2001 年西班牙国际少儿绘画比赛、第 30 届捷克少儿国际画展中，杨行吹塑版画入选和获奖数占上海市的一半以上。

2000 年，杨行吹塑版画被评为上海市"市郊百宝"，为"上海民间文化艺术之乡"杨行镇增光添彩。2006 年，杨行吹塑版画正式进入上海市非物质文化遗产名录，吹塑版画的创作技法被收入全国九年制义务教育初中一年级美术教科书。小小的杨行镇，已连续举办了十几届"中国现代民间绘画杨行年会"。

五百年宝山寺

上海名寺、宝山最大的佛教寺庙宝山寺，曾用名玉皇宫、梵王宫、宝山净寺，500 多年留下几多逸闻。宝山寺原址上的房屋，始建于明朝正德六年（1511 年），开始并非庙宇，相传为唐姓人家的宅院。唐氏后裔施为佛观，中厅供奉佛像，真武阁供奉道教之神，真武阁西庑供奉先人唐月轩的遗像。清乾隆二十七年（1762 年），唐氏后人曾募捐重修殿堂。清道光年间（1821 年—1850 年），唐氏后人唐肇伯又募修全部殿堂，可惜于咸丰十一年（1861 年）毁于兵燹，仅存真武阁。此后，岁月更替，寺院迭经兴衰，几近荒废。

清光绪初年（1875 年），太仓南广寺僧人今涌行脚至罗店，见道观房屋颓败，景色凄凉，遂偕徒念方启动整修工程。从光绪五年（1879 年）直至光绪二十五年（1899 年），整整 20 年光阴，众人修葺各殿堂，并重建山门、朝房及后两厢房，翻修真武阁，建成为大雄宝殿，又创建祖堂塔院，并立石碑以志其事。重修后的道观，前为王灵宫殿，中为玉皇殿，后为玄帝殿，供奉释迦牟尼像、阿弥陀佛石像，正式改为佛寺，定名"玉皇宫"。一座完整的佛教寺院，宣告建立。

继僧人今涌之后，先后有僧念方、起雍、谛丰主持玉皇宫。1937 年，谛丰往天台山国清寺学教听经，由师弟谛修当家。1949 年后，以慧宇法师为住持。玉皇宫开放后，四方香客络绎不绝，白天人们诵经礼佛，早晚钟声镗然。每逢农历正月初九和七月二十的庙会，各庙抬神来为玉皇上寿，谓之朝皇，香火更为旺盛。

"文化大革命"期间，佛像被毁，僧人离散，玉皇宫被工厂占用，所幸三排房屋俱在，且整个建筑保持清代庙宇特色。1988 年，上海市

宝山寺

佛教协会修复玉皇宫，将其恢复为佛教活动场所。4月起大修，并将庙址向东扩大6.7亩，重建山门和西厢房，造围墙，砌石驳，11月底竣工并易名为"梵王宫"。

1994年8月，梵王宫更名为"宝山净寺"，2002年10月又改为"宝山寺"。现今占地30余亩的新宝山寺，是罗店老镇改造规划的一部分——2011年1月11日（农历十二月初八），宝山寺开山500周年移地重建落成暨全堂佛像开光庆典隆重举行。新宝山寺总建筑面积约12000平方米，规模居沪上佛教寺院之首。2023年，这个唐风仿古建筑群获中国"鲁班奖"，成了"网红打卡寺庙"。

闵行篇

闵行的史迹，有上海之本——马桥古文化、召稼楼古镇，还有古色古香的七宝老街。

在名人影像中，可以看到李英石和沪闵路的故事。

上海海派漆器艺术馆、奏响世界的"敦煌乐器"，展示人文闵行的风貌。

颛桥桶蒸糕，软糯香甜，不沾口舌，勾起颛桥人过重阳节最亲切的记忆。闵行还有一条美食街——"老外街101"享誉中外。

闵行有风光秀丽的"浦江第一湾"，还有充满野趣的浦江郊野公园。

Minhang

The historical factors of Minhang include the ancient culture of Maqiao, the ancient town of Zhaojialou, and the antique Qibao Old Street.

In the celebrity video section, you can see the story of Li Yingshi and Humin Road here in Minhang as well.

Shanghai-style Lacquerware Art Museum and the world-renowned Dunhuang Musical Instruments show the humanistic style of Minhang.

Zhuanqiao barrel steamed cake, soft, sweet, and not sticky, evokes the fondest memories of Zhuanqiao people celebrating the Chung Yeung Festival, There is also a food street in Minhang, "Laowai Street 101" which enjoys a good reputation both at home and abroad.

Minhang has the beautiful "First Bay of the Pujiang River" and the Pujiang Country Park full of wild interest.

人文历史

马桥古文化——上海之本

马桥遗址位于闵行区马桥镇俞塘村，现在的北松公路横穿遗址中部。马桥遗址最早发现于 1959 年，考古学者先后对其进行了多次发掘，出土文物多达 1000 余件，除了有大量出土遗物和遗迹外，还发现了一些自然遗存，包括发现一条贝壳砂带，为上海成陆的"冈身"之说找到了科学依据。

1994 年，马桥遗址发掘全景（Ⅱ区）

马桥文化存在于公元前第 2 千纪以内，绝对年代为距今 3900 年至 3200 年之间。马桥文化是夏代和商代时期分布于长江三角洲地区的一个区域文化类型，是包含多元因素的文化综合体，特点体现在器物制作方法、器物形制、器物组合等方面。马桥文化的陶器以泥质红褐陶数量最多，夹砂陶次之。其陶器的主要器形有鼎、罐、盆、簋、豆、三足盘、觚、觯等。马桥文化的生产工具以石器为主，主要有斧、锛、凿、锄、刀、镰、戈、矛和镞等。这里已经发现了青铜器，但种类和数量都比较少，目前发掘出土的有削、斤、镞等。此外，马桥遗址及相关遗址中还发现了灶塘、灰坑、水井和墓葬遗迹。这些遗迹与大量遗物一起共同构建起了马桥文化的特色。

2019 年，马桥镇打造了马桥文化展示馆，正式向市民开放。

召稼楼古镇

位于闵行区浦江镇的召稼楼古镇有着近 800 年的历史，是元末明初号召农耕垦荒机构所在地，堪称上海农耕文化发祥地。它历经明、清、民国时代的发展演变，逐渐形成江南水乡集镇，至今保存着大量明清时期的古建筑，以及相互关联的街巷、桥梁和水系，有奚、谈、沈、张等诸姓望族世居。

如今，召稼楼古镇已经成为上海近郊一个极富特色的游览景点。全镇曲水环绕，小桥纵横，礼耕堂、资训堂等明清古迹散布其中，白

召稼楼古镇牌坊

墙黛瓦，庭院深深，叶宗行纪念馆、秦裕伯纪念馆诉说着这里悠久的历史。2008年，古镇实施修复性改造，并于2010年5月28日正式开街。

召稼楼古镇拥有众多较为完好的名宅故居、传统街巷、古桥河道。骑马墙、荷花墙，青砖黛瓦，充满明清文化韵味，古代上海郊区主要的房屋形态在此一览无遗。对于喜欢吃和买的人来说，召稼楼古镇是个值得一去的地方。海棠糕、油墩子、草头饼、小笼包、小馄饨……古镇的"小吃一条街"让人一回尝不够。这里的三林肉皮、三林酱菜也很出名。好多人就为了买这肉皮、酱菜，会专程跑古镇一趟。而特色商品街上从北方的擀面杖、老布鞋到南方的竹篮、油纸伞，各种小百货应有尽有。2015年，召稼楼古镇获评国家4A级旅游景区，旅游人次也屡创新高，近几年召稼楼年接待游客均超过 350 万人次。所有开发项目全部竣工后，召稼楼古镇将是一个占地达到 77 公顷、离上海市区最近、规模最大的历史文化古镇。2024 年，召稼古镇改造进一步推进，古镇的多元化经营与新旧融合，再现"十里晓烟破，数声召稼钟"的美景。

古色古香的七宝老街

七宝老街位于闵行区七宝古镇，整条街有丰富的特色小吃，以及古色古香的建筑等。七宝古镇是江南太湖流域的千年古镇，风景如画，是典型的城中之镇，也是离上海市区最近的古镇。

七宝古镇始于北宋，盛于明清，至今已有 1000 多年历史。自古以来，这里人文荟萃，商贾云集。漫长的岁月积淀下深厚的文化底蕴，使古镇成为上海本土文化的发祥地之一。七宝老街位于古镇上，因传有金字莲花经、神树、氽来钟、飞来佛、金鸡、玉筷、玉斧这"七宝"而得名。明清时老街以布、纱、酒、木器、水运而名重黄浦、吴淞两江，经重新整修后，成为沪上胜景。蒲汇、横沥二水交汇，三桥跨于清流之上。水中桨橹声声，岸表柳丝袅袅。街分南北，巷串东西，呈现出非字形格局。老街的深巷是宋代遗存的，亭台楼阁是明清风格的，老街上的羊肉、糟肉、方糕、肉粽远近闻名。漫步老街，能感受到的是传统文化的悠远与凝重。

名人印迹

李英石和沪闵路的故事

沪闵路，是 320 国道上海中心城区徐家汇至闵行的一条重要道路。这条道路历经 100 多年，其中集资发起建造沪闵路的重要人物李英石的故事，至今令人难以忘怀。

李英石，1882 年 10 月 23 日出生于闵行镇。他聪颖早慧，尤精武术，清末毕业于日本东京陆军士官学校。辛亥革命期间，他参加光复起义，率 700 名敢死队员攻下江南制造局和上海道台衙门；上海光复后，任沪军都督府军务部长兼沪防水陆军统领。1912 年，孙中山就任临时大总统时任命他为南京警备司令。因受国民党异己的排挤，他愤而退官回家乡闵行隐居。李英石回到老家后，深感闵行交通落后，光靠黄浦江水路运输无法把上海的大商业资源吸引过来，不利于开发。李英石大胆设想，要从闵行到上海建造一条汽车路。于是，他从闵行到徐家汇，为募集筑路资金而奔忙着。经过几个月的奔走，他终于筹措到开工筑路的资金，沿路乡绅们还无偿地捐献了筑路的土地。经过艰苦努力，这条从闵行黄浦江渡口开始，途经北桥、颛桥、钱粮庙、朱家行、梅家弄、漕河泾和土山湾，全长 23 公里的汽车路，到 1922 年 12 月 2 日终于筑成。众人提议，把这条路命名为"英石路"。但李英石不允，说："我一不为名，二不为利，用我名字作路名不妥，还是叫'沪闵路'为好。" 同年，沪闵长途公共汽车在 12 月 30 日也通车了，这是上海郊区最早开通的公共汽车。

一条沪闵线，造福一大片。沪闵长途公共汽车（简称沪闵线），从闵行黄浦江渡口起，途经北桥、颛桥、朱家行、梅家弄、漕河泾和龙华等，再经徐家汇至国货路，全程 30 多公里，像一条大动脉沟通乡镇与大城市。随着闵行和吴泾工业区的开发，自 1958 年 11 月起，市城建局投资 1100 万元大规模改造沪闵路，在漕河泾至颛桥之间经莘庄开辟四车道新线，在颛桥至闵行之间利用原路段，截弯取直拓宽为六车道，全长 21.17 公里的新沪闵路（原漕河泾至颛桥之间的老路，改称老沪闵路），成为当时上海最长最宽的高等级柏油公路。新沪闵路竣工后，沪闵线改行新线，行程缩短到徐家汇至闵行，易名为"徐闵线"。1965 年，沪闵路全线设置路灯，每隔 15 米栽一棵香樟树；1980 年后，又几经改建，开拓非机动车道、花坛隔离带等。1996 年，在梅陇的沪闵路、虹梅路交叉处建起了巨型立交桥。21 世纪初，沪闵路已是上海南片地区主干道之一，有 10 余条公交客运线，车流量每小时达千余辆，并日益增多，沿途市政建设迅猛发展。值得一提的是，20 世纪 90 年代，莘闵轻轨——轨道交通五号线建成通车。这样，闵行地区 30 多平方公里内的乘客，都能享受到环线公共汽车的服务。轻轨加环线，乘车更舒适，上海中心城区与闵行之间的交通，更加方便、快捷、舒适了。

非遗传承

上海海派漆器艺术馆

闵行与漆器一直有缘。20 世纪七八十年代鼎盛时期，上海漆器 8 家市属专业企业全都聚集在上海县朱行地区，也就是今天的闵行区梅陇镇。后来虽然几经变迁，但漆器与闵行的这份情缘始终未断。2013 年 5 月 25 日，上海海派漆器艺术馆对外开放，其所传承的海派漆器工艺入选上海市非物质文化遗产名录。

来到上海海派漆器艺术馆，你会为眼前一幅幅精妙绝伦、质感独特的漆画所折服。漆器现存制作技艺以镶嵌、平磨螺钿、雕填为主，上海漆器第四代传人虞惠平潜心研究的螺钿工笔彩绘工艺，更为上海漆器所独有。自开馆以来，该艺术馆拿出了几件漆器精品——俞升寿的镶嵌漆器挂屏《四大才女》、章峻的镶嵌漆器地屏《鞠有黄华》、俞均鹏的菠萝漆《文房系列》在 2014 年的第十五届中国工艺美术大师作品暨国际艺术精品博览会上摘得金奖。对于海派漆器而言，这是沉寂 20 多年后的再次亮相，意义非凡。海派漆器艺术馆馆长王师军是以一己之力扛起了海派漆器这面大旗，用毕生积蓄筹建这艺术馆。在外人看来，王师军的人生轨迹因漆器而改变，到开出艺术馆时，他已经收藏了近千件漆器工艺品和家具。他谦虚地说，对漆器知识了解越多，越能体会到中国漆器艺术的博大精深。

"敦煌乐器"奏响世界

坐落在闵行的上海民族乐器一厂（原名上海民族乐器厂），是制作吹、拉、弹、打四大类乐器的综合性民族乐器厂。

"敦煌乐器"品牌聚焦传统与现代文化相融的民族乐器，从问世之日起，就承载着传承与弘扬民族文化的时代重任。上海民族乐器一厂自建中国民族乐器博物馆，陈列产品达 300 余件，既有明清时期的真品，也有仿制品及文艺界和社会各界的赠品，在海内外引起较大反响。上海传统的民族乐器业始于清代乾隆、嘉庆年间，至今已有 200 多年历史。1956 年，86 家民族乐器制作坊合并成为上海民族乐器合作社，1958 年又组建为集体所有制的上海民族乐器一厂。由此，以敦煌为名，在浦江之滨的江南名胜豫园里，敦煌品牌呱呱坠地。

从建厂创业开始，即使是在市场经济和市场竞争最困难的时候，上海民族乐器一厂也一直致力于民族乐器事业的发展。1993 年 8 月，徐振高、高占春、沈焕春、张西保和王根兴被国家劳动部认定为国家高级技师，他们是新中国成立以来乐器行业首批最高技术职务获得者。1998 年 12 月，王国振开始担任上海民族乐器一厂厂长，他以勇于开拓的创新精神、超前的思维方式和经营理念、高度的战略眼光和胆略，带领全体员工把握机遇、努力拼搏、壮大企业，并抓住文化产品的特点，以"文化营销"的方针面向社会和海内外市场，使敦煌品牌的内涵、外延得到良好的开掘和展示，从而通过品牌运作使企业的经济效益和社会效益发生了根本性变化，实现了前所未有的飞跃，奏响了敦煌新曲。1998年9月，在全国民族乐器琵琶、古筝制作大赛中，敦煌牌古筝囊括前三名。敦煌牌古筝、琵琶也获得了"玉古筝""金琵琶"的称号。2006年，企业开发出仿古乐器（仿敦煌壁画乐器），再现古乐器风采，向世人展示古老的敦煌文明。2008年北京奥运会期间，上海民族乐器一厂代表上海参加"中国故事"文化展演活动，为奥运会闭幕式演出研制了电声二胡。2010年10月31日，企业精心制作的12把敦煌牌琵琶亮相上海世博会闭幕式舞台，向世界展示了中国民族器乐的独特魅力和风韵。2009年6月，企业民族乐器制作技艺被列入上海市第二批非物质文化遗产保护名录。2011年，上海民族乐器一厂被认定为国家级非物质文化遗产传承单位、中华老字号企业，被国家工信部确定为品牌培育试点单位。

中国民族乐器博物馆陈列室

如今，敦煌品牌的培育和发展得到了社会的高度认可。人们欣喜地看到，民族乐器在走向世界的同时，也将其承载的中国文化带到了全世界。上海民族乐器一厂参展上海国际乐器展后，"敦煌乐器"再度开启对文化的"沉淀"与"绽放"之旅，于方寸之间沉淀文化，于音韵之中绽放光彩。2024 年，该厂被文化和旅游部认定为"2023—2025 国家级非遗生产性保护示范基地"。

美食地图

颛桥桶蒸糕惹人爱

说起桶蒸糕，那可是颛桥人过重阳节最亲切的记忆，它是颛桥地区民间纯手工制作的传统糕点之一，也是入选上海市非物质文化遗产名录的当地特产，在本地已有上百年的历史，它选料讲究，按传统手工操作，食用时软糯香甜，不粘口舌。桶蒸糕，顾名思义就是用木桶通过隔水蒸制软糕，其原料以上好的糯米粉与大米粉为主，通过将面粉、馅料层层垫入，最后轻压定型完成制作。"有钱没钱，蒸糕过年"，过去农村家家户户都有蒸糕迎重阳的传统，用特制的木蒸桶，亲手做松软香糯的桶蒸糕。数十年来，重阳节去颛桥赶集是周边居民十分热衷的事。每到这一天，颛桥镇上就会举办庙会，开办集市，还有各色行街表演，其热闹程度与春节相比有过之而无不及。

颛桥镇已连续 9 年举办重阳节主题活动，围绕"孝""寿""乐"，宣传爱老敬老的意义。从起初的镇级层面而后到区级，2015 年又被列为市级项目，其特色也越来越鲜明，就是以"糕会"名义纪念重阳这个传统节日。"老虎灶烧旺，水烧开，一个老虎灶三个灶眼，沸腾的水汽咕咕作响……"谈及颛桥的桶蒸糕，几乎每一个颛桥人都能说出其做法，道出其滋味。"蜜枣糕、赤豆糕、白糖糕，我们颛桥桶蒸糕有好几个花色，味道都老灵咯！"即便现在不再自己亲手做重阳糕，在重阳节那一天，他们也一定会去买上一块。桶蒸糕对于他们而言，就是童年的回忆、童年的味道。参加颛桥糕会的一些人感慨地说："吃到颛桥桶蒸糕，就像回到了小时候，想起家人做糕时的场景。"

"老外街 101"——美食"联合国"

上海虹梅路上有条闻名于海内外的小街——"老外街 101"。如果在周末之夜光顾小街的话，异国风情的建筑装饰、流光溢彩的霓虹灯、满街老外的身影笑语，会让你感到似乎到了国外。他们或全家老少集会，或亲朋好友小聚，或商务宴请……这里俨然成了老外们喜欢的都市客厅，可与云南丽江那条著名的"洋人街"遥相呼应。

"老外街"这条路在上海城区地图上是找不到的，因为它本身不是街道地址名称，而是一条美食休闲街，全称"老外街 101"。"老外街"位于虹桥地区，是闵行和长宁两区分界线上一条不起眼的弄堂。10 多年前，闵行区政府根据周边社区高档、外国人居住多的特点，将这条貌不惊人的弄堂改造成美食休闲街，称为"虹梅路美食休闲街"，2010 年 4 月，变为现在的"老外街 101"。"老外街"的整体设计是欧陆风格，此地环境优雅，品位极高，是条闹中取静的休闲通道。这里除汇集各国餐饮外，还融合了多元文化，在各家主题餐馆或酒吧的展示板上，能看到相关国家风土人情的介绍。这里，客人可以边品美食边了解异域风情，实在是聚会的好地方。游走在这条街上，映入眼帘的大多是不同肤色的外籍人士，他们已成这里的成熟客户群，据说要占来客总数的 70% 以上。白天很多人来此散步或享受美酒佳肴，显得悠闲随意。夜幕降临，这里更是热闹，霓虹灯店招闪耀，过道上彩灯辉煌，店内不时传出各国或激情或悠扬的音乐，路上人头攒动，招呼声、吆喝声此起彼伏，真是一派人丁兴旺、生意兴隆的繁忙景象。2011 年，这里还作为上海旅游节活动区之一举办过德国啤酒节。

在"老外街"，你可以尽情徜徉"舌尖上的美食联合国"。它首创性地把十几个国度的风味餐馆浓缩到一条街上，主要有日本、泰国、印度、印度尼西亚、伊朗、墨西哥、美国、德国、西班牙、比利时、希腊等 14 个国家的主题餐厅、酒吧。街内中餐馆虽不多，倒也囊括了苏菜、浙菜、徽菜等六大菜系。"老外街"的主干道主营美食，此外还有文化创意园区、主题博物馆和家具展厅式茶馆，以及艺术空间、原曲画廊、亦雅雕塑等文艺小站。如今，已有十几年历史的"老外街"收获了众多荣誉：AAA 国家旅游景区、中国特色商业街、上海市特色商业街、中国重点示范特色商圈、上海中外文化艺术交流特色示范基地。2023 年，

"老外街"入选"2023—2025 年度上海市级文化创意产业园区"。

闵行风光

"浦江第一湾"——闵行的水秀风光

蜿蜒曲折的黄浦江，在流经闵行区吴泾镇的时候有一个大转弯，形成"L"形直角的独特河道景观，当地人称"闸港湾"，也称"浦江第一湾"。

"浦江第一湾"是整个上海区域内最深的流域，因此地为黄浦江下游区域，加上转角达 90 度，河水流量急剧增加，冲刷河床，致使其深度达 33 ~ 37 米，而黄浦江常规深度也就 6 ~ 8 米。这里也是闵行界内最宽的河道，同时行驶多艘渔船也是毫无压力的。所以，"浦江第一湾"是名副其实的"第一弯、第一宽、第一深"。由于黄浦江在上海境内再也没有这样大角度、大深度的河湾，故称为"浦江第一湾"。该区域对上海市民来说，称得上是大都市中的一个天然旅游景观。

闵行区按计划重点推进紫竹滨江公园延伸段、闵行滨江公园和浦江郊野公园一期滨江段等建设，在优化配置公共服务设施的同时，完善市政配套设施，因地制宜提升环境景观，推进常规公交建设，优化滨江路网，重点构建"一带、多点、多楔"的滨江绿地空间结构，同时增加乔木种植，推广屋顶绿化、垂直绿化、悬挂绿化等各类立体绿化形式，有效提高三维绿量。期内新建约 260 公顷成片公共绿地等开放空间，涉及宝山、杨浦、虹口、黄浦、徐汇、闵行和浦东等区。

近年来，闵行区利用"浦江第一湾"得天独厚的环域水体，结合紫竹科学园区滨江休闲区和"浦江第一湾"闵行区段的产业布局调整，以及涵养林、现代农业园区等，将其周边开发成近郊休闲、观光、生态旅游基地，上海市民休闲"后花园"。

近郊秋景公园——浦江郊野公园

2017 年 8 月，上海首个大规模秋景公园——闵行的浦江郊野公园一期正式对外开园。据悉，浦江郊野公园总面积为 15.29 平方公里。该公园就其特色定位来说，是座具有艺术主题特色的近郊秋景公园，郊野、城市、艺术、秋景是其关键词。这块地方本来就充满原生态的野趣，还有丰富的文化艺术资源，北侧有上海戏剧学院，西侧有长寿禅寺。建造过程中充分利用了这些文化资源，为市民提供森林演艺、禅宗静园、艺术工坊和园艺耕岛等带有艺术特色的休闲空间。

郊野公园一期启动区有丰富的植被，根据生态、物种及景观多样性的要求，基调树种有常绿的香樟树，落叶的银杏树和乌桕树，还有广玉兰树、雪松树、桂花树、黄山栾树、杉类和合欢树等。特色树种更是有十多种，有观叶的无患子树，还有观果的柿子树、枣树、枇杷树等。有春天的樱花、杜鹃、海棠，夏季的紫藤、美人蕉、野蔷薇，当然也少不了秋天的树芙蓉、木槿等，还有冬青、火棘、山桐子等，估计是为了吸引鸟类安家落户。另外，还有水生植物、藤本植物、竹类植物等。有这么多植物，走进公园相当于走进天然氧吧。

浦江郊野公园是 7 个试点郊野公园中离市中心最近的，一期开园面积 5.28 平方公里，即便是走马观花也至少需要 6 个小时。游客一圈兜下来可积攒 10.8 公里的步数，更会为郊野公园的设计和建造震撼不已：尽管可用"广袤"来形容浦江郊野公园，但能感觉到设计师、建筑师等无不是在精雕细琢，他们在以绣花般的精细搞建设。浦江郊野公园一期

登上花精灵城堡可俯瞰整个鲜花谷

在几何上分为五大片区，功能上特色鲜明，定位突出，内容丰富，风格迥异，能满足游人的不同喜好：喜欢城堡的可直奔奇迹花园区，充满本土情怀的可以到柳鹭田园区，想看最郊野和原生态的，在滨江漫步区可以体会到江边的浪漫和村庄的宁静。当然，都市人怎能少得了对运动和艺术的追求，活力森林区是普通人的最佳选择，整个浦江郊野公园80%为森林所覆盖，林中穿行的体验可谓它贡献给都市人的最精彩惬意之处。

嘉定篇

　　古代嘉定儒学昌明，文人荟萃，至今仍留有众多的文化名胜遗迹，例如有"吴中第一"之称的嘉定孔庙和嘉定书院。

　　勾勒人文嘉定，有江南武举第一乡——徐行、秋霞圃、古猗园、嘉定竹刻及其名家。

　　《资本论》在华传播第一人——蔡尔康、中国味精之父——吴蕴初，他俩都是嘉定人。

　　嘉定有娄塘"江抗"与外岗游击队的红色地标。

　　嘉定还有民族工业——引领潮流的嘉定汽车产业。

Jiading

In ancient Jiading, Confucianism flourished and literati gathered together. There are still many cultural relics, such as the Confucius Temple in Jiading and the Academy in Jiading, which are known as "the first in the center of Wu".

Jiading has rich historical and cultural resources,to name just a few places and artisans, Xuhang Town, the first township of Military Exam system in the south of Yangtze River, Qiuxiapu Garden, Guyipu Garden, and Jiading Bamboo Carving masters.

Cai Erkang, the first person to disseminate *Das Kapital* in China, and Wu Yunchu, the "father" of Chinese monosodium glutamate, are both from Jiading.

Jiading has the communism "red" landmarks of Jiangkang(the south of Yangtze River) Anti-Japanese Volunteer Army in Loutang and Waigang guerrillas.

A national industry, the trend-setting automobile industry also flourishes in Jiading.

历史印迹

嘉定的文化地标——嘉定孔庙

古代嘉定儒学昌明，文人荟萃，至今仍留有众多的文化名胜遗迹，其中最著名者莫过于嘉定孔庙。

嘉定孔庙位于今嘉定城区南大街，同嘉定建县之时只相隔一年，距今已有800多年的悠久历史，是目前国内保留比较完好的县级孔庙建筑，

嘉定孔庙大成殿

在古代江南地区县级孔庙中，素有"吴中第一"的美誉。孔庙由嘉定县第一任知县高衍孙于南宋嘉定十二年（1219 年）创建，称"文宣王庙"。南宋淳祐元年（1241 年），在庙中置孔子塑像，凿泮池，建"兴贤坊"；淳祐四年（1244 年），重修县学，改"化成堂"为"明伦堂"；咸淳元年（1265 年），重修"文宣王庙"，易名"大成殿"。整个南宋时期，嘉定孔庙规模都不算大。元代时，孔庙进入扩建阶段并初具规模：明天顺四年（1460 年），重建大成殿、两庑、大成门、明伦堂；成化十年（1474 年），建尊经阁；正德元年（1506 年）改筑"应奎山"；正德四年（1509 年）重筑此山并引水环绕；嘉靖十九年（1540 年），将文昌祠改建为"启圣祠"。万历十六年（1588 年），于应奎山北开凿"汇龙潭"；万历三十一年（1603 年），在大修各殿堂之余，又疏浚野奴泾、唐家浜、南杨树浜、北杨树浜，并开凿新渠，共计 5 条河道，汇合于应奎山周围，寓"五龙戏珠"之意。至此，山水殿台皆备，嘉定孔庙盛时格局终于确立。

明清易代，兵祸连结，孔庙内许多建筑在嘉定人民抗清斗争中为清军所损毁。所幸清军入关后尚能尊孔重儒，嘉定孔庙各殿宇堂室在有清代几度重修，规模逐渐恢复并有所扩大。1937 年"八一三"淞沪会战中，嘉定孔庙遭受日军飞机轰炸，损毁严重。新中国成立后，嘉定孔庙于 20 世纪 60 年代开始全面修缮，并进一步辟建为嘉定博物馆，但同时也迁入了嘉定县图书馆、文化馆等单位。改革开放后，当地政府决定陆续迁出其他单位，只保留嘉定博物馆于孔庙内。80 年代至今，孔庙古建筑先后多次得到修缮。2005年，嘉定孔庙由地方性综合博物馆，正式辟建为上海中国科举博物馆。时至今日，嘉定孔庙已不仅仅是嘉定地区的一个文化地标，更是整个上海地区历史文脉呈现的重要实物载体。

嘉定的书院

震川书院旧址在今嘉定区震川中学内。震川书院始建于清道光八年（1828年），乃江苏巡抚陶澍为纪念明代著名文学家归有光（号震川），奏请道光皇帝御批而建。陶澍在选址时，特意动用菩提寺东面空地建造，故书院与菩提寺、因树园巧妙相连，彼此借景，风光宜人。归有光虽非嘉定安亭人，但其会试八次落榜后，便带领妻女徙居嘉定安亭江畔，筑"世美堂"收徒讲学达13年之久。道光十四年（1834年），江苏巡抚林则徐曾视察震川书院，拜谒归公祠，并题联曰"儒术岂虚谈，水利书成，功在三江宜血食；经师偏晚达，专家论定，狂如七子也心降"，对归有光的一生赞美有加。清光绪二十九年（1903年），因科举制度被废除，震川书院被迫停办。抗战时期，震川书院大部分建筑为日寇飞机所炸毁，现书院部分遗迹被保存于震川中学内。

当湖书院位于今嘉定孔庙东侧，前身为清雍正初年所建"兴文书院"；乾隆二十年（1755年）改建为"应奎书院"。乾隆三十年（1765年），嘉定知县杜念曾仰慕因"德有余而才不足"被罢黜的康熙年间嘉定知县陆陇其之政绩，乃修葺孔庙旁的"应奎书院"，增设讲堂，并取陆氏出生地浙江平湖之当湖镇而易名为"当湖书院"。陆陇其(1629年—1692年),字稼书,素有"天下第一清廉"之美誉,康熙十四年(1675年)出任嘉定知县。在任期间,他崇尚德治,倡导教化,体恤民情,惩恶除弊,故其离任后,嘉定人民感其恩德,于城乡各地为其兴建生祠20余座,均称"清廉书院"。书院虽久历风霜,但规模完整,保存较好,为上海地区唯一现存的古代书院。

人文嘉定

江南武举第一乡——徐行

徐行本为嘉定县内一处小市镇,因纪念明代里人徐冕创市而以其姓氏命名,又名"徐家行"。明清时期,在宝山县尚未从嘉定县分出之前,嘉定地区流传有一段民谣:"金罗店,银南翔,教化嘉定食娄塘,武举出在徐家行。"这段民谣赞美了罗店、南翔的富庶,娄塘小吃的精美,以及徐行一地因出过武举人而引以为豪。嘉定人自古以来就有练习武术的体育文化传统。根据史料记载,嘉定古时多有村、乡、县层层武术比赛,其中佼佼者可以获得"武师"称号,而在徐行一地,这类武术人才十分兴盛,仅有清一代就涌现出杜福良、朱旦明、姚庆云等多位武术家。

英雄男儿当习武报国。在这些武术人才的积极影响下,自明至清,嘉定地区竟出现了武举进士20名,其中有4位姓徐,可以说,徐行"武举之乡"的名号就是从那时延续下来的。历史上的武举制度创始于武则天长安二年（702 年），而兴盛于明清两代。明代武举创制甚早，但制度一直没有确定下来；至清代，朝廷对该项制度的重视程度大大提高，在国家大力倡导下，武举制度日益严密，录取过程也相对公正，因此，民间习武者对武举考试很感兴趣。直到清末，国家衰败、武备松弛、外患不止，落后的武举制度才在清光绪二十七年（1901 年）被正式废止。明清两代，嘉定地区武举之盛，可以说是见证了武举制度的最后荣光。

1998 年，一位喜好武术的嘉定籍民营企业家徐根明和嘉定武术家李忠明等在徐行镇投资建造运作了嘉定武术馆，同年 9 月，又投资建立了嘉定武术学校。2010 年，在徐行镇党委、政府和中国武术博物馆的支持下，嘉定武术学校创建了全国首家武科举博物馆。"武举出在徐家行"的新时代民谣，又一次唱响在嘉定徐行之地。

秋霞圃

习近平总书记曾写道："保护好古建筑、保护好文物就是保存历史，保存城市的文脉，保存历史文化名城无形的优良传统。"作为江南尤其是上海地区的历史文化名城，嘉定自古以来人文蔚起、代不乏人，为后世留下了灿若繁星的文人园林。这些园林景观以私家花园为主体，既有精致的空间布局，又富浓郁的文化气息，成了嘉定深厚历史文化底蕴的重要载体与见证。

秋霞圃大门

"上海五大古典园林"之一的秋霞圃位于今嘉定城区东大街，原址是明代龚氏园、金氏园和沈氏园，清雍正、乾隆年间，三园渐合为一园，并属邑庙（即城隍庙）后园。龚氏园为龚弘所建，他曾历任明代福建右布政使、应天府尹、工部侍郎、工部尚书，正德十六年（1521年）年迈乞休，回乡后于嘉定县城隍庙西住宅内造园，以山石池沼、曲径廊榭取胜。此园三代过后，为汪姓徽商购去。明万历年间，龚宅有邻名金兆登，亦在宅畔遍种翠竹、凿池叠石，筑成金氏园。同期，又有邻沈弘正在龚氏园东侧造园，龚、金、沈三园遂毗邻相连。

明末清初，龚氏园几易其主，新主人因见秋日晚霞映于城头而照入园中，颇为娇丽，故改园名为秋霞圃。清雍正四年（1726年），园主将秋霞圃让与县城隍庙作为庙园，其邻金氏园、沈氏园亦先后并入。乾隆年间，嘉定商品经济繁荣，商人喜在园内集会议事，官府亦常于此宴客，原来三园景物因有损废，便又添建厅堂亭阁。咸丰年间，太平军东征，与清军在嘉定几次激战，秋霞圃亦受破坏，只剩颓垣残壁，草满池塘，山石零乱。光绪二年（1876年）乃兴修复，至辛亥革命后，方复旧观。

新中国成立后，学校增建教学楼，秋霞圃东侧已无景物，西侧只剩残落园林风貌。"文化大革命"时，仅存的古树山石亦被毁坏殆尽。1980年，上海市园林管理局开始修复秋霞圃，西侧景区于1983年修复完成，东侧学校动迁、城隍庙修复及园后清镜塘开浚，终于1987年竣工并整体性对外开放。

古猗园

风光秀丽的古猗园也属于"上海五大古典园林"之一，位于今嘉定区南翔镇，为明代万历年间河南通判闵士籍所建，初名"猗园"，取《诗经》"绿竹猗猗"之意，由明代嘉定竹刻名家朱三松设计布置，以"十亩之园，五亩之宅"的规模，内筑亭、台、楼、阁，凡立柱、椽子、长廊都刻有千姿百态的竹景图案。万历末年，闵士籍后人将猗园转让翰林李名芳之子李宜之。明末清初，猗园又先后为陆、李两姓所有。清乾隆十一年（1746年），洞庭山人叶锦购得猗园，次年大兴土木重新改建，越二年落成，因已隔一个朝代，故改名"古猗园"。

乾隆五十三年（1788年），嘉定乡绅集体捐款购得古猗园作为镇城隍庙之庙园，香客均可入园游览。嘉庆十一年（1806年），当地乡绅再次募捐整修。咸丰年间，太平军同清军激战南翔，园内部分建筑被毁。同治至光绪年间，南翔各行业公所重新募资，陆续修复了一些建筑，并增建了行业集议场所。此后，有商人在古猗园内开设酒楼、茶肆、点心店、照相馆等，园景被严重破坏。1932年"一·二八"淞沪抗战期间，日军占领南翔，古猗园被侵略军占用达两个多月，园内房屋倒塌，假山崩颓，树木被砍，花草枯败。日军撤走后，1933年5月，南翔爱国人士朱寿朋、陈少芸等60人设法募集银元6000元，对古猗园进行了局部修复，并新建"补阙亭"。此亭独缺东北一角，以志国耻，取名"缺角亭"。抗战以来，南翔屡遭战火，古猗园内亭台楼阁、假山怪石、花木古物因此荡然无存。抗战胜利后，当地人曾筹款重修缺角亭、书画舫，新建微音阁、南厅、白鹤亭，并种植一批树木花草，但其规模难复当年之盛。新中国成立后，南翔镇政府曾几次修缮和扩建古猗园，其中，1959年将当地云翔寺内一对唐代石经幢和一座宋代石塔迁入园中。可惜的是，"文化大革命"时期，园内古碑、古树及古建筑等均遭到严重破坏。改革开放后，南翔镇政府几次出资，又一次修复并扩建了古猗园。修复工作从1979年开始，陆陆续续进行到1987年，终于形成了一个占地面积达到9.19万平方米、园林布局完整、新旧园景相宜的新"古猗园"。

2006 年，古猗园被正式评为国家 4A 级旅游景区。

嘉定竹刻及其名家

嘉定竹刻创始于明代正德、嘉靖年间（1506 年—1566 年），至今已有 500 多年的历史。明清时期，嘉定竹刻是江南竹刻工艺的主要流派之一，而嘉定县城则是嘉定竹刻的中心。嘉定竹刻名家辈出，其共同点是以刀代笔，将诗文、书法、绘画、篆刻等多种艺术融会贯通，以竹子为创作载体，加工制成笔筒、香薰、臂搁、插屏、抱对等文房工艺品，或者各种形制的竹根雕刻摆设，供文人雅士赏玩。其技法丰富多样，有浅刻、深刻、薄地阳文、浅浮雕、深浮雕、透雕、圆刻等十余种，制品具有浓郁的江南文化风格和地域特征，在审美旨趣上别具一格。

说起嘉定竹刻名家，就不能不提"嘉定派"竹刻工艺的奠基者——嘉定朱氏家族。朱氏家族的第一代竹刻艺人叫朱鹤，它是"嘉定派"的创始人。朱鹤（生卒年不详），字子鸣，号松邻，工诗文、善书画、长治印，他在竹刻制作中极富创造精神，尤其擅长镂空深刻透雕技术，其作品能够在寸竹之间刻成山水人物、楼台鸟兽，无不因势形象，出人意表。但可惜的是，他的传世作品不多，其《古木寒山图轴》目前就收藏于上海博物馆内。朱鹤之子朱缨、朱鹤之孙朱稚征也是著名的竹刻艺术家。

朱氏家族之后，明代嘉定竹刻名家还有秦一爵、沈大生、侯崤曾等。

入清后，嘉定竹刻盛极一时，其名家又有吴之璠、封氏兄弟、施天章、周颢、顾钰等。晚清以降，嘉定竹刻名家还有时大经、张学海、程庭鹭等，但此时的嘉定竹刻已在整体上开始走下坡路。由于文化修养和书画功力的缺失，晚清嘉定竹雕完全失去了原有的艺术特色和审美品位，由高档艺术品向普通工艺商品迅速转变，大多数竹刻家沦为艺人或商贾，他们设肆营业，翻新花样，只是为了追求速成且量多，竹刻技艺遂与日俱劣。

明清嘉定竹刻笔筒

明代朱鹤竹刻笔筒《松鹤》

民国以后，嘉定竹刻渐趋滞销，产品以贴黄为主，高雅之作寥若晨星。抗战时期，嘉定沦陷，许多竹刻店被迫歇业。新中国成立后，整个嘉定县内仅有几位老竹匠从事简易刻竹，赖以维持生计。改革开放后，1981年，嘉定县工艺品公司建立了竹刻小组，着手培训竹刻艺人。历经30余年培育和扶持，现在的嘉定竹刻已有了长足发展。2005年，嘉定区竹刻协会成立。2006年，嘉定竹刻被国务院批准列入第一批国家级非物质文化遗产名录。2007年，嘉定区建立了嘉定竹刻博物馆。

名人影像

《资本论》在华传播第一人——蔡尔康

蔡尔康（1851年—1921年），字紫绂，别号铸铁庵主、仙史、涨海滨野史等，出生在嘉定南翔，太平军东征时因避战乱，举家迁居上海。蔡尔康少负才名，清同治七年（1868年）考中秀才，但此后屡次应试皆未能中举。清光绪二年（1876年），他进入《申报》馆工作。光绪八年（1882年），《字林沪报》由上海字林洋行出资创办，英国人巴尔福任总主笔，并聘蔡尔康、戴谱生担任华人主笔。光绪十七年（1891年），蔡尔康辞去《字林沪报》主笔职务，并于光绪十九年（1893年）参与筹建《新闻报》，担任首任主编。同年底，在英国国教浸礼会传教士李提摩太（Timothy Richard）的"推毂殷拳，贻书介绍"下，蔡尔康在中西书院结识了刚由美返华的基督教监理会传教士、著名教育家林乐知（Young John Allen），他是《万国公报》的创始人之一，从光绪二十年（1894年）起，蔡尔康正式入主《万国公报》馆并负责该报笔政。

光绪二十七年（1901年），蔡尔康离开《万国公报》，但仍留在该报的出版机构广学会任记室一职，直到1921年病逝，享年70岁。蔡尔康在主笔《万国公报》期间，还曾做过一件意义重大的事情——正是在这份报纸上，马克思及其《资本论》之译名首次出现在中国人眼前。光绪二十五年（1899年），李提摩太同蔡尔康合作节译了英国社会学家本杰明·基德（Benjamin Kidd）的《社会进化论》（Social Evolution）一书（当时的书名被译为《大同学》），其中，节译本前四章又被发表在《万国公报》上。根据有关学者考证，节译本第一章《今世景象》发表在《万国公报》1899年2月第121册，其中写道："其以百工领袖著名者，英人马克思也。"这是Karl Heinrich Marx其人，以"马克思"的中文译名，第一次出现在中国报刊上，不过可惜的是，蔡尔康误将他当作了英国人（实际是德国人）。而第三章《相争相进之理》则发表在《万国公报》1899年4月第123册，其中写道："试稽近代学派，有讲求安民新学之一家，如德国之马克偲，主于资本也。"这是中国刊物上第一次提及马克思所写的《资本论》，不过还是可惜的是，蔡尔康这一次又把"马克思"译写成了"马克偲"。以蔡尔康所处之时代与思想条件，产生如此误解或误笔是完全可以理解的，毕竟他为马克思及其学说在中国社会的早期传播做出了积极贡献。

中国味精之父——吴蕴初

嘉定在中国近代史上曾涌现出许多爱国实业家，其中有一位叫吴蕴初，他是中国近代著名的化工专家，也是中国氯碱工业的创始人。吴蕴初（1891年—1953年），字葆元，出生于嘉定县城（今嘉定城区西大街），15岁时考入清政府陆军部在上海开办的兵工学堂，并以半工半读的形式完成了化学专业的学业。在学习期间，他以刻苦好学的精神得到了德籍指导教师杜博的赏识。

1911年毕业后，吴蕴初先到上海制造局实习了一年，此后便回到上海兵工学堂当助教，并在杜博所办的上海化验室从事化验工作。1913年，在杜博举荐下，他前往湖北汉阳铁厂担任化验师。不久后，湖北汉阳兵工厂又将他聘为理化课和炸药制药课课长。

1920年，吴蕴初从湖北回到上海，与他人合办了"炽昌新牛皮胶厂"，并亲自担任

吴蕴初塑像

厂长。在此期间，有日商在上海倾销"味の素"，引起了他的注意。吴蕴初怀着中国人何以不能自己制造味精的感叹，以及对"味の素"化学成分构成的好奇，便买了一瓶回去仔细分析研究，最终发现所谓"味の素"就是化学合成品——谷氨酸钠，早在 1866 年就被德国人从植物蛋白质中提炼出来了。于是，脾气倔强、精明强干的吴蕴初就在自家亭子间里着手试制。经过一年多的试验，他终于制成了几十克成品，并找到了廉价的批量生产方法。1921 年初，吴蕴初结识了张崇新酱园老板、前清举人张逸云。张逸云愿意出资 5000 元，由吴蕴初出技术合伙试办谷氨酸钠制造工厂。首批产品问世后，吴蕴初特地将其命名为"味精"，取意"风味之精华"，为了宣传其珍奇美味来自天上庖厨，他又把"味精"冠以"天厨"名号。吴蕴初、张逸云等人打出"天厨味精，完全国货"的大旗，以味美、价廉、国货等名义，一下子打开了销路，逐渐占据了上海乃至整个国内市场。1923 年，上海天厨味精厂正式成立，当年产量即达 3000 吨，获得了北洋政府农商部颁发的发明奖。1926 年至 1927 年间，"天厨味精"又相继取得了英、法等国给予的产品出口专利保护权，由此开启了中国轻化工产品获得国际专利的先河，吴蕴初也因此成为闻名遐迩的"味精大王"。

全面抗战爆发后，为保存民族工业，吴蕴初积极组织工厂内迁，并于 1939 年建成了"香港天厨味精厂"、重庆"天原化工厂"及重庆"天厨味精厂"；于 1943 年，又建成了"天原电化厂宜宾分厂"。抗战胜利后，吴蕴初回到上海，收回了"天原""天利"两厂，并接收了日军占领上海期间在浦东建成的一个小型氯碱厂，作为"天原"被严重破坏的赔偿。1947年，"天原"恢复生产，并于1949年初恢复到日产10吨烧碱的水平。一直以来，吴蕴初坚持实业救国。新中国成立后，1949年10月，吴蕴初在爱国情怀感召下，从海外回到祖国，周恩来亲自接见并设宴招待。11月，吴蕴初返回上海，受到"天原电化厂"全体职工的热烈欢迎。此后，他历任华东军政委员会委员、上海市人民政府委员、上海市工商联监察委员会副主任委员、中国民主建国会中央委员及上海分会副主任委员、化学原料工业同业公会主任委员等职务。他与中国共产党密切合作，积极努力发展新中国化学工业。

红色地标

娄塘"江抗"与外冈游击队

娄塘在嘉定区西北部，以娄塘河流经而得名。近代以来，娄塘由于地处上海西北门户外缘，为外敌入寇淞沪首冲之地。早在1932年"一·二八"淞沪抗战期间，娄塘就已遭到日本帝国主义军队的短暂侵入。1932年1月28日，侵华日军悍然向驻守上海闸北地区的国民革命军第十九路军发动武装攻击，十九路军奋起抵抗。2月初，战火烧至江湾、吴淞一带。十九路军苦苦抵抗，对日军造成重大杀伤。

1937年，"七七事变"后，8月13日，日军在上海炮轰闸北一带，又一次发动侵略战争，"八一三"淞沪抗战爆发。由于国民党军队并未在上海外围认真布防，日军在淞沪一带偷袭登陆得手，并迅速由宝山、罗店直逼嘉定。侵占嘉定后，日军为强化统治，收买地方地痞流氓，成立所谓"维持会"，并组织汉奸武装，为虎作伥。在如此情形下，嘉定人民并没有被日寇的凶残所吓倒，一群爱国青年毅然投身反抗，在娄塘开展抗日救亡活动，并伺机组织武装，誓要将日寇赶出家园。王波、谭继诚等人正是这些爱国青年中的佼佼者。由娄塘爱国青年自发组织起来的武装组织，名为"江抗嘉定青年抗日救亡团"，这就是俗称的"江抗娄塘游击队"。游击队由王波任大队长，谭继诚任副大队长，陈昆寿、王秋臣任排长，"江抗"三路司令员何克希又派政工大队长王英华兼任政治教导员。

在"江抗娄塘游击队"积极抗日的同时，嘉定地区还活跃着另外一支抗日武装力量——外冈游击队。1937 年 11 月，嘉定全境沦陷后，外冈地区西杨甸乡中共党员吕炳奎，以及陆铁华、钱文亮等爱国青年积极组织抗日群众武装，并建立起卫家角七村的抗日联队。1938 年 5 月，国民党沪海区游击副指挥邓敬烈以抗日为名收编地方武装，将这支队伍编为淞沪游击总队第八梯队第一中队，吕炳奎任中队长，钱信来任中队副兼教练官。不久后，队员陆铁华通过南翔镇的中共党员吴锡之与中共江苏省委取得联系。1938 年 8 月，中共江苏省委决定派邱生凡前往外冈游击队工作，并陆续从上海派了一批党员、工人、学生及失业青年参加这支部队。至 1938 年底，游击队已发展到近 80 人。此后，中共党组织又陆续从上海、嘉定等地动员了多批人员前来充实部队，游击队规模一下子发展到 400 多人。1939 年底，外冈游击队因斗争形势需要辗转到浙东三北地区，成了浙东纵队的一部分，为后来浙东抗日根据地的建立发挥了积极作用，并在此坚持到了抗战胜利。

民族工业

引领潮流的嘉定汽车产业

在《上海市嘉定区总体规划暨土地利用总体规划（2017—2035）》中，嘉定的建设目标被描绘为"上海大都市圈中的现代化新型城市"，其中"汽车嘉定"和"科技嘉定"是两大具体的发展愿景。该规划明确提到：至 2035 年，将基本建成产城全面融合的世界级汽车产业中心；至 2050 年，更将全面建成产城全面融合的世界级汽车产业中心。

早在 1958 年，新中国的第一辆"凤凰牌"轿车就是在嘉定诞生的，从此汽车工业便在上海嘉定生根发芽。1984 年，国内首家中外合资轿车企业——上海大众在嘉定落户。嘉定抓住这一历史性机遇，主动融入和服务国家战略，开始推动汽车产业发展。2001 年，嘉定开始全面建设"上海国际汽车城"。2013 年，嘉定在全国率先推出了电动车分时租赁业务。2018 年，全国首张无人驾驶测试牌照在嘉定发出。半个世纪以来，作为嘉定的产业支柱之一，嘉定汽车产业始终引领潮流、站立在全国汽车产业发展的最前沿。

　　从 20 世纪 80 年代初起至 90 年代末，嘉定已经形成了从发动机、变速箱、制动系统、电子电气、车座椅、内饰以及各类钢制零件到整车等完整的汽车制造功能，在服务上海汽车产业的同时，也为国内多个主流汽车生产企业提供专业和完善的零部件配套服务，成为国内汽车产业重要的生产基地。进入 21 世纪以来，汽车产业面临"轿车进入家庭"以及"中国加入 WTO"的机遇，对此，嘉定认清形势、勇往直前，举全区之力奋力推进"上海国际汽车城"建设。该项建设由嘉定区政府、上汽集团、久事公司、新虹桥开发公司、上海国际信托投资公司等投资设立四大主体公司，分别负责贸易区、研发区、赛车场区、新镇区等六个功能区的规划、开发、建设和招商。此外，嘉定区政府还设立了上海国际汽车城发展基金，累计撬动各类社会资金 500 亿元，重点支持汽车城基础设施和功能配套建设。

　　上海国际汽车城的建设推进，使得嘉定汽车产业由大变强。此后，上汽、沃尔沃、舍弗勒、天合等整车及汽车零部件企业先后在嘉定设立研发中心。作为全球领先的乘用车和商用车辆电子与技术供应商，国际著名车企——德尔福派克电气系统有限公司也于 2014 年正式将全球研发总部搬入嘉定。各类研发机构的集聚，有力推动了汽车产业由"嘉定制造"向"嘉定创造"转变。目前，嘉定全区已拥有上海大众等整车和零部件企业 300 多家，国家级公共服务平台 6 个，研发机构 100 多家，汽车专业人才 3 万多名，已经成为全国单体城市中汽车产业规模最大、汽车产业链最完善、产业集聚最凸显的地区。

金山篇

在金山区的版图上，有古朴雅致的枫泾古镇、文化小镇——朱泾镇、中国最美村镇——金山廊下镇、文教小镇——张堰古镇。

金山的教育地图和蜚声中外的金山农民画，展现出人文金山的风貌。

金山有美食：枫泾丁蹄色泽暗红光亮，热吃酥而不烂，冷吃喷香可口；枫泾黄酒与绍兴黄酒齐名。

围棋大师顾水如、文学书画家白蕉，他们是金山的名人。

Jinshan

On the map of Jinshan District, there are the simple and elegant ancient towns of Fengjing, the cultural town — Zhujing Town, the most beautiful village in China — Jinshan Langxia Town, and the cultural and educational town — Zhangyan Ancient Town.

The educational map of Jinshan and the well-known Jinshan peasant paintings at home and abroad show the humanistic style of Jinshan.

Jinshan has delicacies: Fengjing Ding Hoof is dark red and bright in color, crisp but not too soft when eaten hot, and fragrant and delicious when eaten cold; Fengjing Yellow Rice Wine is as famous as Shaoxing Yellow Rice Wine.

Go master Gu Shuiru and Bai Jiao, a literary painter and a calligrapher, are celebrities from Jinshan.

历史印迹

古朴雅致的枫泾古镇

枫泾古镇地处上海西南，与沪浙五区县交界，是上海通往西南各省最重要的门户。作为一个典型的江南水乡集镇，区域内河道纵横，林木荫翳，庐舍鳞次，清流急湍，故又称"枫溪"。它成市于宋，于元朝建镇，至今已有1500多年历史，是中国历史文化名镇，亦为"新

枫泾镇

沪上八景"之一。每到周末和节假日,总有许多游客慕名而来,领略古镇风韵。

古镇枫泾河多、桥多、庙宇多、名人多、里弄多,具有典型的江南风貌。水是古镇的灵魂,有水便有桥,枫泾素有"三步两座桥,一望十条港"之称。至清末时,全镇桥梁共有52座之多。其中,最负盛名的当属已有近700年历史的致和桥。它位于镇中南北市河的中段,因建于元致和年间得名,桥形古朴苍劲,石缝中长满了青苔,是枫泾现存最古老的桥梁,也是枫泾历史发展的见证。站在桥上远眺,古镇两岸绿树翠丛,处处是小桥流水人家。古戏台同样是古镇里的标志性建筑,以前枫泾因为南北分治,镇上建了两座城隍庙,每年的清明节和农历八月初二,北面镇上的城隍庙就会举行庙会,古戏台上开锣演戏,收成好的年份,庙会戏要连演七天之久,那时,商贩、戏班、杂技团等云集枫泾,台上台下热闹非凡。古镇的民居则延续着明清时的风格,粉墙黛瓦,飞檐翘角,房屋以两层砖木结构为主,前后进房之间有厢房和天井,大宅深院有穿堂、仪门及厅堂等,前后楼之间有走道相连,称走马堂楼。镇内古民居建筑群总面积达48750平方米,其中9处已被列为上海市第一批不可移动文物。

由于文化发达,经济繁荣,枫泾还是道教、佛教、天主教、基督教齐全的古镇。早在南朝梁天监元年,枫泾南栅已建有道院,佛教盛行时,街、巷、里、坊遍置寺庙。如今,前往性觉禅寺、施王庙、郁家祠堂等地,仍可寻觅到枫泾镇古代南北分治的历史陈迹。

文化小镇——朱泾镇

朱泾镇位于金山区北部，为上海浦南地区重镇，历史悠久。据《金山县志》记载，朱泾建镇于唐代，至今已有千年，被公认为江南历史文化名镇。朱泾镇因河道得名，古代水资源充裕，为金山县城的所在地。这个千年小镇深受东林寺和船子和尚传道影响，佛教底蕴深厚，空灵而宜居。

朱泾最引人瞩目的当属东林寺。东林寺始建于元至大元年，原名观音堂，后改名为东林禅寺。700多年来，该寺因兵燹、火灾、战乱几度倾毁，又几度重建。2007年9月，重修并扩建的东林寺以重现元代古刹特点的雄姿出现在人们面前。如今的东林寺是一座耀眼的山体奇观：佛是一座山，山即一尊佛，山佛一气，佛山一体。新修的东林寺还创造了3项吉尼斯世界纪录，分别是高约20余米的世界最高的佛门、高达34米的世界最高的室内佛像以及世界最高的景泰蓝善财童子。除了东林寺，朱泾镇内还保留有大量的明清和民国时期的建筑。吴松棣宅和孙旭初宅是区级不可移动文物，朱氏古船舫遗址是上海首个经正式发掘、与水下文化密切相关的半淹没遗址，另有二十几处全国普查文物点。目前城镇的格局仍具有旧时风貌，市河两岸的街区以老建筑为主，其中以孙旭初宅为代表的西洋建筑是上海建筑与西洋建筑融合的典型作品，有较强的观赏性。

东林寺（袁春耕 摄）

　　在民情风俗方面，朱泾花灯尤为著名，是上海市非物质文化遗产项目。据考证，自唐代开始，勤劳智慧的朱泾人民就发明制作出传统花灯。每年的农历正月十五上元节被定为赏花灯之期，各街市、村院都准备放灯，集市店铺也出售各式花灯，形成灯市。每年农历七月半中元节有盂兰盆会，人们纷纷在市河里扎白莲船，放莲花灯。每年清明节、七月半、十月初一有"赛城隍"迎神赛会，周边各集镇居民纷纷前来走亲访友，既燃香祈福，又荡船赏灯，"赛城隍"成为江南水乡一道盛典。现在，花灯艺术正成为朱泾当地文化的重要标签之一。朱泾花灯从传统老艺人手里薪火相传，已经普及了各个村居，整个地区花灯文化氛围浓郁。

中国最美村镇——金山廊下镇

在金山，有一座入选"中国最美村镇"的小村庄。

2016年，廊下镇山塘村被评为"中国最美村镇"，其中最大的特色就是具有浓浓江南韵味：古村、古桥。山塘村的得名，来自界别沪浙两地的山塘河。1949年以前，这里曾经是沪浙地区一个十分热闹的江南小集镇。山塘村水陆运输业十分发达，是沪南、浙江平湖等地通往各大埠的重要水路中转站之一。直至20世纪90年代，距山塘桥往西百米，仍有码头停靠着往来于平湖等地的船只。新中国成立后，随着陆上运输的发展，特别是改革开放以后，往来沪、浙的公路修了好几条，水路运输渐渐被陆上运输取代。

有河必有桥，百年古桥山塘桥像是一帧历史悠久的画面，经历百年风雨，见证着廊下山塘村的发展。山塘桥桥桩在河里共有三跨，呈青石板平跨梁结构，建于清嘉庆年间，南北走向，全长22米，宽2.12米，桥面由9块长条大石板拼合而成，20世纪50年代曾修缮过，现在是区级文物保护遗址。桥的这边是上海金山，桥的那边是浙江平湖，100多年的风雨历程仿佛诉说着一段绵长的沪浙情谊。站在桥的正中，就可以体验"一脚跨两省"的奇妙感觉。桥跨下的西山塘河也是沪浙两地的界河，至今仍是两地居民逛街购物、走亲串门的必经要道。桥南北两个村子都叫作山塘村，人们习惯上把桥南属于浙江省平湖市的叫作"南山塘"，把归属于上海市金山区廊下镇的叫作"北山塘"。从两地的政府规划里可以窥见，南北山塘将携手打造"明月山塘特色古镇"，进行融合式、差异化、互补型发展。《盐溪竹枝词》里这样描绘山塘："山塘桥下水东流，渔火江枫几度秋。宛似姑苏城外路，烟波十里荡轻舟。"经过开发改造，山塘古镇将更加美好，古风貌得以延续，为新发展注入活力。

文教小镇——张堰古镇

张堰，上海十大"中国历史文化名镇"之一，古称赤松里，早在春秋时期就已聚成村落，迄今已有千年历史。因其文化底蕴深厚、商贸交通发达，曾被誉为"浦南首镇"。南社是近代史上产生过重要影响的全国性革命文学团体，张堰是其主要策源地，南社文化已成为上海对外文化交流的一张重要名片。

南社是中国近代史上爱国知识分子最集中的民间组织，若论声誉之著、影响之广，中国近代史上恐无出其右者。南社以推翻专制政体、建立民主共和国家为主要宗旨，并弘扬中华优秀传统文化，吸引西方进步文化，促进社会革新。发起人之一高天梅就是上海金山张堰人，南社创办前的首议之地就在他家。而南社成员姚光在张堰的住宅则是南社人士通讯联络及会晤交流的一个重要场所。柳亚子卸任后，姚光被推举为南社第二任主任。姚光一生以济世助人为天职，热心浚河造桥、育孤养老、救灾救荒以及修筑海塘、保护文化遗产等公益事业。家乡学子经济有困难者，他都慷慨相助。抗战期间，他主动烧掉了一箱借据，以示有难相济、齐心御外之心，被传为佳话。

张堰古镇有中国现代天文学奠基者高平子、诺贝尔奖获得者高锟，一个家族两位世界级人物"星月同辉"，还有被誉为三百年才能出一个的书法大家白蕉。从五代时吴越王后裔钱家、元明时期吴家、清朝"一门四进士、三代二尚书"的王家，到清末民初南社的发轫，高姚两家的崛起，张堰可谓物华天宝，地灵人杰。凡重视圣贤道脉的地方，都有远大目光，重视教育，而张堰重视教育的传统有其历史积淀。早在元代，张堰自杨竹西树帜吟坛后，明清之能诗者不下数十辈，或有专集，或录总集，指不胜屈。清代金山出过两名状元，其中康熙三十年状元戴有祺之师黄枢，字辰如，号寓庄，就住在张堰，"未仕，授经，里社多知名士"。辛亥革命时期名震天下的民间社团南社，其创始人之一高天梅是张堰人，南社后期主任是张堰人姚石子，还有南社耆宿高燮。清末，张堰有两等小学堂6所，初等小学堂12所，还有女学堂1所。张堰重视教育的程度，可见一斑。经过多少次改朝换代，张堰"文脉"不断，不弃"勤于学"的重教传统美德。"沧海桑田秦汉开堰留溪客；南涯洞天唐宋筑楼引仙人。"这是画家朱鹏高为张堰写过的一副楹联。或许，安静、有内涵，就是这个千年古镇最好的写照。

人文金山

金山教育地图

位于朱泾镇的金山中学是一所具有实验性、示范性的寄宿制高中。这是一所从清朝柘湖书院走来的历经百年风雨的学校，悠久的办学历史与丰厚的教育资本使其声名显赫而雄踞金山地区中学排名榜首。如今，学校占地185亩，基础设施一流，设备先进，校区园博景美，充满人文气息。百年来金山中学培育了一大批优秀学子，有亚洲太平洋地区青少年奥林匹克信息学中国赛区金牌得主，有全国"恒源祥文学之星"，也有上海市"明日科技之星"，每年市级以上竞赛的获奖学生可达一二百人。"全国特色学校""全国教科研先进单位""全国精神文明建设工作先进单位"及数不胜数的市、区级荣誉让金山中学熠熠生辉。

上海市民办金盟学校是金山第一所民办初级中学，1999年9月由中国民主同盟金山区委员会发起组建。"让优秀成为金盟学子的习惯，让优质成为金盟学校的文化"是学校的办学理念，学校通过建设课程和改进教育方式，积极探索教育的改革和创新，重点培养"四有五好"的资优生。金盟学校屡次创造金山教育的奇迹，"让学生、家长满意的好学校"成为切实兑现的诺言：历年中考中，市重点高中升学率超50%，最高时更是近80%。学校获"上海市先进民间组织""上海市诚信建设单位""上海市郊区最具人气学堂""上海市少先队红旗大队"，以及"上海市 AAAAA 级社会组织"等多项荣誉。

前清贡生曹汝康于清光绪三十四年创办的蒙养学堂是兴塔小学的前身。历经 110 多年风云洗礼，现时的兴塔小学办学规模已达 20 多个班级。其中，46.2% 是兴塔地区的农村孩子，53.8% 是来沪农民工孩子，但这并没有成为学校发展的掣肘。学校坚持足球育人，女子足球便是特色教育里的鲜明代表。辛勤耕耘后的硕果累累是学校成就的辉煌，在第 33 届"美国杯"国际青少年足球邀请赛上，兴塔女足（U10 组）从全球 153 支球队中脱颖而出，这是中国球队在该赛事举办 33 年来的首次夺冠。傲视群雄的辉煌背后是学校对特色教育的执着。

华东师范大学附属枫泾中学将美术课程作为重要的学习课程，在创办之初就播撒了美术特色教育的种子，其后还突破"办美术班为升学"的局限，提出"综合美术课程"概念。学习内容从美术基础课到综合材料绘画，从西方美术鉴赏到乡土农民画教学，从课堂学习到野外写生，从纯艺术特色到艺术与科技、体育等多学科融合，"综合美术课程"实现"美术"向"美育"跨步，让学校的其他学科教学渗透了"美育"理念。学校成立单片机数字实验室、机器人社团等，打造 STEAM 创客空间，拥有"多功能垃圾箱""椭圆教学仪"等 110 多项国家专利和近千项区级以上科技比赛奖励，这些都是学校从"美育"到"融合"的成功注脚。从"美术"到"美育"、从"美育"到"融合"、从"融合"到"素养"、从"素养"到"品位"，经典艺术之"美"、人文底蕴之"厚"里的审美文化，已经成为华东师范大学附属枫泾中学师生发现生活、理解世界的一种思维方式。

蜚声中外的金山农民画

农民画是通俗画的一种，多系农民自己制作和自我欣赏的绘画和印画，风格奇特，手法夸张。绘画的范围包括农民自印的纸马、门画、神像，以及在炕头、灶头、房屋山墙和檐角绘制的吉祥图画。据考证，上海市金山区现代农民的绘画活动发起于20世纪70年代，参与者中，农村妇女的比例最大，还有七十多岁的老农民，也有十多岁的少年。他们受到民间刺绣、剪纸的启发，目识心记，表现自己的生活和周围的事物，想象力非常丰富。农民画大多取材于农村的景色或农村的生活片段，将鲜艳绚丽的色彩、朴素简洁的笔触呈现于画中，诉说着一个个动人有趣的故事。金山农民画被誉为"世界民间艺术珍品"，而枫泾则是驰名中外的金山农民画的发源地，为现代民间绘画之乡。1980年4月27日—1980年5月20日，金山农民画首次在中国美术馆举办专场展览，这标志着金山农民画彻底得到了社会的认可。

金山农民画的发展轨迹就如同它的名字般质朴，毫不花哨：从本地及周边地区流传到上海画坛，再进一步影响到全国，直至通过国际展示

中国农民画村

交流，风靡欧美的数十个国家和城市。至今，已有数万幅作品参加展示交流，一些作品还被收藏。1988 年，金山被国家文化部首批命名为"中国现代民间绘画画乡"，被中国民间文艺家协会命名为"中国农民画之乡"。金山农民画被上海市政府宣布为第一批上海市非物质文化遗产名录项目，先后有 1000 余人成为农民画家，其中 4 位被评为第一批上海市非物质文化遗产项目代表传承人。

美食地图

枫泾丁蹄

枫泾丁蹄与枫泾镇的丁义兴酒店有关。1852年，有姓丁的兄弟二人在张家桥地方开设了一家名叫"丁义兴"的酒店，生意尚可，但不能满足丁氏兄弟做大生意、赚大钱的欲望。为了进一步打开局面，扩大营业，丁氏兄弟就把主意打在枫泾猪蹄上。枫泾猪是著名的太湖良种，它皮细肉白，肥瘦适中，骨细肉嫩，一煮就熟。丁氏兄弟就取其后蹄，烹制时用嘉善姚福顺三套特晒酱油、绍兴老窖花雕、苏州桂圆斋冰糖，以及适量的丁香、桂皮和生姜等原料，经柴火三文三旺后，再以温火焖煮而成。熟后外形完整，色泽暗红光亮，热吃酥而不烂，冷吃喷香可口，肉质细嫩，汤质浓而不腻，十分可口，久吃不厌，故很受欢迎。丁蹄即"丁义兴"熟食店特制的红烧猪蹄，因店主姓丁，故名"丁蹄"。

1852年至1899年，枫泾丁蹄销售市场遍及沪杭一带，还远销至南洋、欧美市场，获20多个国家和地区的奖状和证书；1910年，"丁蹄"获南洋劝业会褒奖银牌、浙江省巡抚加给奖凭；后又先后获得巴拿马国际博览会金质奖章、德国莱比锡博览会金质奖章等。口碑加实力，枫泾丁蹄与镇江肴肉、无锡肉骨头一起，成为全国知名的三道"肉菜"。值得一提的是，枫泾猪因皮色黑而被称为黑皮猪，很多人将其和近年来声名鹊起的黑毛猪混为一谈，算是个可爱的小乌龙。

与绍兴黄酒齐名的枫泾黄酒

黄酒，以稻米、黍米、黑米、小麦、玉米等为原料，加曲、酵母等糖化发酵剂发酵酿制而成，是中国特有的酒种。绍兴产黄酒，自古闻名，如今各大品牌也云集其间，还涌现了不少上市公司。而枫泾黄酒的出现，则让绍兴不再专美。

1939 年，上海浦东的苹源、康记、福记三家酒坊合并迁来枫泾，成立了苹康福酒厂（坊）。该厂 1956 年实行公私合营，1966 年改为国营上海工农酒厂。1971 年，该厂在全国首创黄酒生产新工艺，建成了全国首条可年产万吨的新工艺生产流水线，同时，研制的黄酒发酵菌种被中国科学院确认为优良菌种，统一编号为 AS21392，并被全国黄酒生产企业所采用，为中国黄酒工艺改革做出了贡献。1979 年该厂定名为上海枫泾酒厂。20 世纪 90 年代，上海枫泾酒厂改制为上海金枫酿酒公司。2003 年，金枫酿酒公司在枫泾工业园区征地 300 亩，建设年产 4 万吨的新生产厂房，使金枫酿酒公司黄酒年产量超过 8 万吨，成为我国单产规模最大的黄酒企业。枫泾酒厂生产的金枫牌系列黄酒，两次荣获国家银质奖，三年蝉联上海市名牌产品，在全国食品行业比赛中多次获得金爵、银爵奖。其 80% 以上的主体产品是特加饭。所谓特加饭，就是以酿造时多添加饭（米）少加水而得名，因而特加饭比普通黄酒在口味、香气上高出一个品级。其推出的"石库门上海老酒"更是黄酒市场上的新宠。2023 年，金枫酒业获得中国酒业协会授予的"中国酒业 30 年科技成果奖"。

名人影像

围棋大师顾水如

1892 年 3 月 3 日，顾水如在枫泾镇出生，没有人会想到这个小小的人儿在日后会成为吴清源、陈祖德这两位中日围棋界领袖人物的命中贵人和师父。枫泾，自古有好棋之风，喜奕、善弈者众多，顾水如一家是当时镇上典型的围棋之家。顾水如的父亲是文人，会下棋，母亲和几个哥哥也会下棋，所以，他从小耳濡目染，也就迷上了围棋。顾水如悟性高，一经父母点拨，就能领悟其中奥妙，对清代围棋高手黄龙士、范西屏、施襄夏等的对局棋谱悉心研究，14 岁时在乡里已无敌手。

为了提高下围棋的技艺，年方弱冠的顾水如从枫泾来到上海。聪明过人的顾水如在学习新法时往往能举一反三，棋力增长迅猛，很快就能与上海的棋界前辈分庭抗礼，"小顾"的棋名也在棋界不胫而走。1914 年，顾水如前往北京以棋会友。当时，寓居北京府学胡同的北洋军阀头目段祺瑞酷爱围棋，日本名手高部道平是来往于段府的常客。在段祺瑞的款待下，顾水如在短短一年间与高部道平下了百余局棋，这让顾水如进一步了解和掌握了日本棋法。1917 年春，在段祺瑞、汪有龄等人的支持下，顾水如东渡日本，成为我国出国专攻围棋的第一人。从 1919 年至 20 世纪 20 年代中期，顾水如是中国学习日本围棋"新法"最见成效的一人。1919 年 10 月间，顾水如在迎战来访中国的日本秀哉名人时，创下了只被秀哉名人让三子就获胜的纪录，堪称当时中国棋界的最强者，曾称霸北方棋坛十余年，与南方王子宴并称"南王北顾"。

留日归来的顾水如声望日隆，功成名就之余，他致力于扩大围棋在民间的影响力。对于积极扶掖后进，培植人才之事，顾水如一直很上心，在赏拔年轻棋手方面更可谓独具慧眼。顾水如对吴清源少年时的辅导、提携、帮助功不可没，还栽培出了新中国的围棋宗师陈祖德。在他的精心点拨和培养下，陈祖德后来成为新中国第一位围棋九段高手、中国棋院首任院长。

文学书画家白蕉

文学书画家白蕉，本姓何，名治法，又名馥，字旭如、远香，号复生，后改姓名为白蕉，又号复翁，上海金山张堰镇人。金山曾为松江府管辖。松江古名云间，故白蕉作画，别署"云间下士"或"作于云间"。白蕉在张堰镇的居所有两处，一处在新尚路 16 号，是他和父母姐弟世居的祖屋。另一处便是青少年时，父母为他买下的花园和书房——王尚书，门牌号是东大街 134 弄 2、3、4 号。

白蕉自小在接受西学新学教育的同时，又二度被送到当地颇有名声

白蕉

的门馆学习，受到了良好的教育。白蕉的狂傲颇具古风，他曾自称诗第一，书第二，画第三。从白蕉的代表作《兰题杂存长卷》《杂书题兰旧句》《自书诗卷》看，他的书法师法"二王"且得精髓。作为画家，白蕉一生只画兰，在20世纪三四十年代，他和徐悲鸿、邓散木被称为"艺坛三杰"，且有"白蕉兰、（申）石伽竹、（高）野侯梅"三绝之誉。16岁时，白蕉考入上海英语专修学校，与徐悲鸿、周练霞、徐建奇、戚石印夫妇一起加入蒋梅笙组织的诗社。稍后，白蕉又结识于右任，现存白蕉的最早作品即 1926 年与于右任合作的书法长卷。

1937 年，抗战爆发，白蕉避难上海，执教于上海光华大学附中，与高逸鸿、唐云、张炎夫等组织"天风书画社"，并以诗书与郭晴湖定交。1938 年，日军侵入金山嘴，白蕉目睹家乡生灵涂炭，悲愤交集，在作诗痛斥之余，与挚友邓散木一起举办"杯水书画展"，为抗战募捐，并将书画捐赠给慈善机构，救济难民。新中国成立初期，柳亚子回国，曾邀白蕉一起去苏州、无锡等地观光视察。白蕉返沪，柳亚子即给他

白蕉画兰

写信，并附一信给华东局领导，推荐白蕉去华东局工作，白蕉不愿借重柳氏之名，故此信并未寄出。后上海市委请沈子瑜、沈志远出面，聘白蕉到上海市文化局工作。任职期间，他为上海图书馆的恢复，上海美术馆、上海中国画院的筹建，上海工艺美术研究室的创建，以及上海书法篆刻研究会的筹备做了大量工作，并参加了恢复党的一大会址的筹备工作。1962年，他与任政等一起，在沈尹默先生创办的上海市青年宫书法学习班执教，积极协助沈尹默、潘伯鹰先生做书法的普及、挽救工作，为新中国的书法事业做出巨大贡献。此时，白蕉的书法艺术水平达到巅峰，于1963年写下《兰题杂存长卷》和行草手卷《杂书题写兰旧句》。

蒋建新 摄

松江篇

松江山水锦绣，拥有吴淞江、凤凰山、厍公山、佘山、辰山、机山与横山、天马山、小昆山、北竿山、钟贾山和卢山。

松江史迹丰富，有广富林遗址、陈化成祠、醉白池、松江唐经幢、兴圣教寺塔、西林禅寺、东岳行宫、松江真教寺、秀道者塔与李塔等。

松江顾秀、松江缂丝《莲塘乳鸭图》、庄泾船拳、新浜花篮马灯舞、叶榭镇草龙舞、泗泾镇十锦细锣鼓，勾勒出松江的风土人情。

松江烈士陵园是松江的红色地标。

松江大学城、G60 科创走廊，展露蓬勃松江的无限活力。

Songjiang

Songjiang has beautiful scenery, including Wusong River, Fenghuangshan Hill, Shegongshan Hill, Sheshan Hill, Chenshan Hill, Jishan Hill and Hengshan Hill, Tianmashan Hill, Xiaokunshan Hill, Beiganshan Hill, Zhongjiashan Hill and Lushan Hill.

Songjiang is rich in historical sites, including Guangfulin Ruins, Chenhuachengci Temple, Zuibaichi Pond, Sutra Pillar of the Tang Dynasty, Pagoda of Xingshengjiao Temple, Xilin Zen Temple, Dongyue Temple, Songjiang Mosque, Xiudaozheta Pagoda and Lita Pagoda.

Guxiu Embroidery, Songjiang Silk Tapestry, *Baby Ducks in Lotus Ponds*, Zhuangjing Boat Boxing, Xinbang Flower Basket Lantern Dance, Yexie Town Grass Dragon Dance, and Sijing Town Brocade Gongs and Drums, outline the local conditions and customs of Songjiang.

Songjiang Martyrs Cemetery is the "red" landmark of Songjiang.

Songjiang University Town and G60 Tech & Innovation Corridor show the infinite vitality of Songjiang.

锦绣云间

吴淞江

松江区的"松江"之名源于上海母亲河之一的吴淞江，现在的吴淞江流经江苏省吴江、苏州、昆山等地，以及上海市嘉定、青浦、闵行、普陀、长宁、静安、虹口与黄浦各区（其北新泾以下河段又称"苏州河"），全程已不流经松江区境。但在宋元以前，"松江"一直是古华亭县及松江府境内的主干大河之一。战国时《禹贡》已有"三江既入，震泽底定"之记载。"震泽"即太湖，其下游有"松江"（今吴淞江）、"娄江"（今浏河）、"东江"（黄浦江前身）等三江排水，出路极宽。历史上在松江府存在的636年间（1278年—1914年），吴淞江中下游河道一直为该府所管辖。

吴淞江历史上有几次改道，致使河道淤积，每逢积雨便爆发水患。明朝时，朝廷整治吴淞江水患，多次开凿新河道，改道后的吴淞江与明代以前古松江之河貌已截然不同。同时，吴淞江也失去了自己的入海口，在今外白渡桥附近汇入黄浦江，成为黄浦江一大支流。

凤凰山

凤凰山位于佘山镇境内，在松江城区北约11.5公里，东枕通波塘，西连薛山，山形修峻，略呈十字形，宛若延颈舒翼、凌空翱翔之凤凰。

凤凰山海拔51.1米，山地面积约400亩。山之东部有悬崖一处，名"青壁"，高数十米，直如刀削。古时其上有虬松古藤，苍森可爱。1949年之后封山育林，林木翁郁，景色清幽。《嘉庆府志》载凤凰山有二："一曰凤凰，一曰陆宝。"陶宗仪诗云"丹泉陆宝秘精灵"，即指此也。

薛山位于佘山镇境内，海拔74.1米，在松江城区北约11公里，南与东佘山对峙，东与凤凰山相望，周围约1.5公里，山地面积约400亩。据唐代《吴地记》载，唐时有道人薛道约炼丹于此，故名。清代康熙《松江府志》云：古时山下曾掘地得石，上刻"玉屏"两字，而山形亦似屏风，故又称"玉屏山"。

厍公山

厍公山亦位于佘山境内，处凤凰山之南，在松江城北约12公里。因其山形如书轴，正当凤嘴，古人将厍公山比作一轴宝书，与凤凰山一起喻为"丹凤衔书"。

清代诸嗣郢《九峰咏》载："秦时亢桑子（自号'厍公'）隐居于此，乃山名之源。"相传，亢桑子乃老子之徒，为道教祖师之一，唐时被尊为"洞灵真人"，著有《洞灵真经》三卷。

云间九峰原第二峰应为凤凰山之一的陆宝山。该山与厍公山隔溪相对，因石少土美，人争取之，明代已夷为平陆，后人乃以厍公山取代陆宝山，列为云间九峰之第二峰。

厍公山矮小，海拔仅十余米，无岩壑之幽，周长亦仅约半公里，山地面积 20 亩，为九峰最小的山丘，但 1949 年后，封山育林，树木茂盛，也自玲珑可爱。

佘山

佘山位于佘山镇境内，距松江城区西北约 10.5 公里，分东、西两峰，绵亘数里，今青松公路即穿行两峰间。自古以来，佘山景冠九峰，林木葱郁深秀，每逢春秋季节，游客甚众。

据宋代《云间志》称：古代佘姓者居此，故名佘山。佘山竹多，笋有兰花香味。清代康熙皇帝南巡，品尝之后大为赞赏，曾赐名佘山为"兰笋山"。

佘山天主教堂与天文台

佘山双峰中，西佘山海拔 97.2 米，山地面积约 900 亩；东佘山海拔 72.4 米，山地面积约 850 亩。西佘山正山门沿途古木参天，枫杨、香樟、榉树等有百余株，树龄都在百年以上。

《嘉庆府志》已记载佘山双峰合有"十景"：白云晴麓、香溪古径、罨黛旧园、标霞峻阁、昭庆幽居、道人遗踪、宣妙竹林、征君旧隐、慧日双衣、洗心灵泉。以上"十景"所涉之庵观寺院、园林别业，现大多已倾圮不存，颇为可惜。不过，近代以来佘山又兴建有天主教天主堂及观象天文台，至今依然保存完好，已成为此地著名景观。

辰山

辰山位于佘山镇境内，在松江城区北约 9.5 公里，西佘山西南约 2 公里。山东面有辰山塘，南麓是辰山镇。因其在松江"九峰"中列于十二地支之"辰"位（即东南方），故名。相传自古有神仙寄迹山中，别名"神山"。唐玄宗天宝六年（747 年），曾易名"细林山"。辰山东西长仅 700 米，南北宽约 300 米，海拔 69.8 米，山地面积约 300 亩。现有林木多为 1949 年后种植，山南为针阔叶混交林，山北坡多毛竹。山上原有崇真道院，为元末明初道士彭真人所构筑。据记载，彭真人名宏大，法名通微，道号素云，河南汝阳人，师从武当张守清。道院有一水井，相传为吕洞宾遣迅雷所凿，以助彭氏修炼。

另有四贤祠在崇真道院一侧，祀陆机、陆云、张翰、顾野王，为明代万历年间松江府人士张之象所建。张之象殁后，当地人增祀张之象，将其改名"五贤祠"。

今辰山脚下已建成上海辰山植物园，为华东地区规模最大的植物园之一，四季皆有特色花品开放，每逢周末或佳节，游人如织，蔚为大观。

机山与横山

机山位于佘山镇境内（原属天马山镇，2001 年松江街道区划调整，天马山镇并入佘山镇）在松江城区西北约 11.5 公里，东麓紧邻原天马山镇，与天马山相望，因西晋大文学家陆机而得名。机山由于山体较小，亦称小机山，海拔仅 38.9 米，原长约 300 米，宽 200 米，由于长期开山挖石，山体已被削去约三分之一，基岩裸露，植被多为 1949 年后新植的黑松。

横山位于小昆山镇境内，海拔 68 米，在松江城区西北约 10 公里，北距机山约 2 公里，因山形东西横卧而名，又称横云山。横山东南坡较陡，坡麓平直，西北坡则较缓。岩体主要为火山岩，山南多黑松，山北多毛竹，皆为 1949 年后所植。

横山隔河东岸有一小山，名曰小横山，奇石耸起，壁立数仞，色尽赭，俗称"小赤壁"。相传山麓原有"仙关馆""痴翠轩"，为苏东坡游赏处。近代开山炸石，小赤壁已被削平，形成一个深入地下 80 余米之大坑，现已开发为上海佘山世贸洲际酒店，被誉为"世界建筑奇迹"。

天马山

天马山位于佘山镇境内,在松江城区西北约 11 公里,山有两峰,首昂脊弓,状如天马行空。原名干山,相传为春秋时期吴国人干将铸剑处。

天马山高冠九峰,海拔 98.2 米,山地面积约 1800 亩。山势陡峻,山体脊线近东西方向,长约 0.8 公里,南北山体宽约 1 公里。南坡陡,常出现峭壁,北坡缓而长,山不对称。旧时,山多琳宫梵宇,每逢阳春三月,松江一地乡民常诣山礼拜中峰东岳祠,香火特盛,故此山俗称"烧香山"。

天马山上有护珠塔一座,原为砖木结构,楼阁式,平面八角形,七层;每层有腰檐、平座、栏杆,俨然一座玲珑宝塔,相传塔内藏有舍利珠,夜间闪耀光芒,故又称"护珠宝光塔"。1984 年,当地政府开始施工修理,以 8 根钢筋从塔顶贯穿而下,到达塔基后,似蟹爪向四面八方横向伸出,直接联结地下岩石,以拉撑塔身,保持斜而不倒的奇姿,工程于 1987 年竣工,乃成上海一大奇观。塔东曾有树龄 700 余年银杏,今树干枯死,仅东南一枝每年抽芽发叶,生机盎然。

小昆山

小昆山位于小昆山镇境内,在松江城区西北约 10.5 公里,地处九峰之最南端，名列九峰之末。此处相传为西晋著名文学家陆机、陆云故乡，古人将二陆比作美玉，以"玉出昆冈"赞誉之。陆机诗云："仿佛谷水阳，婉娈昆山阴。"其友潘尼赠诗亦云："昆山何有，有瑶有珉，穆穆伊人，南国之纪。"由此可知，"昆山"之得名当在陆机、陆云以前。后人为与江苏昆山县之昆山相区别，称其为"小昆山"。

小昆山海拔 54.3 米，面积约 500 亩，山势由东南向西北微斜，有南北两峰，北低南高。古时，全山呈 8 字状，圆秀而润，远望如卧牛，北峰形似卧牛之首，故又称"牛头山"，但近代开山取石，山体外观破坏严重，业已不具其形。小昆山自古林木翳然，然晚清后林木被砍伐殆尽，20 世纪 70 年代起无奈封山育林，经过几十年努力，现山上各类树木已蔚然成林。

北竿山、钟贾山和卢山

北竿山位于佘山镇北境，在松江城区北约 15 公里，已靠近今青浦区地界。原名竿山，因土宜种竹，《嘉禾志》称竹山，又因其在干山（即天马山）之北，俗称北竿（干）山。

元代有隐士余瑾居此山，自号筲隐生，故此山又名"筲山"。北竿山海拔 40.4 米，山地面积约 200 亩，相传山中曾产铁。1949 年后种有针、阔叶树及竹子，均翁郁成林，因环境安静，有众多白鹭栖息林间，这里成为一处景观。

钟贾山位于佘山镇境内,西邻天马山,在松江城区西北约 11 公里,东隔沈泾塘与卢山对峙。相传唐代有钟姓和贾姓人士隐居于此,故名之。又因此山介于九峰中间,又名"中介山"。山高 39.2 米,山地面积约 100 亩。

卢山位于佘山镇境内,西邻官塘,在松江城区西北约 10.5 公里,与钟贾山隔河相对,东北可远眺佘山,因卢姓人士居此而得名,因发音相近,后世亦常有讹称"罗山"者。卢山原为一低矮小丘,民国时期炸山采石,导致整个山丘荡然无存,只留下一个直径 200 米、深约 60 米的巨型坑体。

松江史迹

广富林遗址

广富林文化遗址位于松江区佘山镇广富林村北侧和辰山塘东岸。

1958 年,施工队在开挖沟通施家浜与辰山塘的新河道时发现大量先秦时期的古文物。但限于考古认知及技术水平,在进行极小面积的试掘后,该遗址发掘和研究工作便搁置下来。

1987 年,当地农民在挖土建房时意外发现了三孔石犁、凿形足陶鼎和花瓣形圈足陶杯等十多件古遗物,重新引起相关部门及考古界的关注。经过充分筹备和认真部署,上海市文物管理委员会于

上海之根展示馆

1999 年至 2005 年间对广富林遗址进行了全面勘探和成规模发掘。考古专家测比后认定，广富林文化属于一种新石器时代晚期、介于良渚文化与马桥文化之间的新文化类型，而且其主体应是来自黄河流域的外来文化。

2008 年，上海市文管委对广富林遗址再次进行大规模的抢救性考古发掘。与此同时，松江区政府联手新城公司开始规划建设广富林文化遗址公园，在 2018 年正式投入运营。

2013 年，广富林遗址被国务院列为全国重点文物保护单位。

陈化成祠

陈化成祠，又名陈公祠，原为清初儒臣王顼龄购得明代徐陟之"宜园"后改建而成的"秀甲园"，王顼龄在康熙南巡时曾于此接驾，遂闻名天下。

王顼龄（1642 年—1725 年），字颛士，晚号松乔老人，出生于松江府华亭县张堰镇（今属金山区），早年以诗名才学称世，举博学鸿儒，授翰林院编修，此后历任工部尚书等要职，是康熙宠臣。其两次南巡松江，均驾临此园，并御笔亲题"蒸霞"二字以赐王氏。

乾隆初年，"秀甲园"为军机大臣张廷玉（字衡臣，号研斋）所购得。道光年间，张氏家道衰落，此园又为巨贾朱文璇购得，并将园之西部用为"宁绍会馆"。鸦片战争后，此园东部因奉诏而辟为"陈化成祠"，祠中供奉陈化成牌位，并附祀同役中牺牲的松江籍人士许林、徐大华、钱金玉等。同治元年 (1862 年)，祠毁于战火。光绪二十四年 (1898 年)，青浦县举人黄恩熙等发起重建。

1999 年底，因松江中山二路改建，经上海市文物管理委员会批准，祠堂按原样迁建于上海方塔园内。

醉白池

醉白池，位于今松江区人民南路，与上海豫园、嘉定古猗园和秋霞圃、青浦曲水园，并称为上海五大古典园林，也是这些园林中历史最悠久的一座。该园前身为北宋朱之纯之私家宅第"谷阳园"。明朝末年大书画家董其昌在此建造"四面厅""疑舫"等建筑，并会集当时文人在园中结社吟风。清朝康熙年间，顾大申购得此园并重加修建，将其命名为"醉白池"，意为仰慕白居易诗意，心向往之。

1912年12月，中国革命先行者孙中山先生曾应邀来到"醉白池"，于雪海堂内向同盟会会员及地方人士作重要演讲，并在堂前庭院合影留念。此后，该园数度面临荒废，但经后人几次修缮勉强得以保存。

1949年后，该园几经修缮扩建，如今园内池南廊壁至今尚存《云间邦彦图》石刻共30块，其上镌刻着自元至明松江地区在忠、孝、廉、节、文章、理学等方面流芳后世的近百位乡贤的画像及赞词，乃乾隆年间松江府人徐璋、徐镐父子所绘。

松江唐经幢

松江唐经幢，是目前上海市域内现存最为古老的地面建筑，矗立于松江区中山小学内。所谓"经幢"，是我国古代佛教建筑的一种类型，一般由幢顶、幢身和基座三个部分组成，主体是幢身，刻经文和佛像等。

松江唐经幢建造于唐宣宗大中十三年（859年），由大青石雕刻垒砌而成，现存21级，高9.3米，建造者是来自乐安（今浙江仙居市）的蒋复和来自吴兴（今浙江湖州市）的沈直轸两位工匠。幢身八面，形制粗壮，分为上下两段，上段刻《佛顶尊胜陀罗尼经》全文，下段刻有捐资建幢之人的姓氏。松江唐经幢周身雕刻精美，其构造可以分为托座、束腰、华盖、腰檐等多个部分。

1988年，松江唐经幢被国务院列为全国重点文物保护单位。1998年，松江区政府曾评选"松江十二景"，唐经幢因其造型之典雅、雕刻之精美而毫无悬念地跻身其中，并被誉为"唐幢流云"。

兴圣教寺塔

初建于北宋熙宁、元祐年间的兴圣教寺塔，现存于上海市松江区方塔园内，因在此塔建成前，该处就已有一座兴建于五代后汉乾祐二年（949年）的佛教寺庙——兴圣教寺而得名，又因其平面呈四方形而被俗称为"方塔"。

方塔通高42.5米，共9层，底层每边宽6米。塔身各面均有砖砌圆形壁柱，柱上装有木制斗拱来承托木构的瓦屋檐。塔外壁四面均开有门壶形的门洞，门上有目梁，门内通道上施叠涩藻井，内室用券门，设有木梯，可层层登高。塔上木构件多为宋代原物，第七、八、九层则是清代改砌的，形制与下面诸层稍有不同。在塔基下，还发现有地宫一座，地宫中安放有石匣 1 个，银盒石匣 2 个，匣内藏有宋代钱币 42 枚、铜菩萨坐像和卧像各 1 尊。

此外，方塔前还有明太祖洪武三年（1370 年）所建之砖雕照壁一座。此照壁原为松江府城隍庙的影壁，与府城隍庙大门相对。抗战初期，城隍庙被日军飞机炸毁，唯独照壁幸存，它是上海乃至全国最古老、最精美、保存得最为完好的大型砖雕艺术珍品。

西林禅寺

西林禅寺位于松江区中山西路华亭老街内。该寺始建于南宋咸淳年间，迄今已有 700 余年历史，初名"云间接待院"。院内有"崇恩宝塔"，气势恢宏，惜乎元初毁于兵焚。明太祖洪武二十年（1387 年）该寺重建，改名为"西林禅寺"，并修建宝塔，俗称"西林塔"；为纪念南宋"云间接待院"创始人高僧圆应禅师，后又易名为"圆应塔"。塔高七层，高 46.5 米，塔势峥嵘庄严，与方塔东西呼应，亦为当时江南胜景之一。明英宗正统年间，由朝廷亲赐匾额，敕封"大明西林禅寺"，其时僧众人数达 600 余人，暮鼓晨钟，法音梵呗，盛极一时，延至清代。

民国初年以来，由于战事频繁，西林禅寺日趋式微，几近废墟。直到 1986 年 11 月，西林禅寺才得以重新开放，当时仅存三圣殿、药师殿等数间单层小屋，兀立于周围菜场之中。1992 年秋，经上海市文管会拨款，由松江博物馆主持西林塔的修缮事项。

东岳行宫

东岳行宫是目前松江区境内最有名的道教朝圣处之一，它又被称为松江岳庙或松江东岳庙，位于今上海市松江区中山中路。

东岳行宫何时始建，今已失考，但相关史志记载，其由北宋尚书右丞朱谔扩建。元至正五年（1345 年）毁于火灾，仅存真武台、五凤楼和两边厢房。至正十二年（1352 年），松江府人夏浚在所毁楼址重新修复该建筑，并添建山门。明成化年间（1465 年—1487 年）松江府副道纪曹希升扩建玉皇阁。弘治五年（1492 年），松江知府刘璟又加以重修，并扩建戏台、寝宫等，遂使东岳行宫发展成为占地近百亩的著名道教宫观。嘉靖三十二年（1553 年），倭寇侵入松江府城，东岳行宫遭受很大破坏。此后，万历、天启年间，松江府陆续出资重修了大殿、庑殿及西北边殿，并建立了杨神祠。

清顺治、康熙、乾隆三朝，松江府又陆续扩建了东岳行宫。近代以来，东岳行宫屡遭战火破坏，损毁严重。2001 年，松江区政府决定在旧址上重建东岳行宫，建设工程于 2003 年破土动工，于 2006 年竣工并对外开放。

松江真教寺

松江真教寺位于今松江区中山中路缸彭巷内，是上海地区历史最早的清真寺，历史上曾名"云间白鹤寺"。

对于该清真寺的创建来历有两个版本：一说元惠宗至正年间，由郡守达鲁花赤创建；另一说乃元成宗元贞元年（1295年）西域穆斯林纳速剌丁镇守松江时所建。明太祖洪武间该寺因年久失修而倾圮，朱元璋于洪武二十四年（1391年）敕令重建。

此后，明清两朝曾多次修缮扩建该寺：如明成祖永乐五年（1407年）、明世宗嘉靖十四年（1535年）曾两次重修并扩建。明神宗万历十年（1582年）又进行整饰。清世祖顺治十五年（1658年）、清圣祖康熙十六年（1677年）、清仁宗嘉庆十七年（1812年）、清宣宗道光二年（1822年）也都进行过大规模修葺。

1980年松江清真寺被列为上海市级文物保护单位。20世纪80年代及21世纪初，政府曾两番对该寺进行大修并对外开放。

秀道者塔与李塔

秀道者塔，又名月影塔或聪道人塔，位于松江区佘山山腰间。它始建于北宋太平兴国年间（976年—984年），山上曾有潮音庵，庵内有道者名"秀"，亲自参与建筑此塔，建成后引火自焚，故名。塔座四周有围廊，塔身每层有南北小门可通，塔高 29 米，砖木结构，七层八面，造型秀美，修长俏拔，为佘山最著名的古迹之一。近代以来，由于年久失修，塔身早已破败不堪。1997 年，松江县政府对此塔进行了整修。2002 年，秀道者塔被公布为上海市文物保护单位。

李塔位于今松江区横潦泾畔李塔汇镇，相传为唐太宗李世民之十三子曹王李明任苏州刺史时所筑，故名。建塔时无庙宇，南宋嘉定六年（1213 年），有一僧人来到松江，得到当地大姓钱氏舍宝资助，建造了一座小庙，名为"澄庵"，南宋咸淳年间（1265 年—1274 年），改名延寿院。李塔七层四面，承袭唐代风格，高 30 余米，为砖木结构，外形与方塔相似。该塔历史上曾经多次翻修重建，近代以来，塔内部楼梯和平座等结构都已损毁。1997 年，在松江县政府与上海市文管会共同出资下，李塔终于得以修缮完成，恢复往日神采。

松江艺荟

松江顾绣

顾绣又称"露香园顾绣"，为汉族传统刺绣工艺之一，因起源于明代松江地区的顾名世家而得名。据传顾绣绣法出自皇宫大内，顾家先后出现了缪氏、韩希孟和顾兰玉等顾绣名手。

顾绣以宋元名画中的山水、花鸟、人物等杰作为摹本，把宋绣中传统的针法与国画笔法相结合，以针代笔，以线代墨，勾画晕染，作品浑然一体。顾绣的针法复杂且多变，一般有齐针、铺针、打籽针、接针、钉金、单套针、刻鳞针等十余种针法。因此，顾绣的发展需要高素质的艺人和大量工时的投入，其作品虽精妙无比，但其制约条件亦多。晚清以后，随着国运衰竭、世事动荡，顾绣日趋湮没。

民国以来松江人始终致力于恢复这门古老的刺绣技艺。1949 年后，松江工艺品厂响应周恩来总理关于挖掘发展中国传统工艺美术品的指示，决定于 1972 年底着手筹备恢复顾绣艺术。改革开放以来，由于松江区的不懈努力和广泛宣传，顾绣重新得到了人们的重视与喜爱。2006 年 5 月 20 日，顾绣经中华人民共和国国务院批准列入第一批国家级非物质文化遗产名录，遗产编号为Ⅶ–17。

松江缂丝《莲塘乳鸭图》

在上海博物馆中有一镇馆之宝——《莲塘乳鸭图》就产自松江，其作者是北宋末期松江府华亭县缂丝名家朱克柔。

缂丝是我国古代一种精湛的丝绸织造技术，它以生蚕丝为经线，彩色熟丝为纬线，采用"通经回纬"的方法织成平纹织物。由该手法所完成的作品，往往被视为丝绸艺术品中的精华。在两宋交替时期，松江府是缂丝的主要产地之一，《莲塘乳鸭图》即成于这一时期。

缂丝《莲塘乳鸭图》

朱克柔，女，名强，字刚，生卒年现已不详，但其出生应不迟于北宋宣和年间，而其缂丝创作活动则应持续至南宋绍兴年间。据说，她家境贫寒，自幼苦学女工，终以缂丝闻名于世。明代收藏家安仪周《墨缘汇观·名画》有云："（朱克柔）人物、树石、花鸟，精巧疑鬼，工品价高，一时流传至今尤成为罕见"，"其运丝如运笔，是绝技，非今人所得梦见也，宜宝之"。

令人扼腕的是，作为曾经的缂丝生产重镇，松江一地的缂丝技艺自近代以来便逐渐绝迹了。目前，只有苏州、南通等地还有一些缂丝艺术室和小型生产厂家。

庄泾船拳

庄泾船拳又称"庄泾拳"，产生于清朝中后期。松江庄泾（今青浦区也有一庄泾）乃古地名，明清时期在松江府西仓城乡庄泾村，今属松江区永丰街道周星社区（庄泾村已被撤销）。历史上，"拳出庄泾"的民谚使庄泾船拳声名远扬。

自明中叶以来，位于松江府西侧仓城之漕运十分发达，但沿途多急流险滩，更有贼寇强人出没，船家生命安全难以保证。于是，大约在乾隆年间，为抵御贼寇，仓城船家大多聘请庄泾拳师护船，庄泾船拳应运而生。

庄泾船拳以击退对手，使对手落水为主要目的，多用推、挡技术，借力打力，制服对手。由于场地限制，庄泾船拳对习练者要求颇高，拳手必须桩牢身稳，步法灵活，能在方寸之地进退自如，而且出招敏捷，收招干净，极少拖泥带水。

1984年，松江庄泾"少林拳"被上海体育运动委员会列为"上海民间体育"发掘项目之一，并被市武术协会列为上海市四套重点整理拳种之一。2019年，庄泾船拳被列入松江区第七批非物质文化遗产名录。庄泾船拳传人周龙弟、韩予晋等至今在松江办学推广船拳。

新浜花篮马灯舞

新浜镇位于今松江区西南部，东邻松江泖港镇，南与金山区枫泾镇接壤。历史上，此地元宵节庙会盛行一种民间舞蹈形式，名为"花篮马灯舞"（原名"串马灯"，以马灯和花篮道具命名），新浜也因此有"山歌马灯乡"之誉。

镇上每村都有串马灯，每逢元宵佳节，村村组织灯队，一般第一夜先在庙场齐灯串舞，点灯的火种要从庙里迎请，然后进入本村逐家登门。村民们则家家煮菜备酒，邀集亲友前来观赏和品尝，并备好"红纸包"，馈赠灯队。第二夜起，按邀发帖子为序，开始去别村相互串舞。每到夜晚，在敲打的锣鼓声中，马灯、花篮纷纷亮起灯火，村庄里五光十色，灯光时隐时现，气氛热烈，场面壮观，整个活动要持续到正月底才收灯结束。

花篮马灯舞初期只有四马四花篮之形式，灯队身穿戏装，扮演《水浒》《白蛇传》《吕纯阳三戏白牡丹》等剧目中之角色。后经民间艺人不断充实，出现了六马六花篮、八马八花篮等形式，甚至有两支灯队混合会串的情景。

叶榭镇草龙舞

叶榭镇位于今松江区东南部，北枕黄浦江，东接奉贤区庄行镇，南连金山区亭林镇，此地流传有一种古老的草龙求雨仪式，名为"草龙舞"。

民间传说"八仙"之一的韩湘子，是叶榭镇埝泾村人，为解家乡旱灾，召东海青龙，普降大雨，使得叶榭镇盐铁塘两岸久旱逢甘霖。此后，每年叶榭乡民都会用金黄色的稻草扎成四节龙身，每节四丈，又扎"牛头""虎口""鹿角""蛇身""鹰爪""凤尾"等部位，最终拼接为完整草龙，感念韩湘子"吹箫召龙"的恩德，祈求风调雨顺。是以"草龙求雨"成为叶榭民间习俗，并逐渐影响到周边地区。在民俗传承过程中，又逐步形成了草龙舞、滚灯舞、水族舞等民俗舞蹈。

"草龙求雨"仪式每逢农历五月十三、九月十三于当地关帝庙会举办时举行。庙会供奉"韩湘子"和"青龙王"牌位，分为"祷告""行云""求雨""取水""降雨""滚龙""返宫"等七个程式，每个程式均有一定的舞蹈动作和音乐伴奏。

泗泾镇十锦细锣鼓

泗泾镇位于今松江区东北部，因古时通波泾、外波泾、洞泾、张泾四条河流汇集于此而得名。此地至今留存有一种古老而又具有特色的民间传统戏乐，名叫"十锦细锣鼓"。该戏乐是泗泾地区民间吹打艺人在吸收昆腔艺术特色的基础上，在长期乡村演奏过程中不断打磨而形成的。据史籍记载，十锦细锣鼓早在乾隆年间就已流传于泗泾地区。

十锦细锣鼓的艺术特色主要是锣鼓，它继承了昆腔既软且糯的艺术特点，逐渐形成"文而不武"、"雅而不闹"、"柔而不犷"、节拍鲜明、节奏感强等新的艺术风格。正因为其讲究"细腻"，故民间称之为"细锣鼓"。而"十锦"则是指演奏乐器之多，表演者在演奏时，一人需要兼带几件乐器，敲一段锣鼓点板后，就要拿起丝竹来演奏，交替进行，一专多能。比如上街出灯游行时，京锣是挑在肩上的，小锣和汤锣同时挂在一只手上，半堂鼓、板鼓则放在网兜里背在背上，身体一侧还要挂一面柴锣，另外吹笛子的手还要兼带掌鼓，可以边走边演。

蓬勃松江

松江烈士陵园

松江区烈士陵园现坐落于松江区车墩镇联络公路 753 号，前身是坐落在县苗圃桃园内的侯绍裘、姜辉麟烈士纪念碑。1986 年 5 月，此地被松江县人民政府定名为松江烈士陵园，后于 2011 年整体改建。

侯绍裘（1896 年—1927 年），出生于松江县城。1918 年，考入南洋公学（今上海交通大学），攻读土木工程专业。1921 年夏，在松江接办景贤女子中学，并担任校务主任。1923 年秋正式加入中国共产党，成为松江地区第一名中共党员。1927 年初，参与中国共产党组织的上海工人第三次武装起义取得胜利后，遭到国民党背叛，英勇就义，年仅 31 岁。

姜辉麟（1897 年—1933 年），女，出生在松江县城内北仓桥下一户贫苦家庭，自幼勤学不辍。在五四运动中，她与姜兆麟、朱雅雄等人倡设"天足会"松江分会，鼓励女同胞反对封建主义、抵制缠足。1927

年，凭借对中国共产党革命事业的信仰，姜辉麟毅然加入了中国共产党。1932年，她被调往中共江苏省委工作时，不幸在南京被捕入狱，被秘密杀害于南京雨花台，年仅36岁。

松江大学城

松江大学城位于上海松江新城西北角，占地约8000亩，是国内规模首屈一指的大学园区之一，是上海创建新型办学模式的一次探索和改革，采用了市场经济体制下的新机制、新模式——区里出土地、银行贷款搞基建、高校以租赁方式进入园区。

松江大学城是一座没有"围墙"的大学园区，这不仅体现在校与校之间没有围墙，只是用绿化带或河流来划分边线，更体现在大学城内各类资源可以共享。图书馆、体育场和实验室之间实现"一卡通"，避免重复投资造成资源浪费；各校的后勤服务统一达到社会化，共享后勤工作；各校教师可以相互聘用，高素质的教师可以轮流在几所大学执教，促进教师不断提高教学水平；学生可以各取所需，走进任何一所大学的课堂选修课程，所修学分在各校之间都予以承认。

目前，松江大学城内含上海外国语大学、上海对外经贸大学、上海立信会计金融学院、东华大学、上海工程技术大学、华东政法大学、上海视觉艺术学院七所高校，每年这些高校都给松江乃至上海地区输送了源源不断的人才。

G60 科创走廊

G60 科创走廊，正在逐渐发展成为松江经济增长新兴动力源。所谓"G60"，原本指沪昆高速公路，它由东北自西南贯穿整个松江区，运量位居松江区境内各条高速公路之首。在这条高速公路左右两侧，自东北至西南聚集着上海临港松江科技城（即漕河泾开发区松江园区）、洞泾智能机器人产业基地、国家级松江经济技术开发区、国家级出口加工区、松江新城国际生态商务区、松江新城总部研发功能区、松江大学城双创集聚区、松江电子商务与现代物流园区和松江西部科技园区等九大高新科技开发区。从地图上看，其分布形状类似一条带状走廊，故而被称为 G60 科创走廊，它全长约 40 公里，面积为 283 平方公里。

上海松江 G60 科创走廊从理念到实践的成功转化，处处体现着松江区委、区政府的集体智慧，也体现着松江人民敢破善立、善做善成的优秀品质，是松江实现转型发展过程中，向规划要品质、向存量要空间、向科创要动力、向质量要效益的结果。

G60科创走廊沿线最靓丽的风景线——世界最长城市产业长廊"拉斐尔云廊"

青浦篇

　　青浦，以远古文化和水乡文化为特色，有"上海之源"之称。青浦也是上海面向全球企业的一扇大门，这里是举办中国进博会和国家会展中心所在地，是上海对外贸易的一扇"上海之门"。青浦也是老一辈无产阶级革命家陈云同志的故乡——练塘镇。

　　早在六千多年前，上海最早的外来移民来到境内的崧泽、福泉山等地聚居，形成了远古人类文明遗址。在宋元明清时期，青浦出现了练塘、金泽、朱家角等柔美的经典水乡古镇。在古镇上建造了诸多如课植园、曲水园等古典园林。这里也是江南著名湖泊淀山湖的所在地，在湖边当代青浦人又恢复建筑了《红楼梦》中的大观园、东方绿洲等现代景点。

　　近年来，地处申城西大门的青浦，正从"上海之源"迈向"上海之门"，大力塑造"海纳百川、追求卓越、开明睿智、大气谦和"的新形象，文化软实力和城市竞争力进一步提高。

Qingpu

Qingpu, a water town characterized by ancient culture, is known as "the source of Shanghai". It is also Shanghai's gate to global enterprises, the location of the China International Import Expo and the National Convention and Exhibition Center, a "Shanghai Gate" to Shanghai's foreign trade, also sits the hometown of Comrade Chen Yun, an older generation of proletarian revolutionaries, Liantang Town.

As early as more than 6,000 years ago, immigrants came to settle in Songze, Fuquan Mountain and other places within the territory, forming relics of ancient civilization. During the Song, Yuan, Ming and Qing dynasties, beautiful classic water towns such as Liantang, Jinze, and Zhujiajiao formed in Qingpu. Many classical gardens such as Kezhi Garden and Qushui Garden were built in the ancient town. This is also the location of Dianshan Lake, a famous lake in the south of the Yangtze River. By the lake, Qingpu people of today have restored the construction of modern scenic spots such as Da Guan Yuan ("Grand View Garden") in *A Dream of Red Mansions* and the Oriental Oasis.

In recent years, Qingpu, located at the west gate of Shanghai, is changing from "the source of Shanghai" to "the gate of Shanghai", vigorously shaping a new image of "accommodating all rivers, pursuing excellence, being open-minded and wise, and being modest", cultural "soft power" and urban competitiveness further improved.

遗址古迹

崧泽遗址："上海之源"的考古史诗

位于青浦区赵巷镇崧泽村的崧泽遗址，是上海迄今发现的人类最早的聚居地，是上海远古文化的发源地。

崧泽遗址 1957 年首次被考古工作者发现，发掘出的大量珍稀文物将上海有人类活动的历史推至约 6000 年前。其作为上海最古老的一处原始社会遗址，被评为"20 世纪中国百项重大考古发现"之一。1977 年，崧泽遗址被列为第一批上海市重点文物保护单位。

2014 年 5 月 18 日，崧泽遗址博物馆正式开馆开放。这个以"藏品最古老"领衔上海博物馆之"最"的博物馆，以突出"上海之源"和崧泽文化是"中华五千年文明之脉"为主线，集中展示上海先民最早的生活足迹和上海早期人类文化发展的历史进程，带给人们一段非凡的穿越历史之旅。

在这里有发掘的"上海第一人"：上海最早先民的头骨。通过先进的成像技术，"上海第一人"的相貌被复原，这是一位年龄在 25 岁至 30 岁之间的男性，面部略显低矮，鼻根低平，跟东亚蒙古人相似。1961 年，崧泽遗址发现了炭化稻谷遗存，这是上海出土最早的人工栽培水稻，被称为"上海第一稻"，是国内发现的首个稻谷遗存，为中国稻作起源提供了直接证据。在崧泽遗址的发掘中，还发现了"上海第一井"——最

崧泽遗址出土的陶器制品

早的水井，以及"上海第一房"——上海人最早居住的房屋基址，还有陶釜、炉箅等最早的炊器和食后丢弃的猪、鹿、鱼、龟等动物碎骨，以及先民们生产劳动所使用的各种工具等。

根据这些珍贵的遗存，博物馆采用高科技手段展现出一幅幅远古村落的画面，用声、光、电的变幻模拟出上海先民们日出而作、日落而息的情景，使观众身临其境，产生穿越到6000年前的感觉。考古研究表明，6000多年前崧泽这批最早的上海居民可能来自现在浙江北部和江苏南部的太湖周边地区，是上海最早的外来移民。他们从当地带来了先进的生产工具和技术，在这片处女地上发展生产，经营生活，繁衍生息——正是他们开创了上海人类历史文明的先河。无疑，崧泽文化对于探寻海派文化的源头有着重要意义。

福泉山："一眼看千年"的国家级大遗址

古老的福泉山，是上海市唯一一处国家级大遗址。这里被称作中国土建金字塔，在 30 多年的考古发掘中，这里出土了 200 多座从新石器时代到唐宋时期的墓葬，还完整保留了距今 6000 到 7000 年历史的叠压文化遗存。

福泉山，位于青浦区重固镇老街西侧，山体呈不规则长方形，东西长 94 米，南北宽 84 米，高 7.5 米，是古人作为墓地堆筑的一座大土墩。1962 年，上海市开展文物普查时，发现该处为古文化遗址。福泉山遗址以福泉山为中心，东西长约 500 米，南北宽约 300 米，面积约 15 万平方米。1979 年至 1988 年，考古工作者先后对其进行了 3 次大规模发掘，发现距今 5700 年前后的村落遗址、距今 5000 年前崧泽文化晚期墓葬 17 座、距今 4000 多年前良渚文化墓葬 31 座，以及战国、唐、宋时期的墓葬。其中，良渚文化墓葬中有着丰厚陪葬品及人殉的显贵大墓，表明上海地区已在距今 5000 年前进入文明社会门槛，体现了长江流域同黄河流域一样是中华民族文化发祥地之一。

2008 年至 2011 年，有关部门再次对福泉山遗址进行了勘探和发掘，新发现了一处良渚文化晚期贵族墓地——吴家场墓地。墓葬随葬品等级高，出土文物精美，其中装饰有神人兽面纹的象牙权杖在上海地区乃至全国的新石器时代考古发掘中都十分罕见，具有非常重要的文物价值和历史意义。4000 多年前上海乃至周边地区的政治、文化中心不在现在上海市中心的人民广场，而是在青浦的福泉山。

福泉山是中华文明起源十分珍贵的文化遗存。遗址文化层齐全，反映了马家浜文化、崧泽文化、良渚文化早晚有序的文化层叠压关系，可看作古上海的历史年表。2001 年，福泉山古文化遗址被国务院列为全国重点文物保护单位，这是上海地区唯一一个遗址类全国重点文物保护单位。2013 年 5 月，福泉山遗址与周口店遗址、圆明园遗址等一起被国家文物局、财政部列入全国 150 处大遗址保护名录。

古镇水乡

朱家角：海派大气的上海威尼斯

千年古镇朱家角，像一颗明珠镶嵌在淀山湖畔，素有"上海威尼斯"之誉。朱家角镇历史悠久，早在 1700 多年前的三国时期就有村落，宋元时名为朱家村，明万历年间建镇，名为珠街阁（又称珠溪），清嘉庆年后，俗称珠里、角里、朱家角。这里的人文景观不仅洋溢着江南水乡特有的柔和秀，而且熔铸着博采众长、开放吸收的海纳百川情结，犹如一幅海派水乡的古镇风情画卷。

一条漕港河将朱家角分成两半，两岸遍布蜿蜒曲折的小巷、花岗岩石的街面、青砖黛瓦的明清建筑及众多具有江南水乡特色的景观。河道纵横、水网密布的朱家角，有大小古石桥约 36 座之多。它们造型各异，有的恢宏雄壮，有的小巧玲珑，有的古厚淳朴，有的秀丽多姿；建材多种多样，有石拱石板，有砖木混合，有木质结构，大都年代久远，风格不一。镇上最大最有名气的，当推建于明代的沪上第一桥——放生桥，有 100 多级石阶、5 个大桥洞。船家停泊系缆绳所用的缆石也是水乡特色所在，有如意、古瓶、葫芦、蕉叶、宝剑、牛角、怪兽等多种形式，它们点缀于古镇的石驳上、窗榍下、河埠边，造型古朴生动，体现出特有的江南水乡艺术文化。

放生桥

朱家角的古弄幽巷以多、古、奇、深而闻名遐迩，全镇古宅建筑有四五百处之多，穿弄走巷，寻古探幽，趣味无穷。建于1912年、占地96亩的课植园，寓意"一边课读，一边耕植"，园内亭台楼榭、假山水池、石碑长廊、古树名木一应俱全，不但是优秀的建筑遗产，而且体现了朱家角人崇尚文化的高贵品格。

在镇上，现仍可见一些留存的传统商号，其中"童天和国药号"与上海百年老店"童涵春堂"同宗，是江南著名的国药号之一。"涵大隆酱园"创建于1886年，在1915年巴拿马万国博览会上，它的玫瑰乳腐和双料酱油分别获奖，后来又在南洋劝业会和国货展览会上分别获奖。坐落在古镇北大街上的百年老字号——"江南第一茶楼"，除楼身采用砖石结构外，其余全部采用木结构筑成，拱形砖石门却又加入了海派石库门建筑的元素，二者结合，颇有特色。"大清朱家角邮局"始建于清朝同治年间，为清代上海地区13家主要的通邮站之一，是华东地区唯一留存的清朝邮局遗址，也是近代中国邮政历史的缩影。

繁荣发达的经济支撑起文化的兴盛。朱家角名人辈出，从清代学者王昶、画僧语石、御医陈莲舫，到近代小说家陆士谔、报业巨头席子佩等，留下了丰富的文化遗产。

金泽古镇：江南桥乡甲天下

金泽镇北枕淀山湖，南依太浦湖，水面积占了全镇总面积的三分之一以上，"素以桥多著闻"，有"江南第一桥乡"之称。金泽古时称"白苎里"，在白米港畔，因当地盛产大米和苎麻而得名。

相传由于当地文人认为"白苎里"这地名缺乏文采，故用古书中"穑人获泽石如金"之句，改称其为"金泽"。金泽的桥，大都建于宋、元两代，且有"庙庙有桥，桥桥有庙""庙里有桥，桥里有庙"的俗谚。史书上称，宋时金泽已有"六观、一塔、十三坊、四十二虹桥"。这"四十二虹桥"，就是指在面积仅 0.6 平方公里的镇区内有 42 座古桥，堪称水镇桥梁密度之冠了。如今绝大部分寺庙已废，但当年的桥却风姿犹存。至今镇上还保存着万安桥、普济桥、迎祥桥、天皇阁桥、如意桥、放生桥等 10 余座桥。在下塘街一带有一段 350 米的河道，河道上并列的 5 座古桥，竟然跨越了宋、元、明、清四个朝代，所以有"四朝古桥一线牵"的说法。这些古桥造型美观、结构精巧，为国内外桥梁专家和学者所注目，在古桥梁史上占有重要的地位，故有"金泽古桥甲天下"的美誉。

金泽的桥意蕴深长，情味无限，有其独特的魅力。万安桥建于宋景定年间，是金泽最大的石桥，有"金泽四十二虹，万安桥居首"之称，石桥结构坚固，形式优美，历经千年风雨仍安然横卧江南，是上海地区最古老的石桥。万安桥向南不远处是普济桥，它与万安桥非常相似，故二桥又称"姐妹桥"。建于南宋咸淳三年（1267 年）的普济桥，为单拱圆弧形，具有明显的宋代石拱桥的特征，此种形状的石桥国内已不多见。该桥于 1987 年被列为上海市第四批文物保护单位。金泽至今保存得最完好、最美观的古桥是如意桥，此桥建于元代，明、清两代多次大修，故桥身整齐优美，由一色打凿整齐的花岗石砌成，桥拱倒影碧水，成虚实相接，恰成一圆形，有诗赞曰："横桥远画如游龙，明珠影落长河中。"一座座风格迥然不同的古桥，把古镇的河街、巷、宅等连接在一起，使桥融入了自然环境之中，与古镇相映成趣，形成了江南水乡古镇独特的风貌。

金泽古镇桥多，庙也多，有 26 座古庙，其中颐浩禅寺、东岳庙，西林禅寺三座最为有名。颐浩禅寺于 1992 年修复后建造石碑坊一座，重建了观音殿、山门、殿堂、寮房等寺宇建筑，占地 6 亩多，建筑面积 1000 多平方米。1992 年 7 月，该寺正式开放为佛教活动场所，中国佛教协会会长赵朴初题写寺名。寺内现存 3 株古银杏，其中最大的一株四人合抱粗的古银杏树已有 700 年，历经世事沉浮，如今依旧枝繁叶茂、冠如华盖。

练塘古镇：陈云同志的故乡

淀山湖水、太湖水、汾湖水在练塘汇合进入黄浦江。练塘是一个以"红色、绿色、古色"文化闻名的江南水镇，这里是老一辈无产阶级革命家陈云同志的故乡，也是国家级生态乡镇、中国历史文化名镇。

练塘建镇已有 1000 多年。古时的练塘，有九峰列翠、三泖行帆、塔院晓钟、西来抱秀、天光古刹、圆通朝爽、明因夕照、鹤荡渔歌这"八景"。古镇老街集中于市河两侧，素墙碧瓦，幽巷曲径，具有鲜明的江南民宅特色。清澈的市河犹如一条玉带蜿蜒曲折，贯穿全镇。沿河有 10 多座古桥掩映在垂柳之间，人在桥上走，船在桥下行，犹如一幅江南水乡画长卷。

练塘镇是青浦区的农业大镇，农田面积 5.85 万亩，占镇域的41.6%，所产的稻米、茭白深受广大市民青睐。练塘茭白种植历史可上溯 400 余年，从 20 世纪 60 年代开始，依托当地独特的地理环境和不断进步的科学技术，逐渐成为练塘镇农业支柱产业。练塘如今已发展成为华东地区种植茭白面积最大、产量最多的乡镇，享有"华东茭白第一镇"的美誉。茭白营养价值高，又能与各种荤素菜肴搭配，是市民餐桌上的宠儿，因而练塘的茭白被列为沪郊一宝。

练塘也是陈云同志出生的地方。陈云是大名鼎鼎的"红色掌柜"，也是中国社会主义经济建设的开创者和奠基人之一。陈云故居紧靠市河边的下塘街，是一座砖木结构的老式江南民居，总建筑面积 95.88 平方米。陈云两岁丧父，四岁丧母，被舅父母收养。1911 年至 1919 年，陈云与舅父母生活在一起。现今故里的陈设基本保持了当年的原貌。陈云在家乡生活了 14 年，他年幼的时候，就已经在舅父的小酒馆里帮忙，学会了珠算与记账。如今，小酒馆尚在，并在此基础上扩建成了陈云纪念馆。在这座国家一级博物馆里，保留了陈云生前的四万余件珍贵文物，见证了这位伟人 70 余年的革命生涯。十多年来，前来参观展览的人群络绎不绝，反响强烈。这里的展出激励着人们学习陈云崇高的思想、品德和风范，结合学习习近平新时代中国特色社会主义思想，为实现中华民族伟大复兴的中国梦而努力奋斗。

古园古建

曲水园：沪上古典园林瑰宝

位于青浦城区的曲水园，始建于清乾隆十年（1745 年），是沪上古典园林瑰宝，与豫园、醉白池、古猗园、秋霞圃同列上海市五大古典园林。2007 年，曲水园被评为上海市四星级公园。

园中建有有觉堂、得月轩、歌薰楼、迎晖阁，后又增建岸舫、夕阳红半楼、凝和堂等。

清嘉庆三年（1798 年），江苏学使刘云房应知县杨东屏之邀，在曲水园的前身"灵园"中吟诗宴饮，见园临大盈浦，园内池水迂回，就借东晋王羲之《兰亭集序》中曲水流觞的典故，易园名为"曲水园"。宣统三年（1911 年），曲水园由庙园改为公园。民国十六年（1927 年），为纪念孙中山先生，又更名为"青浦中山公园"。抗日战争爆发后，公园大部分遭日机炸毁。新中国成立后屡经整修，园景逐步恢复，至1980 年恢复"曲水园"园名。

自 20 世纪 80 年代起，上海市政府拨款对其进行全面整修，至1988 年修复了园中长年关闭的有觉堂、得月轩、御书楼、夕阳红半楼等古建筑，重建公园大门、清籁山房，新建绿波长廊，增设花坛，堆置立峰，使古园面貌一新。全园有 4 个各具特色的景区：西园以建筑为主，楼堂华美，有得月轩、觉堂、夕阳红半楼等楼阁。其中夕阳红半楼建在用太湖石垒成的假山上，楼下是盘旋曲折的山洞，楼的南北两侧都有石梯，非常有特色。中园以山水见长，有荷花池、凝和堂、花神堂等景点，荷花池畔有小濠梁、迎曦亭、恍对飞来亭等亭榭可赏池景，夏季还可赏荷花。荷花池北部有一座大假山称为"小飞来"，这里是园林的中央，站在山顶的"九峰一览阁"可居高俯视周围景观。东园紧挨着东边的环城河，这里的特点是充满野趣。沿着摆满盆栽、绿荫相伴的石头小径，可通往听橹阁、牡丹亭、机云亭、绿波廊等亭阁。

曲水园中的书艺苑景区是展览石鼓文及有关书法作品之处，书艺苑中央是一座八角形的"石鼓亭"，南北两面的柱子上各有一副楹联，所书之字均出自石鼓文；10 块石鼓仿制品错落有致地矗立在高大的杉树林下，除原诗外，每件石鼓的基座上都附有译文；左侧是古色古香的长廊，墙上嵌有研究石鼓文的石碑，称为"碑廊"，碑廊共分五大板块，刻有历代大家临写的石鼓文及他们对石鼓文的评介。

整个曲水园以水景取胜，以荷花池为中心，池水与城河相通，堂堂近水，亭亭靠池。园中古树众多，使其成为上海市 141 座公园中古树名木数量最多、最集中的公园。园中存有古树 50 株，其中树龄 200 年以上的 10 株，树种为银杏、罗汉松、青枫、桧柏等，树龄百年以上的 40 株，树种为白皮松、女贞、紫薇、紫藤、桂花、朴、榉、梧桐等。曲水园也是上海市民观赏牡丹的主要景点之一，园内约有 200 株牡丹、30 多个品种，包括日本牡丹、黄金轮、岛锦、花王、海皇、黑豹等精品，花朵硕大，主要有大红、粉红、白色三大色系。到了开花的季节，这里在各种常绿植物的衬托下，一片国色天香。

课植园：传承"课读耕植"文化

课植园为江南著名的庄园式私家花园，园主马维骐，故又称"马家花园"，至今已有 100 多年历史。马维骐（1853 年—1928 年），字文卿，曾是朱家角首富，受清末"置田造园"风气的影响，在朱家角先后置地 8000 多亩，并于西井街北首买田 96 亩，1912 年开始造园，历时 15 年才建成这座集江南园林精华于一园的花园。

课植园坐西朝东，园内建有迎贵厅、宴会厅、正厅、耕九馀三堂、逍遥楼、书城楼、望月楼、戏楼、打唱台、藕香亭、倒挂狮子亭、司教亭、碑廊等各类建筑共 200 余间，还有假山、九曲桥、课植桥、荷花池、稻香村等游览胜境。会客厅的厅堂悬挂有对联一副，上书"课经书学千悟万；植稻麦耕九余三"，藏头"课植"，意为"课读之余不忘耕植"，既点明园名的来历，又寄托了园主人对子孙后代的厚望。整个庄园分为课园与植园两大部分，充分体现了具有中国传统文化特征的生活理念和人生态度。

课园是园主人一家的学习和生活区，建有轿厅、客厅、堂楼、迎贵厅。其中，堂楼是马文卿三个女儿的闺房，悬匾"抚琴听风"，表明这里也是她们学习琴棋书画之地。 课园的点睛之作为"书城"，园内两幢小楼中一为藏书楼，一为读书楼，经历百年沧桑至今仍保持原貌。藏书楼位于迎贵厅北侧，楼有二层，楼上左室藏图、右室藏书，楼下是珍藏古玩之处。迎贵厅南侧是读书楼，这里环境幽静，是读书做学问的风水宝地。读书楼旁边有一条长约 20 多米的碑廊，碑廊内镶嵌着明清著

课植园

名书画家碑刻 15 块。植园辟有稻田、菜地和果林，取名为"稻香村"。这是园主人以"农圃者"自居，为耕植亲力亲为，以庄园式园林为载体，意图回归一种自然、澄澈与安宁的生活，同时也可让儿孙们体会农夫耕作之辛劳，以及"耕九馀三"的持家理念。相传旧时课植园占地 96 亩，植园就占去三分之二，只可惜由于历史变迁，植园只留下极小的一部分。抗日战争时期，课植园被日本宪兵队占领，遭到严重破坏。1945 年抗战胜利后，马文卿后人在园内创办约光中学。

新中国成立后，这里先后改为珠溪中学、朱家角中学。1986 年，课植园被列为县级文物保护单位。2003 年，在庄园内办学校的历史结束了。经过几年努力，政府对课植园进行了整修，尤其是在"植园"集中展示由稻田、打谷场、果园和草课植园药圃组成的新田园风光。2009 年春节，扩建后的课植园正式对外开放，再现了"课读耕植"的文化主题。

上海大观园：国内首座《红楼梦》主题公园

依偎于淀山湖畔的上海大观园，是国内首座依据中国清代名著《红楼梦》描述的意境而建造的海派寻梦乐园，也是上海五星级公园，名列上海十佳休闲新景点、上海十大旅游特色园林， 2000 年被国家旅游局评为国家 AAAA 级旅游景区。

上海大观园，原称淀山湖风景游览区，始建于 1979 年，1988 年 10

月正式对外开放，1991 年改称上海大观园，占地面积也由 135 亩扩大到 1500 亩，此后经过多次整修扩建，现已成为一个观光、旅游、休闲的综合性游乐园。

上海大观园在设计上颇费心机，全园以大湖为中心，利用江南水乡的特点，在园中布置大面积人工湖泊，并以池塘、小溪沟通各景点，构成有主有支、有动有静的水系。湖边设亭、榭，湖中设曲桥、石舫、石灯，溪上设桥亭，形成山重水复、流水人家的江南园林风光。设计师在有限空间中安置无限空间，增加景物层次，使建筑与环境融合为一，借环境气氛表达人物品格，使曹雪芹笔下《红楼梦》中的大观园景观现于人间。

上海大观园里面的整体格局是按照《红楼梦》里的描写设计而成的。总体布局以大观楼为主体，由"省亲别墅"石牌坊、石灯笼、沁芳湖、体仁沐德、曲径通幽、宫门、"太虚幻境"浮雕照壁、木牌坊等形成全园中轴线。西侧设置怡红院、拢翠庵、梨香院、石舫。东侧设置潇湘馆、蘅芜院、蓼风轩、稻香村等 20 多组建筑景点。此外，在宅院内还有不少描绘《红楼梦》中故事情节的人物蜡像，让游客仿佛处处置身于曹雪芹笔下的小说场景之中。

如果说以建筑为主体的楼台亭榭、洞门漏窗、曲径小桥构成了园林意境，那么楹联匾额就是园林意境不可或缺的文学烘托，正如《红楼梦》中贾政所言："偌大景致，若无亭榭文字标题，任是花柳山水也断不得生色。"大观园 20 多处景点里的楹联匾额，全都出自享誉海内外的当

石舫

代书画名流大家之手，游人可从中欣赏到各具神韵的正文大字、规范得体的首尾款式、朱白互补的金石印章、装潢精致的匾框艺术、真草隶篆行等各种书法流派。流畅变换的线条艺术，也是大观园园林建筑的点睛之笔。

这里，植物品种繁多，一年四季花开不断，每个季节都有不同的特色。海棠是中国名花，以艳丽脱俗著称，"艳丽最宜新着雨，妖娆全在半开时"指的就是春雨之后的海棠美景，"春看海棠"也因此成为上海大观园春季活动的一大热点。"映日荷花别样红"，每到夏季，人工湖内上万株荷花盛开，品种多而美，景色雅而奇，游客纷纷驻足摄影留念。到了秋风送爽、丹桂飘香时，有四季桂、银桂、金桂、丹桂四大品种群，近万株桂花树，是上海乃至长三角地区为数不多的赏桂胜地。冬天，总会有许多游客来上海大观园梅园赏梅。梅园植梅4000 多株，有 40 多个品种，形成疏枝缀玉缤纷怒放，如云蒸霞蔚的壮观景象。

东方绿舟：青少年的"快乐之舟"

东方绿舟位于青浦淀山湖畔，占地 5600 亩，其中水域面积 2000 亩，建筑面积 15 万平方米。园内有 17 万平方米四季常青的草坪，11 万棵大树，400 余种花卉树木，沿淀山湖有长达 2.4 公里的上海最长的亲水平台。作为"十五"期间上海市重大实事工程，东方绿舟于 2000 年6 月破土动工，2002 年元旦正式建成。如今，这里已发展成为一座规模宏大的集教学实践、运动休闲、旅游观光于一体的综合性校外活动场所，是全国最大的青少年校外活动营地。

东方绿舟集"实验性、示范性、开放性"于一身，融"野趣、童趣、情趣"于一体，以"自主、合作、体验、创新"为理念，经过整合的教育资源涵盖了人文、环境、科普、国防、生存、心理、体能等各个方面，是针对青少年学生实施"以德育为核心，以培养创新精神和实践能力为重点"的素质教育新天地，被誉为青少年的"成长乐园"和"快乐之舟"。

为有效发挥现有资源的教育优势，东方绿舟结合各年龄段学生的身心特点与学校教育的实际需求，有重点地整合、开发了资源，创建了以国防教育为主题的综合实践活动，以探究性学习为主线的春秋游，以素质拓展为内容的冬、夏令营和以未成年人思想道德建设为主渠道的节庆仪式教育等四大教育体系，开设了 164 项实践课程，逐步打造了国防教育、国际修学、拓展训练、环境教育等品牌活动。

在这里，有一艘仿真航空母舰，航母内有 7 层巨厦，分别设置了中国兵器博览馆、模拟射击馆、国家安全教育馆，以军械实物和声光电结合的多媒体展示形式，向青少年及游客提供军事和国家安全教育。智慧大道上 82 组由 169 位世界文明发展史上著名人物及其主要成就艺术组合而成的雕塑，是东方绿舟众多独特教育设施中的亮点。近年来，东方绿舟还精心设计了一系列仪式教育活动，如入团宣誓仪式、14 岁生日庆典、18 岁成人仪式、毕业典礼等。每年暑假，东方绿舟就成了中外学生夏令营的天地。近年来，东方绿洲策划、推出了生存体验、挑战训练、军旅生活、科学探索、健康快乐等系列主题活动。一流的组织管理、完善的硬件设施、丰富多彩的营地生活以及优质的配套服务，吸引了中外青少年学生夏令营团队纷纷进驻东方绿舟，各项活动热闹非凡，异常火爆。

形似"四叶草"的国家会展中心（上海）

国家会展中心（上海）：世界最大会展综合体

国家会展中心（上海）位于青浦徐泾镇，总建筑面积 147 万平方米，可提供 40 万平方米的室内展览面积和 10 万平方米的室外展览面积，有 13 个展厅，单个展厅的占地面积就相当于 4 个标准足球场，堪称全球之最。国家会展中心（上海）由国家商务部和上海市政府合作共建，作为新时期我国商务发展战略布局的重要组成，将在拓展世界市场和国际贸易、展现国家综合实力中发挥重要作用。

2018 年，首届中国国际进口博览会将在国家会展中心（上海）举行。2017 年 5 月，习近平主席在"一带一路"国际合作论坛上宣布"中国将从 2018 年起举办中国国际进口博览会"，赢得国际社会的高度赞誉和热烈响应。首届中国国际进口博览会由商务部、上海市人民政府主办，于 2018 年 11 月在国家会展中心（上海）举办，展区总面积超过 24 万平方米，包括国家贸易投资综合展和企业商业展，共有来自全球 151 个国家和地区的 3617 家企业参展。

国家会展中心地处虹桥商务区核心区西部，这里是青浦区 "一城两翼" 发展战略中的 "东翼" 门户——西虹桥商务区。作为虹桥商务区的重要组成部分，西虹桥商务区整体规划面积 19 平方公里，打造 "一核两区" 功能布局。其中， "一核" 指西虹桥商务区， "两区" 指南片中央商务区功能拓展区以及北片转型发展示范区。

国家会展中心（上海）自落户青浦以来，在西虹桥中央商务区建设和平台经济发展等方面产生了巨大的带动作用，双方紧密合作，保障了一系列重要展会的顺利举办。青浦将继续举全区之力发展西虹桥商务区，全力打造中央商务区功能，以西虹桥商务区为核心引领青东地区乃至全区发展，着力推进中央商务区功能拓展区和转型发展示范区建设，加强青东地区规划统筹、产业联动、协同发展，打造以现代服务业为支撑的服务长三角、面向全国和全球的中央商务区功能组团。

提升会展引领功能，是青浦区加快重点产业转型升级的重要举措之一。青浦区明确提出，将依托国家会展中心功能平台，抓住上海会展协会等行业组织落户西虹桥的机会，加强政策引导，完善产业配套，重点强化创意创新能力，提升现有时尚会展、活动的市场化水平和服务能级，争取更多专业时尚广告、会展机构、活动、节事赛事落户青浦，推动高端会务、设计、广告、租赁等会展服务产业链集聚，形成集约集群发展效应。

奉贤篇

古华遗韵如珍珠般洒落在奉贤境内，有通津桥、南塘第一桥、庄行古镇、奉城古城墙、华亭东石塘和万佛阁。

吴中草圣张弼与青村海秀坊、奉贤漴阙江海关、奉贤滚灯、"客乐浦"万国商团俱乐部、奉贤县越剧团、包畹蓉中国京剧服饰艺术馆，勾勒出奉贤的乡土风情。

沈家花园、中共奉贤县旧址、曙光中学李主一广场、庄行暴动烈士纪念碑，讲述奉贤的红色历史。

鼎丰腐乳、奉浦大桥、东海观音寺、东方美谷，展示澎湃新城的新未来。

Fengxian

Ancient Chinese charms are scattered like pearls in Fengxian, including Tongjinqiao Bridge, Nantang First Bridge, Zhuanghang Ancient Town, Fengcheng Ancient City Wall, Huating East Stone Pond and Wanfoge Temple.

The cursive master from the center of Wu, Zhang Bi and Haixiufang Memorial Archway in Qing Village, Fengxian Chongque River Customs, Fengxian Rolling Lights, "Ke Le Pu" Wanguo Business Group Club (WIGHF Club), Fengxian County Yue Opera Troupe, and Bao Wanrong China Peking Opera Costume Art Museum outline the local customs of Fengxian.

Shen's Garden, the former site of the Fengxian County of the Communist Party of China, the Lizhuyi Square of Shuguang Middle School, and the Monument to the Martyrs of the Zhuangxing Riot tell the "red" history of Fengxian.

Dingfeng fermented bean curd, Fengpu Bridge, East Sea Guanyin Temple, and Oriental Beauty Valley show the new future of the surging new city.

古华遗韵

通津桥

通津桥位于奉贤新寺镇新塘村，始建于南宋嘉定九年（1216年），是区内现存最古老的石拱桥，也是上海地区为数不多的宋代石拱桥之一，其存在的时间比奉贤建县还要早500多年。

桥畔两株千年古银杏为宋初所植，已有千岁高龄，是上海地区现存的7株千年"老寿星"树之一，树冠之大，为全市之首，立于茂盛树荫之下，不禁让人感慨前辈古人的庇荫之德。古树古桥，伫立在宁静的乡村河畔，值得欣然一赏。

近年来，通过奉贤有关部门的全力修复，这座800多岁的宋代危桥又恢复了原先半圆拱形石阶桥的风貌。

南塘第一桥

南塘第一桥现位于上海奉贤区南桥镇古华公园超然堂前，原位于南桥塘莲峰庵南侧，因位于南桥塘东头而得名。此桥拱桥为7.6米，桥长25.8米，桥宽3米，高2.7米，单孔，两边石阶各14级。

该桥始建于清朝，初时为木梁桥，名乐善桥，清乾隆元年（1736年）改建为石桥，嘉庆四年（1799年）改称南塘第一桥，同治元年（1862年）

春曾被毁，后重建。

1983 年南桥镇修建古华公园时，南塘第一桥被移建于园内，桥的基本结构和外貌均没有改变，至今仍然是古华公园中的第一大实物古景。

2000 年，南塘第一桥被公布为奉贤县文物保护单位。

庄行古镇

庄行古镇，即今奉贤区庄行镇，原名庄家行，早在宋初即成村落，元代成为集镇，明清时期鼎盛发展，地处奉贤、金山、松江三县交界处，商贸繁荣，各业兴旺，遂成奉贤西部之重镇。

庄行地属鱼米之乡，盛产稻米、棉花，是天然的粮棉之仓，也是奉贤西部最大的稻棉集散之地，尤以花米行最盛。四邻将收获的稻谷、棉花运到镇上交易，商家将收购来的谷、棉，通过水路经黄浦江运往江浙苏杭。在 20 世纪 30 年代，庄行有花行 24 家，米行 11 家，每到新谷、新棉上市时节，庄行每月进出大米数千石，棉花数百担，连带出现土布纺织业，以印花土布最为兴盛。

今天，庄行古镇尚存一条老街，长约 1000 多米，有 600 多年历史，是奉贤区保存较好、富有江南水乡神韵的明清建筑一条街。庄行老街除中段被一条新街横穿外，保存基本完整。老街上的主要建筑有东街汪家故居、李雪亭宅、褚泾庙旧址、油车弄刁家古宅、混堂弄何六其宅、王家宅。老街旁有条南桥塘，开挖于明代嘉靖年间，河上则有毓秀桥、八字桥等古桥。

奉城古城墙

在今奉贤奉城镇的万佛阁内，有一段修复后宽 10 余米、高近 4 米的明代奉城城防系统——"拱辰门"的月城城墙遗址。

明朝初期，为防御倭寇海盗，官府决定在山东至浙江沿海驻军防御海盗，设置 53 个堡垒，形成沿海防线。奉城就是这道防线中的一个堡垒，称为"青村堡"，置"守御青村千户所"，驻军 3039 名，归"金山卫都指挥使"指挥。

奉城城墙

这座在海边筑起的堡垒,规模宏大。据史料记载,青村堡城墙"周围六里,高二丈五尺",城墙外的护城河"池广二十有四丈,深七尺余","城门四,上各有楼,外各有月城楼四,敌台十有一,箭楼二十八"。城墙有"雉堞一千七百六十六","旱门四:东曰朝阳,西曰阜城,南曰镇海,北曰拱辰,其上各有丽谯,外有月城四座,窝铺一百三十座"。

咸丰十一年(1861年)太平军攻克奉城,城楼遭毁,同治六年(1867年)修复,民国十九年(1930年)城墙被逐渐拆除,城墙砖用以修筑监狱,以后城墙逐年被毁,仅剩万佛阁一段,另在西北角高土墩下埋有约40米长的城墙遗址。

华亭东石塘

在奉贤区柘林镇奉柘公路南,有一条绵延数公里的古代海堤,是奉贤人民抗击台风、海潮的大型防洪海塘——华亭东石塘的遗址,现称华亭古海塘。

华亭东石塘始筑于清雍正三年(1725年),历经几任督造后,于雍正六年(1728年)由清代著名的能吏、廉吏和水利专家——松江府海防同知俞兆岳全权总理华亭海塘工程。他吸收前人设计优点并加以改造,形成"俞兆岳筑塘法"。

工程耗时整整10年,建成后西起金山嘴,东接华家角(今柘林镇海湾村),高出地面3米上下,由条石和花岗石垒成,全长24千米,高 5 米，底宽 3 米，顶宽 1.4 米，宛若城墙，气势壮观，号称"四十里金城"，并有"北有古长城，南有华亭东石塘"之说。

华亭东石塘在沧海桑田中逐渐被损毁、湮没。1996 年 5 月，在当时的奉柘公路削降拓宽改造工程中，施工队挖出了埋藏在路基下近 4000 米长的古石塘，塘体上有碑刻 10 处，如"屹若金汤""万世永赖""河口界碑""长庆安澜""海宴河清"和"保护桑田"等。

万佛阁

万佛阁位于奉城镇北街城墙之上，占地面积有数万平方米，是一座由殿、楼、阁、廊、钟、院、塔组成的仿古建筑群，巍峨耸立，气势宏伟，有"华东第一佛堂"之称。当地群众曾有民谣："先有万佛阁，后建奉城镇。"

万佛阁原是元末奉贤乡间的一座小庵，传为道静法师为供奉万佛而建。明洪武十九年（1386 年），万佛阁迁入北城月城内今万佛楼的位置。清乾隆二十二年（1757 年），万佛阁年久失修，永修、德静、邃山三代住持花了 20 年时间重修了大殿和楼阁。1917 年，由于历经太平天国运动、辛亥革命和民国初期的军阀内战，万佛阁再次衰败，住持福缘法师募资修缮。

1937 年，古刹万佛阁在日军轰炸和炮击中破败，时任住持新量法师多次筹划重修万佛阁，皆因时局动荡而未能如愿。直到 1989 年，奉贤筹备佛教协会，县政府拨出专项资金用于万佛阁的筹备和重修。此后20余年，在新量法师及其弟子性康法师的主导下，万佛阁的重修逐步完成了。2015年，95岁高龄的新量法师在万佛阁圆寂。

人文沪南

吴中草圣张弼与青村海秀坊

在奉贤青村镇有一座石牌坊遗址——"海秀坊"，原为三横四柱牌坊，大部分毁于1949年之前，如今尚存一横二柱。东柱高3米，西柱高4.7米，横梁上浮雕花草纹饰。海秀坊是明代的古物，是明政府为表扬有"吴中草圣"之称的张弼而立，2007年被列为奉贤区不可移动文物。

张弼，字汝弼，因为家近东海，所以号东海，晚年自称东海翁，明代"云间书派"的代表书法家，擅长楷、行、隶、草等多种书体，草书尤佳；明宪宗成化二年（1466年）进士，任兵部员外郎，成化十四年（1478年）因为讽刺权臣被贬为南安（今江西大余）知府，三年后告老还乡；成化二十三年（1487年）在苏州儿子家病逝，终年63岁，葬于苏州凤凰山阳。

张弼一生为官清廉，从南安知府任上告老还乡时，除了三船书外，从南安带走的，唯有一块他带领百姓修路时在溪中发现的石条。这块跨越千山万水而来的石头被后人称作"廉石"，张弼后人一直视其为传家之宝，并在民国二十年（1931年）将它捐赠给了上海松江醉白池公园，至今仍在。

奉贤漕阙江海关

上海拥有着中国最早的海关——清代的"江海关"，最初"江海关"设立在奉贤漕阙。

900多年前的宋代，地处长江出海口的上海由于其优良的港口型地理位置，成为长江腹地商贸物资出海的优良航道港口。随后，宋、元、明历代皆在上海设"市舶司"，以管理海运及进出口贸易。

康熙二十三年（1684年），清政府重开海上贸易，设立江海关于松江府华亭县漕阙，即今上海奉贤的柘林古海塘附近，管理海运贸易税收，与同时设立的广州粤海关、福州闽海关、宁波浙海关统称为"四大海关"。上海地区以"海关"两字设置机构，是为首次，取代了江苏数百年的"市舶司"管理体制。江海关的关区范围包括江苏的所有出海口，

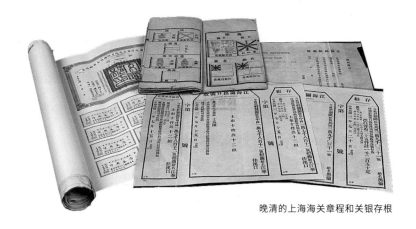

晚清的上海海关章程和关银存根

统辖苏州、松江、常州、镇江、淮阴、扬州、泰州、通州等 24 个口岸。

奉贤漴阙设立海关的历史长达 200 多年，一直维持到清末。1992 年 5 月 28 日，上海市郊县第一家海关——奉贤海关开关，重新开始延续奉贤海关的光荣历史。

奉贤滚灯

滚灯是奉贤传统民间艺术形式之一，传承了 700 多年，深受奉贤民众喜爱，常在奉贤各类民俗文化活动中进行表演。

滚灯由 12 根毛竹片编织而成，内置同样竹制的内胆，内胆内再置灯盘，点灯烛，舞灯人手执滚灯，做出"旋""飘""滚"等高难度动作。传统的滚灯直径在 1.2 米到 1.5 米之间，最重可达 60 斤左右，主要由人高力大的男性进行表演，是纯粹的力与巧的展示。21 世纪以来，为了丰富滚灯的表演内容，便于推广，滚灯人又相继推出了中滚灯和小滚灯。

关于滚灯的由来有两种说法。一种说法是，滚灯诞生于为抵御海潮危害而修筑的"里护塘"工地上，由用来填装石块堵塞决口的竹筐演变而来；另一种说法是，滚灯源于祈求平息水患的傩舞，是由在长三角地区流行"舞滚灯"的傩舞演变而来。

2007 年，奉贤滚灯被上海市人民政府公布为第一批上海市级非物质文化遗产项目，2008 年被国家文化部列为第一批国家级非物质文化遗产扩展名录，第二批国家级非物质文化遗产名录。

"客乐浦"万国商团俱乐部

在奉贤庄行镇浦秀村，有一处近百年历史且保存完好的帆船游艇俱乐部旧址——"客乐浦"万国商团俱乐部，是中国当代帆船、游艇运动的源头之一。

1873年，帆船运动被西侨引进到上海。随着上海外侨的增多，外侨们参加赛艇、帆船、游艇运动的需求越来越旺盛，开始有外商在沪开设帆船、游艇俱乐部。

奉贤浦秀村地处黄浦江水道的西端，临近奉贤西渡，江面宽畅，十

20 世纪 30 年代的"客乐浦"

分适合停泊各种小型游艇和帆船，同时其离黄浦江东面起点市区外滩的距离也比较适合帆船游艇比赛。1930 年左右，英国人凯利从浦秀村买到 30 亩土地，建造了一座集码头、度假会所、社交俱乐部为一体的"客乐浦"万国商团俱乐部，内设酒吧、餐厅、客房、舞厅、草坪、球场等。

"客乐浦"的主楼高三层，呈 20 世纪初现代派建筑风格的圆弧形，整个建筑坐北朝南，由江岸码头、主楼、花园、篮球场组成。

抗战爆发后，"客乐浦"万国商团俱乐部被日本侵略者占领，后逐渐废弃，2007 年 12 月 28 日被公布为奉贤区文物保护单位。

奉贤县越剧团

在奉贤的近代历史上，曾有过一个越剧团，它在新中国成立初期那个文化娱乐生活较为贫瘠的时期里，为奉贤人民的生活带来了一点亮色。

越剧是中国第二大剧种，也是流传最广的地方剧种，在江浙沪地区，具有深厚的群众基础。新中国成立初期，奉贤人民的主要娱乐方式就是听越剧，但奉贤并没有自己的越剧团，听戏很不方便。

1955 年，中央文化部提出了全国各地就地接收正在演出的私人剧团的要求。当时私人性质的新华越剧团恰好正在奉贤演出，得到了广大奉贤观众的肯定和好评，于是被奉贤县接收并更名为奉贤县新华越剧团，后又改称奉贤县越剧团。作为奉贤的第一个剧团，奉贤县越剧团当时在奉贤地区人气很高，受到了许多人的追捧，甚至在杭州、嘉兴、苏州、松江等地区都小有名气。

20世纪50年代末到60年代初，由于政治环境因素，诸多传统剧目不能演出，剧团收入大幅减少，甚至一度发不出工资。1958年，剧团开始陆续对团内人员进行分流。1965年8月，奉贤县越剧团召开全团会议，宣布剧团建制撤销，持续了10年的奉贤县越剧团至此画上了句号。

包畹蓉中国京剧服饰艺术馆

在上海奉贤的海湾旅游区，距离"碧海金沙"不远处，向海而立着一座包畹蓉中国京剧服饰艺术馆，展示着中国京剧以及京剧服饰独特的魅力。

包畹蓉，本名包庆秋，小名晚容，正式表演京剧时，学前辈梅兰芳大师（小名畹华），取艺名畹蓉。他是中国近现代知名的京剧艺术大师，先后师从荀慧生、王瑶卿、黄桂秋等名家，熟悉梅、程、荀、尚等各流派风格，尤精荀派。他还是一位京剧服饰设计大师和收藏家，是包派京剧服饰的创始人与传承者。

2001年，在奉贤区文化局局长数次登门邀请下，包婉蓉先生携他所珍藏的1000多件戏服来到了奉贤，并开办了包畹蓉中国京剧服饰艺术馆。2017年10月26日，包畹蓉先生在上海仙逝，享年90岁。他创办的包畹蓉中国京剧服饰艺术馆曾被评为"中国十大民间博物馆"，他的传统京剧服饰制作技艺被评为上海市非物质文化遗产项目，他自己也曾先后获得"薪火相传——中国文化遗产保护年度贡献奖""中国文化遗产年度保护人物"等荣誉。

红色奉贤

沈家花园

在奉贤南桥老城有一处特别的历史建筑——沈家花园，它曾作为奉贤现当代政治和社会枢纽机关近90年，像一块历经风雨苍茫的活化石，见证着百年来奉贤的历史、政治变迁。

沈家花园的修建者是清末民国年间出身南桥、在上海横行一时的"盐霸"沈梦莲。1927年，当上了国民党政府江苏水警厅厅长的沈梦莲决

沈家花园

定在南桥镇旁造一栋别墅，用以光宗耀祖、颐养天年，名为"沈家花园"。别墅位于南桥镇西的水路枢纽上，占地 24.24 亩，极尽奢华，是当时奉贤最大的西式建筑。

1937 年，抗日战争全面爆发后，沈家花园长期沦于日寇手中，成了日军驻扎的兵营。抗战胜利后，沈家花园又成了国民党复兴委员会及袁浦盐场公署等。

1956 年，奉贤县人民政府迁入沈家花园办公。2002 年 3 月，区委、区政府迁往新址，沈家花园"老大院"内成为区政协等机构的办公场所。2012 年，作为"奉贤区文物保护单位"的沈家花园主楼经过全面修缮，恢复了昔日原貌。2018 年，区政协机关等也迁出，沈家花园作为文化博物馆向市民开放。

中共奉贤县旧址

奉城镇奉粮路 70 号的奉城镇第一中心小学内，有一处"中共奉贤县旧址"，是革命烈士李主一在奉贤地区为革命事业英勇奋斗的历史见证。

李主一，1892 年生于奉城镇李家埭的一个书香门第，1925 年在上海读大学时加入中国共产党。1927 年 8 月，李主一以办学为掩护，租下奉城废弃的潘公祠作为校舍，创办曙光中学，成立党支部，随后中共江苏省委决定在此基础上成立奉贤县委，这里成为了奉贤地区一所"红色堡垒"。但李主一带领奉贤县委积极开展工作时，引来了国民党反动派的注意。在国民党军警搜查下，县委地下交通网络被破坏，多名党员被捕。李主一在逃离后也不幸被捕，最终英勇就义。

1983 年，中共奉贤县委旧址被列为县级文物保护单位。2001 年 7 月 1 日，全面修缮后的中共奉贤县委旧址和奉贤革命历史陈列室正式对外开放，许多珍贵的图片和实物公布于众。旧址作为爱国教育基地、青少年革命传统基地，每年都有数以千计的人前来参观。

曙光中学李主一广场

曙光中学是奉贤革命的摇篮。1957 年 4 月，为纪念李主一烈士，中共奉贤县委决定把奉城初级中学改名为"曙光中学"，同年 5 月，根据烈士遗言，在曙光中学校园内建造李主一烈士纪念碑。1980 年 1 月纪念碑重建，碑上刻有时任北京故宫博物院院长吴仲超题词："李主一烈士不朽""死得其所"。1995 年 9 月，李主一烈士纪念碑被县人民政府确定为县爱国主义教育基地。

2011 年 9 月，曙光中学搬入位于奉城镇广学路 1000 号的新校区。为更好地继承革命传统，传播曙光校史，曙光中学专辟 15 亩土地作为学校的红色教育基地，将老校的李主一烈士纪念碑整体搬入，修建了李主一广场，并在广场一角仿照原曙光中学旧址潘公祠原貌建成了纪念馆，命名为"烘炉馆"，取李主一诗句"布置烘炉铸少年"之意。该馆常年接待各级党、团员举办入党、入团仪式和重温入党誓词等活动。

庄行暴动烈士纪念碑

在庄行镇东市南端，矗立着一座庄严肃穆的庄行暴动烈士纪念碑。该纪念碑最早于 1967 年由奉贤县人民政府所建，纪念在庄行暴动中死难的唐一新等烈士，1986 年春于原地重建。纪念碑总占地面积 1208 平方米，碑高 16 米，正南面有刘晓题词"庄行暴动烈士纪念碑"。纪念碑北侧建有在庄行暴动中牺牲的唐一新、吴大龙、黄多生、冯银楼、张四弟等 5 位烈士之墓。

庄行是奉贤西乡一个大集镇，豪绅地主集中，阶级矛盾尖锐。在当时江苏革命运动处于低潮的情况下，奉贤县委两次提出举行庄行农民武装暴动的要求。1929 年 1 月 21 日，由中共奉贤县委组织，在杭果人、陈云、严朴、茅学勤、刘晓等率领下，庄行镇农民武装暴动占领庄行镇，缴获了部分款项和若干枪支，焚烧了商团、地主、奸商的住宅等。不过，暴动最终在国民党军队的反扑下失败，中共庄行支部的唐一新、吴大龙等留在当地开展游击活动的党员先后被捕，惨遭杀害。

澎湃新城

鼎丰腐乳

往沈家花园（今奉贤区政协）西北方向走五分钟，能看到大名鼎鼎的有着 150 多年历史的上海鼎丰酿造食品总厂（以下简称鼎丰厂），从这里生产出来的鼎丰牌玫瑰腐乳陪伴了几代上海人的早餐。1987 年，时任中共中央总书记胡耀邦同志在参观和品尝了鼎丰厂的腐乳后题词："奖牌诚可贵，货真价更高。"

鼎丰厂的前身是浙江商人萧兰国等人 1864 年在上海莘庄开设的鼎丰酱园，后迁往奉贤南桥。由于经营不善，鼎丰酱园一度入不敷出，濒临破产。1880 年，萧宝山自告奋勇担任鼎丰酱园总经理。他优化产品工艺，注重产品质量，诚信经营，让鼎丰酱园的腐乳和酱油在南桥获得了口碑，大受欢迎。

1949 年，鼎丰酱园收归国有，生产规模有了非常大的发展。1983 年，"鼎丰牌"精制玫瑰腐乳荣获国家银质奖，不仅畅销国内，还以"上海南乳"的商标远销日本、菲律宾、马来西亚等许多国家，其保持了 155 年的工艺被录入上海首批非物质文化遗产名录。

奉浦大桥

奉浦大桥位于闵行至西渡渡口下游 1.5 公里处，全长 2201.8 米，主桥长 545.3 米，是继松浦大桥、南浦大桥、杨浦大桥之后，第 4 座跨越黄浦江的大桥。

要想富，先修路。20 世纪 80 年代，奉贤社会经济得到了很大发展，但通往市区仍依赖轮渡，交通的不便极大限制了奉贤社会经济的进一步发展。

1986 年，奉贤区首次向上海市委、市政府提出了奉贤人民希望建黄浦江大桥的要求。然而，由于资金筹措困难等因素，大桥迟迟未能开建。1993 年 12 月 7 日，在市政府的协调下，奉贤区、上海市城市建设投资开发总公司、上海市公路局共同出资成立了上海市奉浦大桥建设有限公司，正式开始建桥。

1995 年 5 月 23 日，时任中共中央总书记、国家主席江泽民为即将建成的奉浦大桥题写桥名。10 月 26 日，奉浦大桥正式通车。这是在黄浦江上建桥用时最短的大桥。奉浦大桥的施工质量荣获国家建筑工程最高奖项——鲁班奖，它也是黄浦江上第一座荣获国家建筑工程最高奖项——鲁班奖的大桥。

东海观音寺

东海观音寺位于上海市奉贤海湾旅游区，临海而立。寺内有一座九层的观音宝塔，飞檐挑角、铜铃摇曳、金光闪闪、高插云天，是海湾旅游区内的地标建筑，也是奉贤佛教的新品牌。

2006 年，奉贤海湾镇大开发，大量人口迁入。为满足镇内对宗教活动场所的需求，对宗教活动做正确引导和建设，上海市佛教协会委派当时玉佛禅寺的资深法师慧芝大和尚前来筹备东海观音寺。

当时海湾景区内只有一个烧香点，还是一座孤零零的违章建筑，旁边是一排彩钢房，除了水鸟就是滩涂。经过多方奔走，2006 年 7 月，慧芝法师从市佛教协会和玉佛寺争取到启动资金。同时，慧芝法师力所能及地开展了助残、助学、敬老、帮困活动，传播佛教文化。

2008 年 9 月，奉贤区正式批准东海观音寺为宗教活动场所。2009 年 2 月，该寺举行了正式的奠基仪式。2012 年 5 月，东海观音寺以观音宝塔为主的一期工程正式落成。2014 年 3 月 16 日，上海玉佛寺方丈觉醒大和尚为东海观音寺圆通宝殿、文殊殿、普贤殿等二期工程落成主持开光庆典。2020 年，该寺的三期工程也启动。

东方美谷

东方美谷，是奉贤区委、区政府 2015 年起重点打造的产业品牌，主要聚焦美丽大健康产业，目标是打造中国乃至全世界美丽健康产业的高地。

东方美谷，是一个以奉贤区全域为载体，以"美丽健康"概念相关的产品轴、服务轴、产业轴 3 大坐标系构成的"三维立体产业体系"；是通过"跨界以至无界"理念，以总部经济、文化创意、旅游休闲、电子商务、体育运动、金融服务、时尚产业、奢侈品等跨界产业整合形成的美丽健康产业为核心，多种产业分支相连接的"美丽健康产业联盟"；是一个全区域覆盖、全功能整合、全产业配套、全要素服务的"都市产业生态圈"。

东海观音寺

　　围绕着东方美谷建设的推进，奉贤区正在逐步形成产业集群、研发创新、服务配套、人才聚集这四大功能，打造研发中心、设计中心、检测中心、展示中心、营销中心、体验中心、行业服务中心、专家指导中心这八大中心。

　　2017年，在第九届中国香料香精化妆品工业协会年会上，奉贤东方美谷被授予"中国化妆品产业之都——上海东方美谷"的称号。2023年，东方美谷各核心区总税收达45.6亿元，成功吸引了330家外企入驻，并通过了"上海品牌"认证。

崇明篇

中国第三大岛屿——崇明岛，被誉为"长江门户，东海瀛洲"。其所辖的长兴岛有世界最大的造船基地之称，横沙岛素有"三净"美誉，还有旅游佳地西沙湿地、"无底洞"徐家大潭。

崇明学宫、崇明海上丝绸之路、崇明沙船、"无崇不成台"、崇明"大围垦"、"长六"女神设计师——施金花，以及崇明灶花、崇明派琵琶、崇明扁担戏、"牡丹亭"、崇明山歌和"益智图"玩具，呈现崇明的风土人情。

作为生态岛，崇明的农家乐、崇明土布、崇明老白酒、崇明知青文化艺术中心、上海长江隧桥、根宝足球基地早已名声在外。

Chongming

Chongming Island, the third largest island in China, is known as the gateway of the Yangtze River and Yingzhou Island in the East China Sea. Changxing Island under its jurisdiction is known as the world's largest shipbuilding base, while Hengsha Island is famous for its clean air,clean water and clean earth. There are also Xisha Wetland, and Xujia Big Pit as the "bottomless pit".

Chongming Academy Palace, Chongming Maritime Silk Road, Chongming Sand Boat, the radio stations in Chongming,Chongming "Great Reclamation" and the CZ-6 designer, Shi Jinhua,as well as Chongming Kitchen Flower, Pipa of Chongming School, Shoulder Pole Opera of Chongming, a performance method named "Peony Pavilion", folk songs of Chongming and the 15-piece Puzzle, all present the local conditions and customs of Chongming.

As an ecological island, Chongming's heritage village, local fabric, Old Liquor, Chongming Educated Youth Culture and Art Center, Shanghai Yangtze River Tunnel Bridge and Genbao Football Base have long been well-known to all.

东海瀛洲

崇明岛

崇明岛，位于上海东北的长江出海口处，也是中国第三大岛屿，中国最大的河口冲积岛，成陆历史有 1300 多年，被誉为"长江门户、东海瀛洲"。

相传在 1600 多年前的东晋末期，因不满封建统治者的严酷剥削与压迫，孙恩率领江南八郡农民举兵起义。起义军在江南转战时，由于船只不够，便扎了大批木筏，以供运送辎重、乘载部队之用。船队木筏在长江口开拔时，突遇狂风海潮大作。疾风卷着巨浪袭来，使多数木筏沉没江中。沉筏影响了江水的流速，使湍急的江水在此滞缓下来，泥沙大量沉积，成了江口的一个个暗沙。日子一长，暗洲露出江面，成了有人居住的小岛……到了宋代，又相继出现了姚刘沙与三沙，今日崇明岛的基本框架，已经奠定。

如今，作为长江口最大的沙洲，崇明岛已经趋于一个完整的形态。"东海瀛洲，长江门户"，为了维护这长江入海前最后一道屏障，上海市在 2001 年便提出了崇明生态岛的概念。岁月流转，崇明一直坚守着生态发展的道路，从未动摇。

长兴岛

长兴岛位于崇明东南部的长兴岛，是吴淞口外长江南水道入海口的一个岛屿，陆域面积 160 平方公里。8 公里的海岸线作为世界最大的造船基地，不但使中船集团成为世界第一造船集团，也是中国成为世界第一造船大国的重要依托。

远处是塔吊林立、巨轮远航，近处则是白墙红瓦、碧水翠林。经过多年建设，长兴岛开始走上现代工业文明与生态文明融合发展之路。这个美丽而充满灵气的岛屿将建成世界先进的海洋装备岛、上海的生态水源岛和独具特色的景观旅游岛。

当游客参观中国船舶工业集团总公司长兴造船基地、江南长兴造船基地、上海振华港机长兴基地后，只能用"震撼"两个字来形容。这里能看到排水量 10 万吨以上、长度几乎以公里计的巨船。其庞大的身躯直逼眼球，冲击着游客的每一根视觉神经。

长兴岛不愧是工业与生态融合发展的海洋装备岛。从振华港机大厦的制高点上远远望去，建成通车的长江跨海隧道大桥似一条长长的玉龙蜿蜒起伏在绿树碧水之间，为世人展现更多的生态之美。

横沙岛

横沙岛，面积 51.74 平方公里，是崇明三岛中最小的岛，只是崇明区所辖的一个海岛乡，又名横沙乡。别看岛小，名头可不小，它曾荣获"上海最美丽的乡村""上海乡村风味最浓郁的地方""上海生活质量最高的地区"和"全国环境优美乡镇"等荣誉称号。横沙岛环境质量素有"空气净、水净、土净"的"三净"美誉。目前，横沙正全力以赴地打造以休闲度假为特色的生态旅游度假岛。

凌晨，游客们天不亮就起床去滩涂岸边等待日出。果然，一轮红日犹抱琵琶半遮面地从远处的云层中徐徐而出；渔民的小船此时也随着太阳的升起开始了劳作，时有鸥鹭凌空翱翔，上下翻飞，时常又出现在池塘的水面。大家不由得都被眼前这种美轮美奂的景色所陶醉，于是不停地按下手中相机的快门，生怕错过一个美丽瞬间。

西沙湿地

凡是到过处在长江口底端的崇明岛西沙湿地的游客，无不惊叹湿地的美。这里没有游乐设施，没有亭台楼阁，是一个"无声胜有声"的旅游佳地。

西沙湿地水洁风清，到处都有未经人工斧凿的天然风光，是典型的长江河口滩涂湿地，也是上海目前唯一具有自然潮汐现象和成片滩涂林地的自然湿地，吸引了大量来自海内外的游客。无论是在暖阳朗照、芦苇茁长的仲春时节，还是在秋风送爽、芦花绽放的金秋十月，来这里旅游观景的旅客常常是络绎不绝，尤其美妙的是在傍晚看日落，当火红的

西沙湿地

夕阳西沉到芦苇顶上，万道霞光勾勒出滩涂芦荡那美妙绝伦的身姿时，目睹此景的游客都会情不自禁地发出由衷的赞叹！

如果说，在崇明观日出得去东滩湿地的话，那么，看日落的最好场所当然要数西沙湿地了。那里，空气中弥漫着湖水与江水交融的独特气息，尤其是到了傍晚，浩渺无垠的江面上，一轮红日在五彩云霞中徐徐坠落，令来自都市的游客在西沙日落中感受一份闲适。

崇明"无底洞"——"徐家大潭"

在崇明岛有一个神秘的"无底洞"，它在崇明港沿镇的鲁东村合并乡镇前的合兴乡友南村境内，因为它的位置在原来当地徐氏家族属地，所以一直被叫作"徐家大潭"。

"徐家大潭"早在1000多年前的宋朝就已经形成。当时，它的水面面积有200亩，在20世纪40年代末也还有六七亩之大。它因不论海水涨潮多么汹涌都不会被灌满而拥有"无底洞"的称号。坊间不仅流传着诸多有关它神秘的故事，还传说它是个"救生池"，每逢大旱之年，崇明河沟全部底朝天，唯有"徐家大潭"总是水满满的，方圆百里的老百姓都到那里挑水吃，把大潭水叫作"救命水"。

如今的"徐家大潭"看起来也已经与普通的池塘没有什么区别。不过，尽管如此，经过这么长的历史变迁，"徐家大潭"目前还足有30多米深。与岛内外通常的池塘或者河道相比，它仍然无愧于崇明岛神秘"无底洞"的称号。

人文崇明

崇明学宫

崇明学宫始建于元泰定四年（1327年），又称崇明博物馆，是现今上海仅存的3座比较完整的孔庙之一，也是上海地区面积最大的一座孔庙，占地23.21亩，有殿、宫、堂、厅、祠、阁等建筑群，建筑艺术精湛、气势恢宏、规模壮观，徜徉其间，令人流连忘返。

已有 690 多年历史的崇明学宫，是屡毁屡建，越建越美。自宋、元至明代中叶，崇明诸沙饱受海潮侵袭，州、县治城被迫五迁六建，崇明学宫也随之屡建屡圮。今天的崇明学宫为明朝天启二年（1622 年）由知县唐世涵在城壕外东南隅重建，其后又经历多次修缮。

1913 年起，崇明学宫内开办学校，崇圣祠、尊经阁等均作校舍。1942 年，日寇强占崇明学宫，大半建筑毁于战火。1946 年后，崇明学宫曾先后作校舍，古建筑被改成教室、宿舍和办公用房。1966 年起，崇明学宫又被县社队工业局、县科委等多家单位使用。1981 年 5 月，崇明学宫被列为县级文物保护单位，1984 年 5 月又被列为上海市第三批文物保护单位。1997 年，政府在原址修复大成殿、东西两庑建筑，2001 年修复明伦堂、仪门。

崇明海上丝绸之路

崇明三面环江，一面临海，是海上丝绸之路的起源。崇明人，以朱清为代表，对元代探索海上丝绸之路做出了重要贡献。悠久的海洋文化，也折射出上海崇明人的海洋精神。

13 世纪中叶，元朝为稳固刚刚建立起的政局，需要大量粮食。由于大运河河运粮食效率低下且困难重重，忽必烈下令由曾率领海盗在海上活动了十五六年的朱清（崇明人）和张瑄（川沙人）两人负责，经海路运送大量江南米粮至北方首都大都，稳定了元初政治经济大局，为进一步发展海上丝绸之路开辟了先路。

至元二十年（1283年）元世祖忽必烈下旨：刘家港港口立海运都漕运万户府4个，朱清等为万户；设市舶提举司，朱清兼领通番市易。朱清徙居刘家港后，组织人员开通了刘家港海道，既受命负责海道运粮，又组织远洋贸易。

元代海上漕运和海上贸易，推动了造船业和航海业的发展，加强了南北经济联系，促进了社会经济和文化的繁荣，不但拉动了当时长三角地区的发展，也打通了世界海洋贸易的丝绸之路，为中国海洋文化发展史写下了辉煌的篇章。

崇明河道旧照

崇明沙船

崇明沙船

　　崇明沙船是中国古代四大船种之一，其体形别具一格，一直被航业界所称道：外形特征是平底、方头、方尾，多桅多帆，肋骨多，舱面建筑少。从现代科技的角度来看，船头尖，则开得快，且转向灵活，在沙洲之间行驶如履平地，快捷平稳。倘遇搁浅，也是安然平卧，不伤船体。这是崇明沙船有别于其他船型的显著特征。

　　根据古代的航线图，上海的出海口在崇明，附近就是刘家港，早期在上海停的船大多是从南方来的崇明沙船。元代的时候，上海到北方的航线已经有 3 条，都是从沿海地区到山东半岛，再一直到天津、北京。崇明沙船的活动地域最广。

　　从自然科学的角度来看，崇明沙船的出现标志着一种先进的生产力，它对中国的航运和世界的航运技术都有很大的贡献。上海的兴起就与这航行于北洋的崇明沙船业的发展有着莫大的联系。当时，承载南北经济交流的交通方式主要有陆运、河运、海运三种，而海运是最经济且比较便捷的方式，所以终元之世，海运不废。上海，便是在这一次次的漕粮海运中发展起来的。

"无崇不成台"

凡是上了年龄的上海崇明人，都对老电影《永不消逝的电波》情有独钟。究其原因，不仅是该电影讲述了1939年春，我党派遣李侠到上海开展地下电台情报工作的故事很经典感人，更重要的还有对崇明岛"无崇不成台"的美誉难以割舍的情愫。

"无崇不成台"是指如果没有崇明人就无法设立电台。这句话早在20世纪30年代就于国内流传开来，不仅由于在中国现代史上，崇明籍人从事电信者颇众，更是因为崇明出了一个闻名海内外的电子界巨子陶胜百。1937年，他成功研制出中国第一台录音机。由此，陶胜百成为"无崇不成台"之说的"首席代表"。

成为"无崇不成台"之说"传人"的，也包括崇明籍的中国台湾电信、电讯专家沈海涛和陈光第。他们都在各自岗位为中国的电信做出了举足轻重的贡献。

崇明"大围垦"

今天的崇明以生态旅游而闻名上海，但就在半个多世纪以前，这里

东滩芦荡——大家庭

还是一片潮涨潮落的芦苇滩涂。这一切的变化，都源于一场精卫填海般的"大围垦"。

三年困难时期，崇明岛上曾开展过两次大规模围垦：第一次是从1959年的冬天到1960年的春天，崇明当地的干部、居民和农民近万人进行围垦，共围得土地6万多亩；第二次围垦则是从1960年的秋天到1961年的春天，上海举全市之力，由3万多人进行围垦，共围得土地11.49万亩。

由于当年围垦的机械化程度很低，打的就是人海战役，拼的就是超强的体力和毅力，围垦中最累最苦的活就是挑大堤，全靠一根扁担、两个肩膀、一副泥筐，一担一担地挑上去，即便在冬天，冰天雪地也照样干。在淤泥地里穿鞋没法走，大家就打赤脚。

"大围垦"为上海创造了很宝贵的土地资源，还为这座城市留下了更为宝贵的精神财富，成为一座城市不能忘却的集体记忆。崇明"大围垦"，是一首和平年代的英雄史诗。

"长六"女神设计师——施金花

2015 年 9 月 20 日，"长征六号"运载火箭成功将 20 颗卫星准确送入预定轨道，开创了我国一箭多星发射新纪录，并为 2016 年 6 月 25 日"长征七号"运载火箭在海南成功发射奠定了坚实基础。上海航天长征六号团队历时 7 年，完成 90 项关键技术攻关。"一箭 20 星"完美首秀的背后，是上海航天人孜孜不倦的努力。在这个科技团队中，崇明籍的施金花是长征六号的副主任设计师，也是航天战线的一位传奇人物。

施金花的团队负责的是给长征六号的"眼睛"——导航系统戴上"放大镜"，以保证卫星更"精"更"准"入轨。而且两只眼睛——激光惯组和光纤惯组与 GPS 导航组合使用，让火箭的精度可以由千米级达到米级。同时，为了保障准确控制，施金花采用了新型最优控制理论，让"大脑"反应更智慧、更迅速，也就是实时调整方位把卫星从一个地点"直线"运送到下一个投放地点。

海上艺苑

崇明灶花

崇明灶花是崇明的传统民俗艺术，迄今已有 800 多年历史。过去，崇明农村几乎家家户户都砌有烧菜煮饭的灶头。为避免燃烧柴火时产生烟灰熏人，人们一般都在灶口上砌起一堵墙加以遮挡，崇明人称之为"灶山"。为了美观，能工巧匠会在"灶山"上画出有各种各样图案的灶花。

崇明灶花是民间的草根艺术，它的绘制者都是民间的泥工瓦匠。民间有传说，崇明最早的灶花是在宋朝嘉定年间（1208年—1224年）设置天赐盐场时才出现的。朝廷把大批囚徒押送到崇明沙洲上，令他们煮海烧盐。繁重的劳动之余，有人就以烧盐时未燃尽的芦苇余秆在盐灶上涂画自娱。日子一长，一些心灵手巧的人竟然能勾画出各种图案来。灶民（旧时盐工的俗称）们便把这些灶头上的画叫作"灶画"。当时的官话中，

老早子崇明宁画灶花

"画""花"同音。于是，"灶画"便被崇明人讹传成了"灶花"。

崇明灶花的题材一般来说不外乎五谷丰登、六畜兴旺、神话传说和山川景物等方面的内容，寄托着人们的美好愿望。

崇明派琵琶

"瀛洲古调派琵琶"也称"崇明派琵琶"，是"瀛洲古调"琵琶曲和演奏技法风格的总称。其演奏技艺取北派琵琶刚劲雄伟、气势磅礴之长，收南派琵琶优美柔和、华丽袅娜之精，浑然为一体，形成隽永淳朴、清新绮丽的特色而不同凡响，为我国著名的琵琶流派之一，起始于清代康熙年间，其祖师爷是北方迁居崇明的贾公达，被民间誉为"贾琵琶"。2007 年，"瀛洲古调派琵琶"被评为国家级非物质文化遗产。

瀛洲派琵琶之所以著称于世并得以广泛流传，在很大程度上要归功于一个叫沈肇州的人。沈肇州始居于崇明，他精于琵琶演奏，年轻时得到"瀛洲古调"的真传。1918 年秋天，喜爱民间乐器的孙中山夫妇到达上海，特邀沈肇州到寓所晤谈并演奏。一曲弹罢，再请一弹，他续弹《十面埋伏》，孙中山先生听完兴奋地说："欧美有钢琴、小提琴、吉他。吾认为中乐为本，西乐为用，琵琶是中华民族的乐器，也称国乐，是祖国瑰宝。我从未听到像你这样清脆、高雅出神的琵琶，堪称绝艺。"夫人宋庆龄亲沏敬茶，热情招待。从此，他琵琶大师的美名不胫而走。

崇明扁担戏

崇明扁担戏被誉为世界三大木偶戏之一，因其"一副扁担一台戏，一人演戏百人看"而得名，在崇明岛上被俗称为"木人头戏"或"布袋戏"。扁担戏的独特之处在于剧情紧凑、技法严密，敲锣击鼓、说唱吹做全由一人担当，能在短则三五分钟，长则半小时的演出过程中，将人物声色，甚至鸡鸣狗吠、马嘶狼嚎都模仿得惟妙惟肖。在明清时期扁担戏曾经非常流行。

崇明扁担戏的历史已有100多年了。清代后期有一位姓李的苏州民间艺人来到崇明演出扁担戏，吸引了许多当地人。一位叫顾再之的当地青年看得津津有味，要拜李姓艺人为师。李姓艺人见顾再之真心学艺，就收下了他，把扁担戏的表演艺术和木偶制作工艺悉心传授给顾再之。顾再之努力学习，木偶艺术不断提高，崇明人表演崇明扁担戏由此而始。后来，顾再之又将扁担戏传于朱少云等10余人。于是，崇明扁担戏便在崇明岛上流传开了。

目前，崇明扁担戏流传的主要剧目有《武松夜战蜈蚣岭》《薛仁贵大破摩天岭》《唐僧取经》《罗通扫北》等。2007年6月，崇明扁担戏已入选上海市非物质文化遗产名录，崇明扁担戏得到了官方和民间的共同保护。

"牡丹亭"

"牡丹亭"是崇明一种丝竹加锣鼓的独特民间音乐演奏形式，起源于清代道光年间，相传为崇明民间艺人、"瀛洲古调派琵琶"大师王东阳所创。"牡丹亭"风格独具，曾在崇明盛极一时。

当年，王东阳仿效当时流行于南京秦淮河上的灯船曲艺样式，把秦

民间艺人在表演"牡丹亭"

淮水船改成崇明旱船，船首扎彩亭，丝竹和鼓乐手排行于间，船随鼓乐游行，吹吹打打，五彩缤纷。这种演奏形式被王东阳称为"旱船乐"，后易名为"牡丹亭"。

"牡丹亭"用竹竿分格由 10 人撑起，乐队由 16 人组成，弹拨、吹打着丝竹乐器"八细"——琵琶、三弦、京胡、二胡、笛、箫、笙及管子和打击乐器"八粗"——板鼓、大锣、小锣、镗锣、铙钹、小钹、大钹及星（碰铃）。根据唐宫廷乐中"软从琵琶曲，健从鼓乐舞"的传统，琵琶和板鼓分别置于丝竹乐器和打击乐器的首位。

如今，独具特色的崇明"牡丹亭"已经作为上海市第一批市级非物质民间音乐演奏形式被保护起来。

崇明山歌

崇明山歌，历史悠久。在四面环水的崇明岛，早年来这里定居的移民，在繁重劳动之余，用心声抒发感情，孕育出了脍炙人口的崇明山歌。崇明山歌在内容上包含地方风情、人文情感、风俗习惯，奠定了崇明山歌扎实的生活基础。崇明山歌也被称为田歌，它有自己独特的演唱表现风格，具有鲜明的地方特点，以其优美的曲调、清丽的诗句、纯朴的风格、真挚的感情和鲜明的时代气息，闻名遐迩。

崇明山歌类别较为丰富，最常见的有生活歌、劳动歌、情歌等。山歌就是劳动人民在山野、田间、牧场即兴抒发思想感情的歌唱。崇明山歌是当地民众在筑圩围垦、田间劳作、种棉采花、撒网捕鱼、纺纱织布、夏忙莳稻、推车挑担、休闲娱乐中创编的民歌与民谣的总称，抒发心底流淌出来的真情实感，直抵人的心灵深处。

"益智图"

崇明有一种"高大上"的益智玩具，叫作"益智图"，也可被称作"十五巧板"，起源于清代，由崇明人童叶庚在七巧板等民间益智游戏的基础上发明，曾经风靡一时，在清宫和民间都广为流传；同时，传到了西方，在英、德皇室和王公贵族中流行。另外，连鲁迅等历史伟人也对其极感兴趣。2012年，"益智图"被列入上海市非物质文化遗产保护名录。

七巧板在民间很流行，童叶庚玩过后觉得它尚显简单，且限于块数，能够编排出的花样比较少。他几经考虑，决定在七巧板的基础上进行再创作。他用精确的数学比例，一次次尝试着切割各种几何形状块，最终选择出15块，将这15块板排列组合，能拼出各种造型，摆出各种各样的图样和文字。在友人中演示赏玩后，大家一致将其命名为"益智十五巧板"。

"益智十五巧板"设计制成后，童叶庚竟用它拼出了数以千计的文字。后来经过整理，由其幼子童大年逐笔勾画，编创出《益智图千字文》。"益智图"被当时的文人学士一致认为构思巧妙、启发心智，在清宫和民间都广为流传。

生态崇明

崇明土布

崇明土布有着 600 多年的历史，作为一种工艺，在当今社会崇尚绿色、回归自然的消费潮流中，依然散发着那古朴醇香的味道。

崇明土布始于元末明初，与崇明棉区的日益扩大有关，而有系统的纺织技术普及则在明嘉靖年间。1553 年，广西临桂举人唐一岑来崇明任知县，其妻随同来岛。她有德有才，把自己娴熟的织布技巧传授给了崇明的黎民百姓。

此后 400 多年，崇明一跃成为全国纺织大县，产品远销海外。民国初，崇明拥有布机 10 万架，年产量高达 250 万匹，年收入 100 余万银元，

崇明农妇织土布

发展了崇明农耕时期的支柱产业，享有"衣被天下"的美誉。

土布给了一个时代的人太多的记忆。2016年3月初，崇明土布纺织技艺项目成功入选上海市非物质文化遗产。如今，崇明江南三民文化村的土布博物馆，收集了崇明万余批珍贵土布，并将其发展历史全部清晰地呈现出来。

崇明老白酒

崇明老白酒已有700多年的悠久历史，是消费者一致公认的不加任何添加剂、原汁原味的低度营养酒，其中以"菜花黄"和"十月白"两个品种为最佳。

早在北宋时期，崇明岛家酿老白酒就蔚然成风。明末清初，岛上酒坊、酒店星罗棋布，古有"十家三酒店"之说。清代康熙年间，崇明老白酒就"名扬江北三千里，味占江南第一家"。在崇明民间，过去还流传着许多关于崇明老白酒的民谚，如"造船砌屋大人工，呒（没有）得老白酒勿成功""投仔（投胎）人生勿吃老白酒，等于花花世界白白走""要喝老酒寻亲家公，要赌铜钿找小弟兄"……

今天，作为上海唯一的地方酒种，崇明老白酒已被列入上海非物质文化遗产名录，同时荣获国家市场监督管理总局的地理产品保护标志。目前，上海有10多家专业生产崇明老白酒的企业，年生产能力已逾5000吨。崇明老白酒品牌的知名度和影响力日益提升，香飘海内外……

崇明知青文化艺术中心

崇明知青文化艺术中心建于 2007 年，坐落在全国著名的生态旅游示范村——前卫村景区内的康河之畔。

1969 年，在祖国的第三大岛崇明曾汇聚过 22 万热血知青。他们将盐碱海滩垦拓成一片希望的田野，留下了许多动人的故事，留下了一代人战天斗地的精神，留下了一笔厚重的知青文化。

崇明岛曾有 8 个农场，22 万知青在这里学习、生活、劳动过。他们留下的脚印、传播的文化、传承的精神，特别是许多让几代人为之刻骨铭心的故事，是全国 1700 多万知青的缩影。

为留存这些风雨人生中青春的足迹，崇明知青文化艺术中心在 2007 年应运而生。

崇明知青文化艺术中心总面积 4000 平方米，是崇明一个集旅游观光、休闲度假、回望历史于一体的旅游新景点。康河边的百米知青文化长廊连接着根雕艺术馆、知青之家、知青艺术馆，并由此组成内涵丰富的知青文化艺术中心。

上海长江隧桥

上海长江隧桥于 2009 年 10 月 31 日建成通车，崇明岛从此与上海

上海长江大桥

市区陆路相接，为区域的科学发展注入新动力。现代交通穿越江河的阻隔，去崇明岛旅游便不再遥远如昨。

2013年10月已入选崇明"瀛洲新八景"之一的"海天长虹"，就是南港穿越地下、北港飞架长虹的上海长江隧桥。它南起浦东五号沟，隧道穿江到长兴岛，向北桥跨崇明岛东端的陈海公路，既是人们通过陆路前往祖国第三大岛崇明的必经之路，也是沪陕高速公路起始点上一个雄伟壮丽、气贯长虹的重要景观。

大桥建在万里长江的入海口，堪称万里长江第一桥。上海长江隧桥由全球最大直径隧道——上海长江隧道，以及世界最大公路轨道合建斜拉桥——上海长江大桥这两部分组成，堪称目前世界上规模最大的隧桥结合体。隧桥的总长度为 25.5 公里。其中，长江隧道长 8.9 公里，长江大桥长 10.3 公里，在长兴岛和崇明岛的接线道路共 6.3 公里。上海长江隧桥横空于世，使素有"长江门户，东海瀛洲"之称的崇明彻底摆脱了 1300 多年的"孤岛"历史。

根宝足球基地

徐根宝是中国国家男子足球队前队长，退役后担任过上海申花、大连万达等球队的教练，不论是当球员还是教练，都取得过斐然的成绩。2000 年，他投入了自己的全部积蓄，还从银行贷款 2000 多万元，在崇明创办了根宝足球基地，提出"十年磨一剑"，打造"中国曼联"的目标。那一年，他已经 56 岁。

扎根崇明岛，徐根宝始终把作风放在最重要的位置，这是他执教的标签。每堂训练课，徐根宝都会不遗余力高声大喊，"金嗓子喉宝"成为他口袋中必带的护嗓药……

2005 年，徐根宝在崇明创建上海东亚足球俱乐部，参加乙级联赛。仅仅一年时间，球队就杀进了中甲。2009 年，徐根宝率领子弟兵在济南登顶，时隔 26 年为上海夺回了全运会男足冠军。2012 年，上海东亚队拿到中甲冠军，冲上了中超。之后在中超联赛，他们一直稳定在上游，2015 赛季更是跻身争冠球队的行列。

　　曾经的中国国家足球队，有张琳芃、武磊、蔡慧康、颜骏凌、姜至鹏、顾超，傅欢、王燊超这 8 名徐根宝培养出来的国脚。因此，许多球迷认为，唯有多一些"根宝模式"，从青少年培育等基础层面做起，中国足球才有希望。

结语

　　2024 年 5 月，随着《海派文化地图（精华卷）》的编著完成，也宣告了"海派文化地图"丛书创作工作的圆满完成。

　　本书作为丛书第 17 卷也是压轴之作，主要目的在于将丛书中集中体现海派文化内核底蕴的内容展现出来，例如中西合璧的餐饮"凯司令"、古色古香的老城厢、学贯中西的徐光启、洋里洋气的"老外街"、现代摩登的陆家嘴、北外滩和"大虹桥"进博会等等。通过对条与块、远与近、专业与通俗、学术与实用、个体与整体等关系的交叉表现，让读者通过彼此交融的"上海故事""文化地图"以及感性的文字认知，来快速了解海派文化的特征、肌理与内核，同时用通俗化的文史故事来达到普及、推广海派文化的目的。

　　同时，本书也是对八年来"海派文化地图"丛书创作团队工作的总结和成果。丛书总主编、上海市政协学习委员会柴俊勇主任精心企划抓总牵头，虹口区文化和旅游局张奇副局长出谋划策，丛书执行总编浦祖康老师组建团队、全过程管理、耗费无数心血，中共上海市委宣传部印刷发行处曾原处长持续力推，李墨龙老师提供学术指导，叶明献老师提供精选配图，潘真老师、黄媛老师、知远老师、潘新华老师、严伟明老师、龚柏顺老师、罗震光老师、吴超老师、熊建民老师、沈嘉禄老师、陆林森老师等辛勤笔耕、妙笔生花，初旭老师联络发行、张一老师装帧设计，芦泓材导演联络召集摄影家为本书供图，钱方针老师等上海交通大学出版社的编辑团队一路陪伴长达八年……对此我们表示深深的感谢。

作为海派文化的创作者、继承者、传播者，我们期待每个时代都有佳作问世，彰显习近平总书记亲自提炼和概括的"海纳百川、追求卓越、开明睿智、大气谦和"上海城市精神与海派文化内核底蕴。

后记

本书为"海派文化地图"丛书的精华卷。丛书16卷500多个故事的精华均在本书中概要出现，并配有英文提要，方便读者初识海派文化之需。

"海派文化地图"丛书的最大推动力来自中共上海市委关于制定"十三五"规划的建议，其中明确提出要"弘扬海派文化品格……基本建成国际文化大都市"。

2017年12月，时任中共上海市委书记李强提出："丰富的红色文化、海派文化、江南文化是上海的宝贵资源，要用好用足，大力发展有竞争力和影响力的文化产业。"

2016年1月，在上海市政协十二届四次全会上，柴俊勇委员的提案《关于弘扬海派文化品格，加快建设上海国际文化大都市的建议》被《新民晚报》以通栏标题"让海派文化也做到全球连锁"发表。"海派文化地图"丛书自此起步。丛书按区分卷，分别介绍16个区的海派文化资源特色和与海派文化有关的知名人物，故被称为"海派文化地图"丛书。

2016年9月，在上海市政协文史资料委员会和虹口区政协共同主办的海派文化传承与发展研讨会上，时任市政协副主席高小玫深入阐释了海派文化的内涵、形成和特征，以及海派文化对于上海城市建设和弘扬上海城市精神的重要意义。会上"海派文化地图"丛书举行了启动仪式。

上海的海派文化之热，起于21世纪初。2002年6月，上海大学"海派文化研究中心"成立，主任为李伦新，副主任为方明伦。2003年11月，上海交通大学"海派文化研究所"成立，熊月之教授任所长，戴敦邦教授任艺术总监。纵观新中国的上海媒体，谈及海派文化的有7000余篇，颇有声势。新一轮的海派文化高潮，起于2015年的虹口。在上海文化发展基金会支持下，虹口区设立了"海派文化发展专项基金"，两年后建起了"海派文化中心"。

与上一轮相比，今天的海派文化旋风更加务实。上海市社团管理局登记在册的"海派"社会团体有10余家。上海工商局登记的以"海派"命名的企业几乎涉及各行各业。

与此同时，各类关于"海派文化"的学术研讨会、论文集及主题活动等层出不穷，微信公众号"海派文化"、以"海派文化"为主题的时尚杂志《红蔓》等亦流行开来……

2016年末，上海市政协召开优秀提案新闻发布会，《关于弘扬海派文化品格，加快建设上海国际文化大都市的建议》被评为优秀提案。海派文化再次被沪上媒体广泛关注。不少媒体都以"海派文化地图"丛书为新闻眼，踊跃报道。

"海派文化地图"丛书得到了各方面的大力支持。在中共虹口区委两任书记吴清、吴信宝的重视、关心下，丛书得到"上海文化发展基金会海派文化专项基金"的大力支持。各区政协迅即行动起来，知名作家、高级记者纷纷加盟参加创作，浦东、黄浦、杨浦、崇明政协行动迅速，率先完成相关分卷编撰工作。吴清同志等领导同志参加的四书首发仪式，成为 2017 年上海书展的亮点。

2020 年 9 月，在市政府贵宾厅，中共上海市委常委、副市长吴清接见海派文化丛书主编柴俊勇，执行主编浦祖康，中共虹口区委常委、宣传部部长吴强，虹口区文旅局副局长张奇。吴清同志提出，海派文化丛书应该作为四史教育泛读教材，切合四史教育，后续要把它用好。他强调应该推出精华卷，要把海派文化的包容性充分体现出来。

2020 年 12 月，海派文化编撰团队与上海市广播影视制作业行业协会、上海市动漫行业协会、上海航海邮局、上海喜马拉雅科技有限公司、上海悦悦图书有限公司等社会团体和企业签订合作意向书，围绕海派文化微电影的拍摄、海派动漫作品的创作、海派文创邮票邮品的设计、海派文化地图丛书的有声出版以及丛书的线上线下推广等等，把平面的海派文化读本用更加立体化、多元化的方式呈现在人们的面前，让市民游客和读者们，在品读书卷和行走城市之间，更好地领略上海的都市风情和日新月异的变化，更好地发现和体验上海海派文化的魅力。

执行总主编　浦祖康

2023 年 9 月